# 음악의 영혼을 찾아서
## 하

# 음악의 영혼을 찾아서(하)

발행일  2025년 12월 26일

지은이  송진범
펴낸이  손형국
펴낸곳  (주)북랩

출판등록  2004. 12. 1(제2012-000051호)
주소  서울특별시 금천구 가산디지털 1로 168, 우림라이온스밸리 B동 B111호, B113~115호
홈페이지  www.book.co.kr
전화번호  (02)2026-5777          팩스  (02)3159-9637

ISBN  979-11-7224-971-7 03670 (종이책)          979-11-7224-972-4 05670 (전자책)

작가 연락처 문의 ▸ ask.book.co.kr

전용 게시판에 문의를 남기시면 저자에게 직접 전달됩니다.

**(주)북랩** 성공출판의 파트너

북랩 홈페이지와 SNS에서 다양한 출판 솔루션을 만나 보세요!

**홈페이지** book.co.kr  •  **블로그** blog.naver.com/essaybook  •  **출판문의** text@book.co.kr

**카톡채널** 북랩

상상과 진실의 언어로 쓴 낭만주의 음악가들의 초상

# 음악의 영혼을 찾아서

*In search of the soul of music*

하

송진범 지음

음악은 인간의 영혼이 남긴 가장 뜨겁고 진실한 기록이다!

낭만주의 거장들의 고뇌와 영광, 그리고 내면의 울림을 따라
서양음악사의 숨결을 되살린 이야기 음악사

 북랩

## 프롤로그

이 책은 지난 2000여 년 동안 서양 음악이 이어져 온 시간적 공간을 현실에 끄집어내어 상상의 언어로 쓴 이야기 음악사다. 대학의 강단에 서 있던 지난 30여 년 동안 서양 음악사에 관한 상상과 진실에 대해 받아 온 엄연한 요구와 호기심에 답하는 나름의 결과물이기도 하다. 이 시도는 역사 인식에 집착하는 필자의 작은 몸짓임에도 불구하고, 하나의 가치로 남게 되길 기대하는 것도 사실이다.

역사는 작은 인간의 처절한 몸부림을 삶이라는 행위를 통해, 윤리를 바탕으로 해서 기록하는 하나의 거대한 상상과 진실의 세계다. 그런데 역사의 사명은 객관적 사실을 바탕으로 한 인간의 윤리적 가치관과 상상을 매개로 한다. 그러나 그것은 어떠한 정치적 힘의 논리에도 휘청거리지 않는 엄연한 진실이어야 하는 것이다. 이런 점에서 사실 음악과 음악사의 구분은 이론적으로 '행위'와 '기록'의 차이에 둔다. 다시 말해 행위는 현실의 역동적 움직임을 바탕으로 하나 기록은 있었던 사실을 실증적으로 사고하고 객관적으로 서술한다는 것이다.

그러나 인간은 존재한 순간부터 실존의 문제에 부닥치고 그 해결을 위해 과거의 경험적 사실을 끄집어낸다. 이것이 역사성의 가치다. 인간의 실존적 가치는 문화적 현실을 창조하고 이에 대해 의미를 부여하는 일로 시작한다. 예술 행위란 어느 인간의 존재에 대한 현실적 문제를 풀어가기 위한 의미 부여일진대 우리는 이러한 문제에 매우 취약하다. 그것은 인간이 현실 인식과 객관적 사실에 대해서는 매우 엄격하고 논증적이면서도 이에 대한 존엄한 인간적 가치 부여에 대해서는 항상 소극적이고 희화적(戲畫的)이었다는 점을 말한다.

왜 사고하지 않는가. 왜 상상하지 않는가. 왜 인간 존재의 순간에 깃든 영혼의 가치에 대해 주목하지 않는가. 인간의 미래에 대해 희망이 없어서일까? 아니면, 인간 스스로 삶의 목적이 일상적 행위 그이상도 이하도 아니어서일까? 역사는 거창할 필요가 없다. 역사는 그저 살아간 사람들의 기록이며 자료들이다. 정치적으로 살았는가, 경제적으로 살았는가, 예술적으로 살았는가를 기록한다.

그러나 역사는 숨을 쉰다. 살아 있다는 말이다. 살아서 지금 사는 사람들에게 똑똑하게 말한다. 네가 지금 듣고 있는 음악은 내가 살았던 지금이었노라고. 내 삶의 일부를 너와 지금 공유하고 있노라고. 우리는 너와 사랑을 공유하고 아픔을 공유하고 기쁨과 소망을 함께하고 있노라고 증언한다. 이것이 내가 너와 공유하고자 말하는 진실과 고통의 영혼이며 위로와 사랑의 영혼인 것이다.

역사적 현실 속에서의 행위와 그 음악의 상상적 세계 사이를 투시하는 이야기, 이것이 이 책이 가고자 하는 기록 이상의 목적이다. 철학적 사유나 윤리적 성찰의 인간학적 논리가 이 책이 지향하는 목적이 될 수는 없다. 그렇게 가지 못하는 것이 필자의 아쉬움이고 이 책의 한계다. 그러나 작은 몸짓 하나에 담긴 정성과 의미를 찾아 상상과 관념의 세계 안으로 안내하려는 의도는 분명 존재한다. 그것은 보이지 않는 영혼의 의지이며 살아 움직이는 과거의 삶을 말한다. 그렇게라도 해서 필자는 내재한 영혼의 모습과 그들의 영혼을 만나는 작업으로 그들을 인도해야 함을 믿었다. 그런 삶이 주는 위안과 행복을 스탕달은 분명 인식하고 있다. 그리 사는 것이 행복이라고. 음악이 주는 또 다른 진실을 찾아 떠나는 즐거움, 그것은 인간이 가진 무한한 힘의 원천이요 행복의 줄기이며 인간됨에 대한 존엄이다. 이 짧은 인생에서 그들과 만날 수만 있다면, 이렇게 되뇌며 시종 이 글을 썼다.

앞서 출판된 상권에 이어 9년이 지난 이제야 하권을 만들 수 있게 된 것은 코로나를 비롯한 출판계의 어려움 때문이기도 하지만 무엇보다 필자의 게으름이 큰 원인이었음을 양해 바란다. 아울러 이 책이 완성되도록 지성의 목마름을 채워 주신 서울대학교 사범대학 장상호 박사님, 서울대학교 음악대학 고 정회갑 교수님, 이용일 교수님, 고 이강숙 박사님, 김용진 교수님, 단국대학교 사범대학 황원영 박사님, 빈 프란츠 슈베르트 음악원 F. 파치(F. Partsch) 교수님, 자베르 미이어(Zaver Meyer) 교수님, 롤란트 바르(Roland Baar) 교수님께도 감사 말씀을 드리고 싶다. 이 책을 끝까지 마무리할 수 있도록 곁에서 격려해 주고 사랑으로 인내해 준 아내 방길숙과 바쁜 중에도 원고를 정리하고 파일 목록을 만드는 등 컴퓨터 작업을 도와준 사랑하는 아들 용욱이와 딸 용주에게도 고마움을 전하고 싶다. 끝으로 이젠 하늘나라에서 편히 쉬실 부모님과 장인, 장모님께도 이 책을 바치고 싶다.

2025년 12월
송진범

# 차 례

문학을
이야기한
엑토르 베를리오즈

# 문학을 이야기한
## 엑토르 베를리오즈

 

제가 어린 시절을 보냈던 충청북도 심천은 작은 강들이 돌아들어 울창한 아카시아와 포플러가 삼각주를 만들고 있는 곳이었습니다. 여울을 따라 오르내리는 쏘가리와 피라미 그리고 모래무지가 그것들을 잡으려는 아이들의 애간장을 태우기도 했던 그런 강이었습니다. 이 강이 만든 하얗고 드넓은 백사장은 소 먹이러 나온 아이들의 놀이공원이었고 자연 교실이기도 했습니다. 굽이쳐 흐르는 강물과 가파른 산, 그리고 깊은 계곡, 이들이 만들어 낸 평야는 풍요로운 황금 들녘을 이루었습니다. 이런 환경이 동네 아이들에게는 모험과 도전의 기회를 주었지만 외지 청소년들에게는 자주 사고가 일어나는 공포의 강이기도 했습니다. 동네 아이들은 그래서 자연에 대한 경외감과 모험심을 함께 갖고 살았습니다.

베를리오즈(Hector Berlioz, 1803~1867)라면 이런 자연의 현실과 실존적 인간이 느끼는 감정에 대한 내적 형상을 어떻게 그려 냈을까요? 어린 시절 고전 문학에 심취했고 파리 근교의 시골 마을에서 느꼈던 자연에 대한 경외감이 그대로 독특한 문학적 감성으로 투영되어 그만의 음악으로 표현되었음은 후세인들에게 있어 참으로 다행스러운 결과가 아닐 수 없습니다. 그가 만년에 만든 오페라 〈트로이 인〉은 사실 어린 시절 공포와 경외심을 갖고 읽었던 호메로스의 『오디세이』를 기억하면서 시작합니다. 사회사적으로는 계몽주의 사조를 딛고 일어서서 낭만주의와 표현주의 예술 풍조를 겪어야 했던 그에게 스스로 홀로 서서 자신의 문학적 음악 세계를 구축하고자 했던 힘이야말로 그 어느 위대한 음악가의 삶의 흔적보다 강렬한 것이었습니다.

## 1. 오페라 〈트로이 인〉의 배경

베를리오즈의 삶은 여느 작곡가들의 삶과 마찬가지로 경제적 궁핍과 사랑의 목마름으로 대변할 수 있을 것입니다. 더구나 그가 생의 마지막 정열을 바쳐 만든 이 거대한 오페라는 규모나 구성의 치밀함에서 이전의 오페라와는 비교할 수 없는 걸작이었습니다. 이 오페라는 베를리오즈가 어렸을 적 읽었던 그리스의 시인 베르길리우스(Publius Vergilius Maro)의 「아이네이아스(Aeneas)」라는 서사시를 베를리오즈 자신의 각색으로 작곡했습니다. 이 곡은 그 내용의 장대함과 문학적 깊이로 인해 섣불리 오페라 작업에 임하기 어려웠지만 그의 천재성을 알게 된 비트겐슈타인 백작 부인의 지원과 설득으로 시작하게 됩니다.

사실 프랑스는 글루크 이후 이렇다 할 작곡가가 없었는데 이는 이탈리아와의 오페라 주도권 싸움에서 불리할 수밖에 없었던 이유이기도 했습니다. 그것은 이 당시 음악에 있어 음악의 내적 구조와 형식을 중시하느냐, 혹은 가사와 작품의 내용을 미학적 중심으로 보아야 하느냐와 관련된 싸움에서 프랑스는 논쟁에서 약세에 몰리게 했습니다. 여기에는 물론 오랫동안 오페라의 상업적 뿌리와 전통을 지켜 온 이탈리아인들의 자존심과 예술에 대한 집요한 이해와 관심을 내세우는 프랑스인들의 감정싸움도 한몫을 차지했습니다.

어쨌거나 프랑스는 글루크 이후 이탈리아 오페라를 제압할 만한 예술성과 작품성 있는 작품을 발굴했다는 점에서 베를리오즈에 대한 기대가 매우 컸다고 볼 수 있습니다. 한편 당시 가장 스펙터클하고 역사성이 있는 작품을 요구하고 있던 사회적 분위기가 바그너로 하여금 〈니벨룽겐의 반지〉를 작곡하게 만들었고, 스폰티니와 글루크에게서 대편성의 무대를 만들게 했던 것도 베를리오즈에게는 커다란 자극이 되었을 것입니다. 이러한 분위기에서 가장 진보적 작품으로 평가받았던 〈탄호이저〉 같은 작품은 베를리오즈에게 커다란 음악적 도전으로 등장했음은 당연한 것이었습니다.

이 오페라의 배경을 공부하다 보니 지난 2004년 볼프강 페터슨 감독의 〈트로이〉라는 전쟁 영화가 생각납니다. 이 영화에서 그리스는 트로이와 화친을 원해 평화조약을 체결했고 이를 축하하기 위한 사절로 트로이는 두 왕자 헥토르와 파리스를 그리스로 파견합니다. 그러나 그 축하연에서 동생 파리스 왕자는 그리스의 왕 아가멤논의 왕비 헬레네와 첫눈에 반해 사랑에 빠집니다. 그래서 그녀를 배에 태워 트로이로 돌아온 것입니다. 이에 분노한 아가멤논은 연합 원정군을 이끌고 트로이를 공격합니다. 여기서 전설적인 그리스의 장수 아킬레우스가 등장해 트로이의 왕자 헥토르를 죽이고 전쟁을 승리로 이끕니다. 이 전쟁 영화에서 나타난 이야기는 물론 그리스의 호메로스가 만든 『오디세이』에 나타난 대서사시이고 그 전쟁의 실제 여부는 아직도 모호합니다. 이 영화에 등장하는 최고의 배우는 역시 아킬레우스 역을 담당한 브래드 피트입니다. 그의 뛰어난 용맹성과 침착하고 냉철한 전사로서의 이미지는 당시 웅장한 전쟁 신과 더불어 관객들에게 강렬한 인상을 남겼습니다. 오페라에 있어서 이러한 대규모적인 전투 장면과 거대한 목마나 성곽과 같은 건축물을 구현해 내는 것은 매우 어려운 일일 것입니다. 그래서 이 작품은 제1막이 〈트로이인의 점령〉이라는 제목으로, 제2막과 제3막은 〈카르타고의 트로이인〉이라는 제목으로 1863년 파리의 〈리리크〉 극장에서 초연되었습니다. 이 당시 이렇게 대규모적인 무대 장치를 필요로 하고 대편성의 오케스트라와 합창단이 참여하는 오페라가 성공하기는 매우 어렵지만 오페라 〈트로이 인〉은 예외적으로 매우 성공적이었고 베를리오즈에게 많은 부와 명성을 안겨 주었습니다.

## 2. 오페라 〈트로이 인〉의 줄거리

오페라 〈트로이 인〉의 줄거리는 패터슨 감독의 영화 〈트로이〉의 중반 이후에 나오는 대규모 전투 장면이 있기 직전의 상황에서 출발합니다. 제1막에서 트로이 성을 포위했던 그리스군이 오디세우스의 책략에 따라 그리스 연합 함대를 인근 섬의 뒤편에 숨겨 놓고 거대한 목마를 만들어 그 안에 수십 명의 특공대원을 채워 넣은 뒤 마치 돌림병 때문에 전쟁을 포기하는 것처럼 퇴각합니다. 물론 연합 함대가 숨어 있는 곳으로 말이죠. 한편 트로이 왕의 딸 카산드라는 아버지 프리아모스의 어리석음을 한탄하면서 코로이보스와의 사랑이 이루어지지 못할 것을 탄식합니다. 카산드라 공주는 코로이보스에게 트로이 시민들의 피가 성안에 철철 넘쳐날 것이라고 예언하고 들떠 있지 말라고 충고합니다. 프리아모스 왕이 잔치를 베풀고 있을 때 트로이의 맹장 아이네이아스가 그리스의 목마를 불태울 것을 요구합니다. 그러나 왕은 목마를 성안으로 끌고 들어오라고 명령합니다. 그날 밤 프리아모스 왕의 아들 헥토르 왕자의 환상이 아이네이아스의 꿈에 나타나 10년 전 그리스 병사들이 목마에 숨어 들어와 트로이 성을 점령했던 사실을 상기시킵니다. 아이네이아스는 무기력한 트로이 왕에 충성하는 것이 싫증이 나서 군사를 이끌고 새로운 제국을 만들고자 이탈리아로 가기를 선동합니다. 이때 신전의 사제가 나타나 그리스 병사들의 기습으로 성이 점령당할 위기에 있다고 전합니다. 아이네이아스는 일단 병사들을 데리고 성을 구하러 달려갑니다. 또한 트로이 여인들은 카산드라 공주의 제의에 따라, 아이네이아스 장군이 병사를 데리고 그리스에 승리하고 트로이를 떠나 로마 제국을 건설할 것을 기원하면서 모두 자결합니다.

제2막에서 카르타고의 여왕 디도가 등장하고 백성들은 카르타고의 번영을 환호합니다. 남편과 사별한 디도는 늘 우울해하지만 언니 안나가 재혼을 권합니다. 그때 나르발 장군이 들어와 '한 무리의 대규모 선단이 파도에 떠밀려 와서 해안에 정박했음'을 알립니다. 바로 이탈리아로 향했던 트로이의 장군 아이네이아스의 선단이었지요. 디도 여왕은 이들을 극진하게 환대해 주었고 마침 카르타고에 적군이 침공하자 아이네이아스는 자청해 이들을 격퇴시킵니다. 이로써 두 남녀는 사랑에 빠지고 이들은 신들의 질투를 받게 됩니다. 그러던 중 메르쿠리우스가 아이네이아스에게 나타나 이탈리아로 떠나라는 제우스의 명령을 전합니다.

제3막은 트로이 함선들이 카르타고를 떠날 준비를 합니다. 병사들은 카르타고에서의 행복한 삶에 아쉬워하면서 마지못해 출정의 배에 탑니다. 아이네이아스 역시 아쉬움을 이기고 배에 오르지만 디도는 그를 보내기 싫어 출정을 막으려 합니다. 그러나 아이네이아스는 제우스의 명령이므로 거역할 수 없고 떠날 수밖에 없음을 말합니다. 디도는 그 출정을 막을 수 없음을 알고 자신과 아이네이아스의 운명을 저주합니다, 궁으로 돌아온 디도는 사랑을 지속하지 못한 슬픔과 사랑하는 장군 아이네이아스를 돌려보낼 수밖에 없는 무력한 자신을 탓하면서 자결합니다.


## 3. 베를리오즈의 음악 세계

　베를리오즈 음악의 가장 뚜렷한 특징은 한마디로 동시대와 이전 시대 다른 음악가와의 연대감이나 적어도 동류적인 예술적 공감이 별로 없었던 점입니다. 다시 말해 모든 주류 음악가들과의 관계에서 늘 소외되었고 오히려 문학적 요소를 끌어들여 자기만의 독립적인 음악 세계를 만들었다는 점에서 낭만주의 사조에서 또 다른 역할을 했다고 생각합니다. 그렇더라도 바그너나 리스트의 음악 세계와 공감했던 점은 아직까지 유보적이랄까, 자주적이랄까 하는 차원입니다. 베를리오즈는 독일보다는 이탈리아나 프랑스 음악가들과의 교류에서 조금은 더 친밀했던 것 같습니다. 그렇더라도 그들 나라의 음악가들로부터 호평을 받은 것이라기보다는 그들로부터 약간의 관심을 받을 정도밖에 되지 않는 인물이었습니다. 확실히 베를리오즈는 예술적 고독에서 나오는 특이한 작품의 유형에서 알 수 있듯이 음악 세계에 있어서 배타적이고 독자적이었습니다. 그의 음악은 조금은 이상하고 공상적이며 괴이하기까지 한 문학적 판타지를 가지고 있습니다. 또한 그의 음악은 감정의 포용성과 그것을 담아내는 형식에 독자적 가치를 가지고 있으므로 더욱 존중받는 음악이 된 것입니다. 어떻게 보면 창작을 통한 모험과 도박 같은 위험성을 간직하고 있지만 오히려 그것이 그를 낭만 시대에 또 다른 다양성을 간직한 음악가로 인식하게 만든 것입니다. 그것이 베를리오즈의 위대성이라고 할 것입니다. 그것은 누구나 어떤 메시지를 전달할 수 없는 힘을 그의 작품만이 해결할 수 있다는 점에서 알 수 있습니다. 베를리오즈의 음악 세계는 매우 복잡하고 경이롭습니다. 그의 음악은 자유롭고 독립적이며 문학적 파괴력과 구체성을 지닌 강력한 예술적 전달자였고 풍요로운 음악의 유토피아를 그려 낼 수 있었습니다.

눈물로 노래한
프레데릭 쇼팽

# 눈물로 노래한 프레데릭 쇼팽 Ⅰ

「눈물로 노래한 프레데릭 쇼팽」을 쓰려니까 돌아가신 이남수 교수님의 관현악 클래스에서 연주했던 쇼팽의 피아노 협주곡 1번이 생각납니다.

1971년 3월 제가 서울대 음대에 입학한 후 첫 번째 관현악 합주 시간이었습니다.

"쇼팽은 피아노를 눈물로 노래한 작곡가다. 이 곡은 자신이 완벽한 피아니스트였던 관계로 피아노 솔로 부분에서는 모든 기교와 정서를 잘 녹여 냈지만 서주부에서 보듯이 오케스트레이션(관현악법)은 매우 어색하다."

그런 말씀의 저편에는 '쇼팽이 너무나 순수하고 여린 감성의 소유자로서 멜로디와 화성은 매우 아름다운 반면, 모든 악기의 구조와 음색을 조화시켜야 하는, 그래서 체계와 논리가 요구되는 관현악법에는 조금 서툰 부분이 있다'는 생각이 담겨 있었습니다. 너무도 감동적인 순간이었기에 지금도 필자는 그 말씀을 생생하게 기억하고 있습니다.

여러분들은 쇼팽을 어떻게 듣고 계십니까? 피아노의 시인? 피아노 음악의 명인? 피아노와 연인들? 이 모두가 쇼팽과 관련해서 등장하는 단어들일 것입니다. 그런데 쇼팽의 피아노 협주곡은 왜 눈물로 노래했을까요? 당시 18세였던 필자는 처음 나오는 제1주제의 아름다운 멜로디에 눈시울을 붉히면서 독주자의 열정적인 연주 모습과 쇼팽의 모습을 겹쳐 보았던 생각이 납니다. 그렇게 눈물을 참으며 첫 연습에 참여했던 기억이 납니다. 지금도 쇼팽을 강의할 때면 그 당시의 감동을 학생들에게 그대로 전하고 싶어 스스로 열광합니다. 물론 학생들은 이러한 필자의 열정을 이해하고 공감하는 표정을 짓기도 하지만 피상적으로 흘려듣는 학생들을 보면 안타까운 생각이 들기도 합니다. 이번 장부터 쇼팽의 음악 세계를 들여다보려고 합니다. 그의 작품과 삶에 대해서는 누구나 마음먹으면 알 수 있는 정보의 홍수 시대에 살고 있습니다. 그러나 여기서는 진정으로 쇼팽의 영적 세계를 이해하고 그의 삶의 근저에 스며들어 공감하고 사랑하는 감동의 시간을 마련하고자 합니다.

## 1. 성장 배경

인간은 누구나 좋든 싫든 주위로부터 '됨됨이'에 관한 평판을 부여받게 됩니다. 그런데 그 대상이 살아 있을 때 받는 됨됨이는 사실 주관적입니다. 자신의 인생관이나 가치관에 따라 사람의 됨됨이를 논하곤 합니다. 그래서 사람이 살아온 길을 이야기할 때 조심해야 할 것은 대상이 되는 사람의 작품이나 겉으로 드러난 삶의 일면을 보고 그의 모두를 이해하려는 시도를 경계해야 한다는 점입니다.

저는 독자 여러분에게 '쇼팽(Frederic Chopin, 1810~1849)에 있어 인생은 무엇인가?', '그의 음악이란 무엇이었는가?' 한 번쯤 깊이 생각해 보기를 권합니다. 그것은 그의 짧은 39년의 인생에서 무엇을 찾고자 노력했는가를 이해하려는 마음이 필요하다는 것입니다. 누구나 슬픔과 기쁨과 환희와 고통을 경험합니다. 그러나 쇼팽에 있어 사랑과 이별, 그리고 환희와 고통은 다른 것 같습니다. 그는 예술적 상상력이 풍부하고 남성적 패기보다는 여성적 감성을 좇기 좋아했던, 우울증을 사랑한 음악가였습니다. 쇼펜하우어가 인생을 무근거 무원리적 비관주의에서 찾으려 했다면 쇼팽은 현실을 두려워했던, 자폐적 심리적 압박감을 사랑한 음악가이지 않았나 생각합니다.

그러한 그의 음악 세계는 사실 칸트나 니체와 같은 당시 유럽의 관념주의 철학관을 근거로 해 에두아르트 한슬리크와 티크로 이어지는 절대주의 혹은 형식주의적 미학관에 그 뿌리를 두었다고 보는 것이 타당합니다. 쇼팽의 음악을 음악미의 본질에 충실한 절대주의 음악의 범주에 넣을 수 있는 것은 그의 기악 음악에 대한 신념에서 볼 수 있습니다. 더구나 기악 음악만이 언어가 설명하지 못하는 인간의 영혼을 노래할 수 있다고 믿은 쇼팽의 신념은 동시대의 여러 음악가들 사이에도 대체로 인정받는 분위기였습니다. 조르주 상드와의 사랑과 도피는 음악이 이들 두 사람을 얼마나 우울하고 슬프게 만들었는지를 알게 합니다. 음악만이 두 사람의 사랑을 설명할 수 있는 유일한 창구였으며 그 창구가 닫힐 무렵 두 사람은 헤어집니다.

쇼팽의 어린 시절은 청년기와 성년기에 나타나는 우울한 기질과는 다르게 매우 활기차고 따뜻한 성품을 가진 것으로 알려집니다. 여느 천재 음악가와 마찬가지로 쇼팽의 성장 과정은 비교적 순탄했지만 모국인 폴란드의 정치적 어려움은 그를 항상 힘들게 했습니다. 4세 무렵에 지브니를 통해 피아노를 배우기 시작한 쇼팽은 8세부터 바르샤바 자선 공연을 시작으로 15세에 러시아 황제 어전 연주회를 가지면서 천재성을 인정받습니다. 19세에 바르샤바 음악원을 졸업한 쇼팽은 빈과 프라하 드레스덴 등을 방문하면서 연주가로, 그리고 작곡가로 인정을 받게 됩니다. 19세의 쇼팽은 성악가인 콘스탄티아를 사랑하게 되어 그녀로부터의 영감을 받은 Db단조의 왈츠를 만들게 됩니다. 20세가 되는 1830년 쇼팽은 유명한 피아노 협주곡 제2번 F단조와 제1번 E단조를 작곡해 연주합니다. 그리고 그해 가을 친구 티투스 보이체호프스키와 함께 드레스덴과 프라하를 거쳐 빈에 도착합니다.

1831년 빈에서의 연주 활동은 그리 성공적이지 못했습니다. 기라성 같은 음악가들이 운집한 빈에서의 활동은 다양한 영양제 역할을 하면서도 한편 살벌하고 치열한 경쟁을 극복하기 어려웠습니다. 그해 여름 쇼팽은 뮌헨을 거처 슈투트가르트로 여행을 합니다. 러시아군에 의한 바르샤바 함락은 그로 하여금 큰 충격과 조국에 대한 사랑을 한층 더하게 합니다. 이 충격이 연습곡 C단조 〈혁명〉이라는 곡으로 나타납니다.

## 2. 음악적 기질

쇼팽의 음악이 인간의 깊은 호흡과 내면의 성찰을 통해 빚어낸 절대주의적 음악미를 추구하고 있다는 말은 그의 조국에 대한 사랑과 인간으로서의 감성에서 유래한다고 이미 보았습니다. 그런데 20세 이후의 쇼팽은 점차 강렬한 리듬과 음악적 열정으로 변해 갑니다. 조국에 대한 사랑이 그리고 약소국의 애잔함이 그의 음악으로 녹아듭니다. 그러한 그의 음악적 기질은 성격에도 여실히 드러나는데 리스트에게서는 허세를, 베를리오즈에게서는 공상적 기질을 싫어했습니다.

21세 이후 파리에서의 활동은 그나마 쇼팽에게 행복을 주기에 충분했습니다. 이것은 아마 쇼팽의 부친이 프랑스인이었다는 점 때문이 아닐까 합니다. 그의 부친은 프랑스인이었고 쇼팽이 태어날 무렵부터 폴란드의 사관학교 불어 교수로 활동했던 것이 그로 하여금 그나마 정을 붙일 수 있는 이유가 될 수 있었을 것입니다. 프랑스인의 피를 물려받은 쇼팽으로서는 음악의 도시 빈보다도 어린 시절부터 자주 들어 익숙한 불어를 구사하는 파리가 더 마음에 들었을 것입니다. 25세가 될 무렵 쇼팽은 폴란드의 카를스바트의 휴양지로 부모를 찾아갔습니다. 거기서 어린 시절 가깝게 지내던 보진스키 가족을 만나고 그 집안의 마리아를 사귀게 됩니다. 그러나 역시 마리아와의 결혼은 이루어지지 않았습니다. 아마 쇼팽의 나약한 기질과 질병으로 인한 의구심 때문이 아닌가 합니다. 마리아와의 사랑과 헤어짐을 통해 쇼팽은 다시 한번 정신적으로 성장합니다. 그의 이러한 마음이 음악으로 잘 표출된 것이 왈츠 제9번 A단조 〈고별〉입니다. 이 음악에서 쇼팽은 단호하면서 순박한 아름다움을 그려 내고 있는데 그 어떤 가사를 가진 음악보다도 내면의 슬픔을 소박하게 풀어내고 있다는 평을 받고 있습니다. 그러나 그의 음악에 내재한 미적 감수성의 원천은 혼자로서 가질 수 있는 기쁨, 타자를 의식하지 않아야 기쁨을 가질 수 있는 폐쇄적 인간애를 가진 음악이었습니다.

이즈음 쇼팽은 〈라이프치히〉를 방문해 슈만을 만납니다. 슈만과의 만남은 매우 진지했습니다. 두 사람이 비슷한 성향의 성격을 가진 점도 이유였겠으나 부인인 클라라의 뛰어난 피아노 연주가 쇼팽에게는 중요한 대화의 이슈였던 것입니다. 쇼팽은 클라라만이 자신의 음악을 이해하고 표현할 줄 아는 유일한 피아니스트라고 생각할 정도였으니까요. 마리 다구 백작 부인의 영향도 그의 기질에 영향을 주는 큰 요인이었다고 생각합니다. 1836년 상드의 집에서 처음 만난 쇼팽은 별 흥미를 느끼지 못했으나 이듬해 영국에서 돌아온 이후 급격하게 가까워지고 급기야 다구 백작과 결별한 후 마요르카 섬으로 사랑의 도피를 하게 됩니다. 그곳에서의 생활은 파리의 생활을 청산하고자 함이었지만 쇼팽의 건강이 나빠짐을 알고 요양을 원했던 이유가 큽니다. 그 섬에서의 작품 중 24편이 수록된 전주곡집은 매우 원숙하고 기교적인 내용으로 결합되어 있습니다. 쇼팽의 음악적 기질이 폴란드의 민속적 음악에서 영향을 받았다는 것은 그의 마주르카에서 잘 나타나고 있으며 벨리니, 도니체티의 이탈리아 오페라에서도 상당한 영향을 받고 있습니다. 뿐만 아니라 바흐나 모차르트의 반음계적인 선율과 단순한 고전주의적 선율을 그는 선호하고 있습니다. 이것은 베를리오즈나 슈만의 경우와 달리 내성적 기질이 음악에서는 매우 포용적으로 변해 있음을 알게 하는 부분입니다. 보다 큰 그림으로 음악을 그려 내고 있다고 보입니다.

## 3. 상드와의 사랑과 갈등

1838년 쇼팽은 조르주 상드와 마요르카 섬으로 사랑의 도피를 합니다. 7년여에 걸친 상드와의 애정 행각은 그의 음악에 많은 영향을 미쳤지만 한편으로 그녀의 이복 자녀들의 문제로 인한 갈등으로 인해 결국 막을 내리게 됩니다. 조르주 상드는 소설가이지만 남성 편력이 많고 소유욕이 강한 여성으로 알려집니다. 쇼팽은 귀족적인 생활과 취미에 길들여져 있고 귀족들과의 만남을 좋아했던 반면 상드는 서민적이고 소박한 생활을 좋아했습니다. 두 사람의 생활 패턴이 차이가 있을지라도 상드가 쇼팽에게 불어넣어 준 영감과 사랑의 마음은 후세인들에게 있어 매우 소중한 가치일 것입니다.

1848년 제자인 스털링의 언니 어스킨 부인의 초대로 영국과 스코틀랜드를 방문하게 됩니다. 스코틀랜드에서의 쇼팽은 여행에서 오는 피로감과 음식과 생활 풍습에서 오는 고통이 더해져 건강이 매우 나빠지게 됩니다. 더구나 쇼팽은 영국인들의 예술, 특히 음악에 대한 이해가 매우 부족하고 현실적이어서 높은 수준의 음악 예술에 대한 감동이나 가치를 인정하지 못함을 안타깝게 생각했습니다. 쇼팽이 특히 힘들어했던 것은 종교관입니다. 영국을 비롯한 북유럽은 16세기 이후 주로 개신교가 뿌리를 내린 지역이어서 많은 사람들이 가톨릭을 부정하고 있었습니다. 쇼팽을 초청했던 어스킨 부인은 쇼팽의 종교관을 개신교로 바꾸기 위해 노력했지만 결국 실패합니다. 이런 점 또한 쇼팽에게는 무거운 짐으로 다가올 수밖에 없었던 것이지요. 우리가 흔히 여행에서의 어려움을 이야기할 때 낯선 것에 대한 두려움이나 부적응이라 할 것입니다. 초청해 준 제자의 호의를 생각해 이러한 어려움을 극복하기에는 쇼팽에게 있어 매우 힘든 일정이었던 것 같습니다. 그해 겨울 쇼팽의 건강은 아주 나쁘게 진행되었고 이 와중에 조르주 상드는 그녀의 딸과 아주 사이가 멀어집니다. 쇼팽으로서는 정신적으로 육체적으로 최악의 상태가 된 것이지요. 그러나 쇼팽의 가슴속엔 상드와의 사랑이 잔존해 있었고 임종의 자리에 상드는 화해를 위해 찾아왔습니다.

# 눈물로 노래한
# 프레데릭 쇼팽 II

오래전 잘츠부르크 모차르테움에서 하계 음악 연수를 받을 때입니다. 매일 아침 학교 인근의 학생 기숙사에서 간단히 요기를 하고 등교해 오후 5시까지 음악사와 지휘법 등 교과목을 수강하던 생각이 납니다. 잘츠부르크의 여름은 낮 시간이 매우 길어 저녁 9시가 되어도 해가 남아 있는 것을 볼 수 있습니다. 그래서 5시에 학교를 마치고 돌아와도 네 시간 이상을 관광이나 산책 혹은 쇼핑을 다니곤 합니다.

하루는 학교 연주 홀에서 피아노 교수인 다니엘 폴락(Daniel Pollack)의 독주회가 있었습니다. 마침 필자에게는 9유로의 아주 저렴한 가격으로 입장이 허용되었으니 행운이 아닐 수 없었습니다. 모차르테움의 연주 홀은 화려하지도 크지도 않은 소박하고 단순한 홀이었습니다. 그러나 단순함 속에 격조 있는 실내 장식과 의자 외에는 아무것도 없는 글자 그대로 연주만을 위한 무대였습니다. 그러나 무엇보다도 놀라운 것은 무대 뒤편의 벽 전체가 통유리로 만들어져 있어 뒤로 보이는 구시가지와 호헨 잘츠부르크 성의 웅장하고 고고한 자태가 저녁놀에 비치면서 아주 신비로운 풍경화를 만들어 내는 점이었습니다. 그러니까 모차르테움의 연주회장은 산그늘로 어두워진 반면 높이 솟아 있는 성의 모습은 저녁 햇살에 비추어져 마치 극장의 스포트라이트 불빛을 받은 조각상처럼 아름답고 신비하게 무대를 장식하고 있었습니다. 그리고 놀란 것은 백발이 성성한 노 피아니스트 폴락의 모습이 이런 자연의 스포트라이트를 받으며 천천히 아주 성스럽게 걸어 나올 때였습니다. 그는 마치 수도승처럼 한참 동안 피아노 건반을 바라보다가 천천히 손을 들어 아주 여린, 그러나 장엄한 소리를 만들어 나갔습니다. 바로 쇼팽의 〈환상 폴로네즈(Fantasie in Ab Major OP. 61)〉이었습니다. 끓어오르는 감정을 억제하고 마치 무대 뒤로 보이는 황금빛 노을처럼 인생의 황혼을 피아노로 그려 내던 폴락의 모습에서 마치 쇼팽을 보는 듯해 한참이나 가슴 저미는 시간을 가졌습니다.


## 1. 쇼팽의 영혼이 담긴 폴로네즈

음악사에 등장하는 수많은 작곡가들의 일생을 접하다 보면 저마다 삶의 이유와 목표를 가지고 열정적으로 살았다는 것을 알게 됩니다. 그런데 그런 열정과 사랑과 고뇌를 통해 얻어진 작품의 가치는 잘 보이지 않거나, 그 고뇌가 진실한 객체인 것을 알고 이를 평가해 주는 사람은 거의 없다는 점이 그들이 대체로 불우하거나 외롭게 살아갈 수밖에 없었던 이유인 것 같습니다. 그 열정과 고뇌는 모든 살아 있는 인간의 모습 그대로인데도 말입니다. 그것을 애써 외면하려는 왜소하고 눈이 먼 대중들만이 외로운 작곡가들 주변을 에워싸고 있다는 점이 늘 불공평하다는 생각을 하게 됩니다.

그렇게 외로운, 그래서 불공평하다고 느껴지는 작곡가들 가운데에서 가장 힘들었던 작곡가 중 한 사람이 쇼팽입니다. 슬픔이 가득한 눈망울이며 좁은 턱선, 일찍이 병세가 악화되어 이곳저곳을 피해 다녀야 했던 지성으로서의 고뇌가 그렇습니다. 진실한 사랑을 했지만 병마에 시달려 제대로 꿈을 실현해 보지 못하고 결국 내동댕이쳐진 고독한 예술가, 그런 그의 각박한 인생을 몰아내고 싶었던 것일까요? 그의 작품 세계는 우아하면서도 화려하고 또 거침없이 흐르고 있습니다. 그러나 그런 화려함도 극히 절제되고 마지못해 표출된 울부짖음이 되어 듣는 사람들을 비통한 심리적 고통으로 몰아가곤 합니다.

그의 작품은 다양한 피아노 양식으로 표현되고 있는데 대표적인 것은 폴로네즈(Polonaise)입니다. 폴로네즈는 원래 16세기경 프랑스의 헨리 3세가 폴란드 왕에 즉위하면서 가진 축하연에서 귀족들과 축하 행진을 하기 위한 의식용 음악으로 만들어졌습니다. 왕이 주재하는 정치적 모임이나 무도회에서 연주되었던 폴란드 특유의 전통적 민족 감정이 녹아들어 있는 음악인 것이지요. 쇼팽은 매우 이

지적이고 서정적인 음악과는 달리 유독 정치적 감정을 음악으로 구현하는 데 혼신을 다했던 작곡가입니다. 그의 폴로네즈는 바로 전통적인 폴란드의 정신을 내포하고 있는 작품 유형입니다. 그런 점에서 18곡의 폴로네즈는 고국에 대한 사랑과 조국의 패전에 대한 분노가 교차하는 작품 특성을 보입니다. 물론 이 폴로네즈가 조국이라는 하나의 이상을 담고 있다고 결론 내리는 것은 아니지만 그의 작품 세계 전반에 흐르는 폴란드에 대한 정서적 쏠림은 매우 강렬한 것임에 틀림없습니다.

쇼팽은 1831년 그의 나이 21세에 아버지의 나라 파리로 가게 됩니다. 그해는 러시아에 의해 바르샤바가 함락되었던 해이기도 합니다. 결과적으로 조국의 위험을 피해 간 것처럼 느꼈고, 청년 쇼팽의 머릿속에는 일종의 비겁함이나 죄책감이 존재할 수도 있었을 것입니다. 쇼팽은 이러한 감정적 피해의식을 벗어나고자 했고 이는 작품 속에 영웅적 비장감을 표현하는 방식으로 나타납니다.

쇼팽의 폴로네즈는 크게 3단계로 변화의 과정을 보면 바로 이런 감정을 의식하고 있는 듯합니다. 1831년 바르샤바를 떠나기 전 쇼팽의 폴로네즈는 우아하고 기품 있는 폴란드 귀족 가문의 평화가 나타납니다. 그러나 러시아 침공 이후 그의 폴로네즈는 민족적 전통과 기풍을 행진곡과도 같은 장엄하고 결연한 성격으로 변해 갑니다. 조국에 대한 열정과 사랑, 그리고 지지의 표현이라고 봐야 할 것입니다.

그러나 생의 어느 시점에서 쇼팽은 불현듯 죽음을 예상합니다. 젊은 나이로 죽음을 준비해야 하는 쇼팽에게 그는 환상이라는 자유롭고 다양한 정신세계를 경험합니다. 〈환상 폴로네즈〉입니다. 그의 마지막 작품으로 매우 현학적이고 자유로운 영혼의 세계를 그려냅니다.


## 2. 폴로네즈의 매력

폴로네즈가 쇼팽의 작품 세계에서 차지하는 비중은 매우 상징적입니다. 그것은 이전까지 음악의 형식, 이를테면 소나타 형식이나 협주곡 형식 등과 같은 고전적인 틀에서 벗어나 자유롭고 틀에 얽매이지 않는 작곡가의 영혼을 표현하려 했는데, 쇼팽은 이러한 새로운 흐름을 폴로네즈라는 단악장 음악으로 만들게 됩니다. 쇼팽이 10대부터 작곡하기 시작한 폴로네즈는 그의 여러 형식 중에서도 가장 좋아하는 것으로 자신의 감성과 예술성을 드러내고 정치나 사회적 이슈를 가장 적합한 표현 기법이라고 생각한 것 같습니다. 바흐와 베토벤의 폴로네즈가 음악 그 자체의 기교와 아름다움에서 치중했다면 쇼팽은 예술적 기교 외에 조국이나 혁명과 같은 정치적 이슈를 의도적으로 담아내기 위한 노력이 있었다는 점입니다.

그런데 이는 낭만주의 음악의 두드러진 특징 중에 하나입니다. 다시 말해 쇼팽은 본인이 의도했든 의도하지 않았든 간에 이미 낭만주의적 음악의 흐름 속에 깊숙하게 관여하고 있음을 말해 줍니다. 이제 음악적 취향은 귀족들의 고급한 여가 보내기의 일환이 아니라 음악에 담긴 어떤 의미와 정서를 파악하고 이를 통해 작곡가와 가치를 공유하는 일반 대중들과도 함께하게 됩니다. 그 작곡의 궁극적 목표는 정치적 이슈일 수도 있고 일상적 행복일 수도 있으며 인간적 자아 성숙일 수도 있습니다. 19세기의 음악은 쇼팽의 경우처럼 조국의 안녕과 승리를 염두에 두는 경우도 있지만 대체로는 작곡가 스스로 창작 행위를 통해 최고의 지성적 만족감을 경험하면서 다양한 음악의 표현과 개성들을 통해 음악 자체와 다른 부수적인 목표를 오히려 타깃으로 삼기도 한다는 것입니다. 그것이 19세기 음악의 가장 큰 행복이고 매력인 것입니다. 누구나 그 가치를 이해하고 사랑할 수 있다면 그래서 음악 속에서 자아를 발견하고 음악 외적인 대상을 공유할 수 있다면 이미 진실한 자아의 발견이 이루어진 것으로 봅니다.

쇼팽은 그의 폴로네즈 양식을 통해 이러한 미학적 흐름을 보편화시킴으로써 낭만주의 음악가로서 깊은 이미지를 남겼던 것입니다. 쇼팽의 폴로네즈 Op. 26의 1번 C#단조는 이러한 점에서 깊은 감동과 향수를 불러일으킵니다. 2번 Eb단조는 앞서 말했듯이 정치적 이슈와 깊은 연관을 갖고 있음을 알 수 있습니다. 전쟁에 대한 공포와 절망이 보이고 이를 극복하려는 엄격함과 결연함이 행진곡풍으로 표현됩니다. 극적인 대비를 통해서 가능합니다. 폴로네즈 제3번 A장조는 '군대'라는 의지가 나타납니다. 물론 이 곡은 러시아에 대응하기 위한 결연함을 음악적으로 표현한 내용입니다. 당당함과 격렬함을 바탕으로 쇼팽의 리릭한 정서와도 상당히 거리감이 느껴지는 곡이지만 역설적으로 그의 나약함을 극복하기 위한 노력으로 보아도 무방할 것입니다. 쇼팽의 폴로네즈 중 가장 자유롭고 풍부한 감수성을 보이는 작품은 제7번 Ab장조 〈환상 폴로네즈〉 Op. 61 입니다. 이 곡은 주제가 일정하지 않고 각 작은 주제들이 대조적인 성격을 보이고 있어 론도의 흐름을 연상케 합니다. 이 곡은 3박자의 당당한 리듬으로 우아함과 절제미를 가지고 있지만 그렇다고 원래 폴로네즈의 의도였던 무곡의 느낌은 거의 나타나지 않고 연주를 위한 음악회용 무곡의 흐름을 나타냅니다.

## 3. 서민적 기풍의 마주르카

폴로네즈가 우아함과 장대함 그리고 환상적인 구성을 보인 것에 비해 보다 서민적이고 소박한 폴란드 색채가 강한 느낌의 무곡이 마주르카입니다. 한마디로 마주르카는 폴란드 서민의 애환을 그린 토착적인 흙냄새가 풍기는 친밀감을 가지고 있습니다. 특히 마주르카 47번 A단조와 48번 F장조는 이러한 폴란드 고유의 토속적인 향수를 그리고 있다고 보입니다. 그 이유는 리디아 선법(Lydian Mode)의 민요를 사용해 폴란드 민속풍의 무곡으로 만들어집니다. 이 리디아 선법이란 F조 장음계의 느낌이 강한 이국적 정취를 나타내는 특징을 가졌습니다. 마주르카 선율은 대체로 감성적이며 토속적이어서 쇼팽의 입장에서는 고향을 그리워하고 조국을 사랑하는 마음을 담아내기 좋은 도구였을 것입니다. 마주르카는 왈츠와 어느 면에서 비슷한 구조로 되어 있지만 사실 그 내면은 판이한 기분을 자아냅니다.

왈츠는 알다시피 빈의 궁정 무도회를 위해 만들어져 내용 면에서 귀족적이고 기품 있는 3박자의 리듬을 반복합니다. 그러나 마주르카는 대상 자체가 서민들을 위한 민속적 무곡입니다. 여러 가지 감정과 기분이 변화되고 이는 특유의 역동성과 활력을 드러내 줍니다.

제5번 Op. 7-1과 10번 Op. 17-1 Bb장조의 두 곡에서 보면 약동하는 힘과 활력을 볼 수 있습니다. 흔히 폴란드 농촌의 풍경과 농민들의 쾌활한 춤을 음악으로 그려 낸 극히 민족적 기품이 서려 있는 작품이라고 볼 수 있습니다. 제26번 C#단조 Op. 41-1에서 보면 주제에서 프리기아 선법(Phrigian Mode)을 느낄 수 있는 선율이 나오는데 이 역시 힘차고 역동적인 클라이맥스로 연결됩니다. 일반적으로 쇼팽의 마주르카는 쾌활함과 소박함을 무기로 만들어지지만 역시 만년의 작품에서는 우수에 찬 깊은 상념을 보이기도 합니다. 제49번 F단조 Op. 65-4번이 그런 모습입니다. 결국 쇼팽의 마주르카는 폴로네즈에서 구현하지 못한 폴란드의 농촌에 대한 향수와 그들의 소박한 삶을 노래한 기품 있는 형식으로 이후 세계인들의 사랑을 받는 작품이 되었습니다.

# 눈물로 노래한
# 프레데릭 쇼팽 Ⅲ

올여름은 비다운 비가 내리지 않아 농민들에게 많은 근심과 시련을 안겨 주는 여름인 것 같습니다. 그런데 어릴 적 필자가 자라던 시골집은 양철 지붕으로 만든 비교적 신식으로 설계된 집이었습니다. 그런데 이 집은 장맛비가 내리기 시작하면 제일 먼저 지붕에서부터 요란한 난타의 파열음이 시작됩니다. 그 소리가 어찌나 크고 요란한지 '지붕에 구멍이 나면 어쩌나' 하는 공포감에 휩싸이곤 했습니다. 그리고 마루 끝에 서서 마당으로 떨어지는 굵은 빗방울과 그것들이 만들어 내는 수많은 물방울들을 우두커니 바라보곤 했습니다. 그 물방울은 빗물이 떨어지면 동그랗게 만들어졌다가 이내 꺼져 버리곤 했는데 그 방울의 크기와 개수에 따라 어른들은 이 비가 장맛비인지 지나가는 비인지를 잘 알아내곤 했습니다. 그러나 우리들에게 가장 큰 걱정은 비 때문에 공터에서 구슬치기나 자치기를 하지 못하는 것과 물이 불어서 미역을 감지 못하는 일이었습니다. 몇 날 몇 시간이 지난 후 빗방울이 잦아들기만 하면 누가 먼저랄 것 없이 공터로 나가 놀이에 열중하곤 했습니다.

쇼팽의 전주곡과 연습곡 제15번 Db장조 〈빗방울 전주곡〉은 그로부터 10년쯤 지난 어느 비 오는 날 어린 시절을 회상하면서 처음으로 가슴에 날아와 눈물을 글썽이게 했습니다.

## 1. 전주곡과 에튀드(Preludes, Etudes)

모든 작곡가들의 음악적 착상의 원천은 무엇일까요. 어디서 출발할까요? 작곡가가 아닌 필자에게 이런 질문은 늘 궁금하기 짝이 없는 것이었습니다. 그러나 이러한 음악의 착상에 대한 궁금증은 비단 필자나 몇몇 사람들의 문제가 아닌 모든 음악 애호가들의 호기심이 아닐까 합니다. 그러나 사실 어떤 자연현상이나 인간의 내면적 사고를 음악으로 표현하고자 했던 것은 고대인들이나 18세기 유럽인들이나 똑같은 욕망이었던 것 같습니다. 그래서 많은 음악 이론가나 철학자들은 이러한 자연을 모방하거나 인간행동과 감정을 모방하는 일은 당연한 인간의 예술적 표현욕구로 인정해 왔던 것입니다. 멋있는 것, 짜임새 있고 맵시 있는 모양을 보고 그것을 따라서 해 보고 싶은 욕구는 실로 인간의 기본적 욕구 중 하나인 것입니다.

그래서 18세기까지만 해도 다른 음악가들의 음악을 모방하거나 그 음악을 모티브로 해 새로운 음악을 만드는 것은 그리 큰 문제가 되지 않았습니다. 심지어 "예술은 모방이다."라는 논제가 이 시기에 일반화되기까지 하면서 예술 이론의 학문적 기초를 다져 나가기도 했습니다. 「모나리자」를 그린 레오나르도 다빈치(Leonardo da Vinci, 1452 ~1519)는 자연이나 인물의 모습을 가장 대상에 가깝게 그리는 그림이 가장 훌륭한 그림이라고 말할 정도였습니다[1]

쇼팽은 24개의 '전주곡과 연습곡'을 작곡했는데 이 작품의 구성을 보면 J. S. 바흐의 『평균율 클라비어곡집』 제1권에 나오는 48개의 전주곡과 푸가(48 Praludien Und Fugen)를 형식적으로 또는 내용적으로 모방하고 있음을 알 수 있습니다. 특히 쇼팽이 바흐의 전주곡과 푸가를 모방했다는 증거는 두 작품이 똑같이 하나의 동기를 계속해서 반복적으로 사용하고 있다는 점, 또 하나는 전주곡과 푸가로 다른 하나는 전주곡과 에튀드로 구분했지만, 바흐가 대위법의 시대에 살았던 점과 쇼팽이 낭만주의 즉, 화성법의 시대에 살았던 점에서 충분히 알 수 있습니다. 다만 중요한 것은 바흐가 수사학적 음악 어법으로 접근한 데 비해 쇼팽은 빗소리나 사랑의 감정처럼 자연적 현상을 소위 관련주의적 음악어법(Referential music)으로 승화시키고 있다는 점에서 차이를 보이고 있는 것입니다. 다시 말하면 모방(Mimesis)이라는 작곡 기법을 놓고 하나는 어떤 동기를 논리적으로 풀어 나가고, 다른 하나는 외부적 현상을 음악적으로 승화시키

---

1  김혜숙·김혜련, 『예술과 사상』.

는 것에 대한 차이입니다. 이것은 작곡가의 생각이나 기법의 다름에서 오는 차이라고 생각할 수 있지만 근본적으로는 시대적 가치와 요구가 달라졌기 때문입니다. 쇼팽이 살던 시대는 인간의 감성과 자연에 대한 경외감을 존중하는 인간주의가 중요한 사회적 트렌드였다는 것이지요. 한편, 전주곡과 짝을 이루어 등장하는 연습곡은 피아노의 모든 기교와 연주 기술이 망라된 비교적 규모가 큰 악곡입니다. 이 연습곡 역시 하나의 기교나 기술을 익히기 위해 다양한 표현을 요구하는데 그럼에도 그 내용은 아름다운 피아노 음악의 특징을 잘 표현하고 있습니다. 쇼팽의 연습곡은 체르니나 크라머의 클라비어를 위한 연습곡과 유사하지만 미학적 가치는 훨씬 뛰어난 작품으로 평가받고 있습니다.

## 2. 즉흥곡과 소나타(Impromptu, Sonata)

쇼팽의 즉흥곡은 그의 클라비어에 대한 해박한 기교와 연주 능력을 통해 얻어진 모든 기술을 동원해 화려하게 펼쳐진다는 점에서 의미가 있습니다. 만약 클라비어에 대한 완벽한 이해와 연주 능력이 뒷받침되지 않았다면 그의 즉흥곡은 매우 단조로운 작품이 되었을 것입니다.

쇼팽의 피아노 음악이 주는 가장 어울리는 특징은 조용하고 명상적이라는 것입니다. 그의 즉흥곡이 대체로 짧고 화려한 기교를 중시하고 있으나 내면적으로는 매우 서정적이고 감성적인 아름다움을 내포하고 있습니다. 그중 하나가 즉흥곡 제2번 F#장조 Op. 36입니다. 이 작품은 단순한 화음감과 바흐의 영향을 받은 푸가적인 대위선율이 특징입니다. 아라비아적인 색채감과 장식이 등장하는 중반 이후의 선율도 매우 독창적입니다. 쇼팽의 즉흥곡은 그 형식에 있어 매우 다양한 측면이 있어 클라비어의 기교를 더한층 특징적으로 드러낼 수 있는 면도 있습니다. 예를 들면 그의 〈자장가〉나 〈뱃노래〉 등은 매우 섬세하고 단순한 선율과 두 개만의 화성으로 빚어내어 마치 요람의 흔들림을 연상케 합니다. 뱃노래의 경우 바다의 비릿한 냄새를 감지할 수 있는 대양의 흐름을 음악으로 잘 표현하고 있습니다. 뱃노래 F#장조의 경우 발라드풍의 서정적인 분위기가 바다의 무한한 포용력과 고즈넉함을 묘사하고 있습니다. 특히 파도를 연상케 하는 서주부의 부드러운 선율선은 풍부한 색채감과 바다 특유의 평화로움을 전해 주고 있습니다. 즉흥곡으로서 원숙한 음악 작품으로 알려진 것은 클라비어 소나타와 환상곡과 같은 당시 낭만주의 작곡가들의 일상적인 형식의 음악입니다. 특히 환상곡 Op. 49번은 쇼팽의 피아노에 대한 기교와 상상력이 가장 잘 나타나 있는 작품 중 하나입니다. 첫 부분에는 쇼팽만이 가지고 있는 독특한 행진곡풍의 서주부가 있는데 이는 이전 선배 작곡가인 모차르트나 베토벤의 고전주의 양식을 그대로 모방했을 가능성이 큽니다. 그 뒤로 드라마틱하고 짜임새 있는 에피소드를 지나 주제들이 등장하는데 이 주제들은 매우 강한 낭만적 이미지를 담고 있습니다. 예를 들면 매우 서정적인 주제와 이를 전개하는 과정에서도 다양한 전조(modulation)를 제시하는 점, 강력하고 정갈한 행진곡 풍의 주제들이 환상곡으로서의 전형적인 특징을 보입니다.

그러나 쇼팽에 있어 고전주의적 형식미를 바탕으로 한 소나타는 그렇게 매력적인 장르로 보지 못한 것 같습니다. 소나타라고 하는 일종의 형식은 구속받기를 싫어하는 쇼팽에게 있어서 그다지 효과적인 감성 표현이 불가능하다고 본 것입니다. 소나타라는 음악 형식은 모차르트와 베토벤 시기의 최고형식으로서 이미 그 명을 다했다고 보지 않았을까 생각됩니다. 1827년 소나타 제1번 C단조를 작곡한 이후 별다른 작품이 없다가 제2번 Bb단조가 만들어진 것이 그로부터 10년 후인 1837년에 느린 악장을 작곡하고 3, 4악장은 1839년에 만들어진 것도 이를 뒷받침하고 있습니다.


### 3. 녹턴(Nocturne), 스케르초(Scherzo)

녹턴은 우리말로 야상곡(夜想曲)이라고 번역합니다. 한자 그대로 표현하면 깊은 밤 사색에 잠겨 부르는 노래 혹은 음악이라고 말할 수 있겠습니다. 19세기 아일랜드의 작곡가 존 필드가 처음으로 사용하기 시작했고 쇼팽이 21곡의 피아노 독주곡을 만들어 그 악곡의 형식이 알려지게 됩니다. 이 곡은 주로 ABA의 세도막 형식으로 구성됩니다. 폴란드의 시인이자 민족주의자였던 아담 미츠키에비치의 시를 읽고 감명을 받은 쇼팽이 이를 피아노곡으로 만들기 시작했는데 A 부분은 매우 드라마틱한 민족적 영웅의 출현을 기대하는 의미를 담고 있습니다. B 부분은 A와는 다르게 서정적이고 아름다운 밤의 정경을 노래하듯 하지만 사실은 영웅의 모습을 미화하고 그 출현을 기대하는 의미로 작곡됩니다. 쇼팽은 이 양식을 통해 자신의 조국에 대한 애잔한 그리움과 사랑을 유려한 정감으로 노래합니다. 그 당시 이탈리아의 오페라 형식은 많은 관심을 불러일으켰는데 쇼팽은 이 양식의 화려함이나 대중적 인기의 요인을 발견하고 이를 자신의 음악적 기교로 끌어내기 위해 노력합니다. 이 야상곡은 그러한 창의적 노력의 결과로 만들어집니다.

초기 작품인 19번이나 Op. 9 Eb단조는 쇼팽의 독특한 낭만주의적 성향이 잘 나타나고 있는데 그의 동료인 존 필드(John Field, 1782~1837)조차도 그의 음악을 심약한 병적 증세로 표현하고 있을 정도입니다. 파리에 도착해 처음 만난 작곡가 겸 피아니스트 존 필드는 극장 바이올리니스트인 아버지로부터 피아노를 배우고 11세에 클레멘티로부터 피아노를 배운 당대의 중요한 작곡가 겸 피아니스트입니다. 필드는 1802년 러시아로 정착해 그곳에서 아일랜드풍의 서정적인 작곡가로 활동을 했습니다. 그러나 필드가 러시아로 정착하기 이전까지 쇼팽은 적극적인 낭만주의자로서 그로부터 많은 영향을 받았는데 특히 야상곡의 형식은 필드의 정서와 매우 흡사한 부분을 보입니다. 쇼팽의 〈야상곡〉 제10번 Ab장조에서 이러한 점은 두드러집니다. 필드의 야상곡 5번과 매우 흡사한 주제를 보이고 있다는 점이지요. 필드의 아일랜드풍의 서정성이 쇼팽의 감성과 만나 더욱 빛을 발한 경우라고 볼 수 있겠지요. 쇼팽은 그의 전 생애를 통해 폴란드에 대한 끊임없는 사랑을 보여 주고 있는데 이는 그가 얼마나 민족적 감정에 집착하면서 살았는지를 알게 합니다. 무엇보다도 러시아로부터 조국이 패망하는 모습을 보면서도 아버지의 나라로 간다는 핑계로 친지를 남겨 두고 떠나온 죄책감은 늘 그의 작품 속에 등장하고 있습니다. 이 야상곡이나 스케르초에서는 이러한 감정들이 음악의 깊은 내면에 나타나고 있습니다. 특히 스케르초에서 나타나는 폴란드적 애수와 감동은 그의 어린 시절부터 가졌던 신앙적 분위기로부터 승화되고 있습니다. 스케르초라는 형식은 베토벤의 사회적 현상과 권위에 대한 역설적 표현으로 유명한 장르입니다. 그러나 쇼팽에 와서 만들어진 3개의 스케르초는 종교적 감동과 장중함을 바탕으로 베토벤과는 전혀 다른 고향에 대한 향수와 신앙적 엄격함, 그리고 클라비어의 기교를 가장 적절하게 표현하는 완벽함까지도 내포되어 있습니다.

# 눈물로 노래한 프레데릭 쇼팽 IV

1959년 여름, 충북 옥천읍에서 군서를 거쳐 금산으로 이어지는 지방 도로는 서대산 자락을 따라가는 신작로인데, 가끔 미군 트럭이 지나가기라도 하면 차에서 내뿜는 연기와 흙먼지로 한동안 앞이 보이지 않곤 했습니다. 이 길은 해방 전부터 금산의 인삼과 농산물을 경부선의 중간지역인 옥천까지 운반하는 중요한 도로였습니다. 6·25 전쟁 중에는 미군이 후퇴 작전을 펴는 데 중요한 역할을 하기도 했었죠. 1950년 7월 딘 소장을 비롯한 3개 연대장과 대대장들이 포로가 되거나 5000여 명이 전사했던 치욕적인 전투였습니다. 그런 역사적 아픔을 알지 못했던 형과 필자는 엄마가 싸 준 음식 보따리를 들고 방학 때마다 시집간 큰누이 집을 찾아가곤 했습니다. 그 길은 삐죽삐죽한 자갈길이어서 고무신은 구멍이 나고 발바닥은 상처가 나곤 했습니다. 그 길옆 미루나무 가로수에서 힘차게 노래하던 매미와 쓰르라미가 50여 년이 지난 지금도 꿈을 꾸듯이 아련하게 기억 저편에 남아 있습니다.

그런데 요즘 한강 산책로를 따라 걷다 보면 길옆 미루나무에서 노래하는 매미와 쓰르라미가 그렇게 반가울 수가 없습니다. 키는 작지만 팔랑거리는 나뭇잎도 그대로이고 매미와 쓰르라미의 목청도 변치 않았기 때문입니다. 오늘은 쇼팽의 발라드와 왈츠를 조명해 볼 텐데요, 그는 비록 파리에 있지만, 마음은 늘 폴란드에 남아 고향의 추억을 피아노로 노래했습니다.

## 1. 쇼팽과 피아노

쇼팽은 왜 피아노 음악만을 고집했을까요? 러시아의 피아니스트 안톤 루빈스타인은 쇼팽을 가리켜 '피아노의 시인, 피아노의 마음, 피아노의 영혼'이라고 말한 적이 있습니다. 오늘날 쇼팽을 가리켜 '피아노의 시인'이라고 말하는 것은 그의 피아노 작품에 대한 편향성을 대변한 것이겠지요. 그런데 이 말은 쇼팽이 피아노라는 악기를 사용해 로맨틱한 시를 썼다는 오해를 불러 올 수도 있겠다는 생각을 하게 됩니다. 다시 말해 쇼팽이 지향했던 피아노 음악의 세계는 피아노를 시적으로 표현했다기보다 피아노라는 악기의 기능과 장점을 이해하고 이를 극대화시킨 '피아노 음향의 대가'라는 표현이 적당할 것이라는 생각입니다. 물론 시인이라는 감성적 어감을 존중한다면 그런 표현이 어울릴 수도 있겠지만 말입니다. 아무튼 쇼팽에게 있어 피아노라는 악기는 자신의 영혼을 그려낼 수 있는 유일한 도구이자 메신저였습니다.

그가 피아노 연주자와 작곡가로 성장하게 된 결정적인 계기는 어린 시절 그의 천재성을 간파하고 적절히 지도해 준 바르샤바 음악원의 유제프 엘스너 교수에게서 시작됩니다. 쇼팽은 12세 때인 1824년부터 엘스너 교수에게 화성학과 대위법을 배우면서 피아니스트로서뿐 아니라 작곡가로서의 재능도 발휘되었습니다. 그러나 엘스너 교수는 자신의 음악적 지식을 전통적 틀에서 벗어나지 못한 편협한 것으로 생각하고 쇼팽의 천재성에 자유를 불어넣어 줍니다. 마음껏 자신만의 예술 세계를 펼쳐보라는 의도였습니다. 그것이 쇼팽으로 하여금 피아노 음악에 대해 몰입할 수 있는 계기를 만들어 주었습니다. 엘스너 교수는 스스로 '천재란 자신만의 독특한 방법을 가지고 있다.'라고 생각했고 결과적으로 이는 적중했습니다.

또 하나 쇼팽이 피아노 음악만을 고집했던 이유는 그의 소극적인 성격과 어울릴 줄 모르는 자폐적 성격 때문입니다. 이러한 외톨이형의 특징은 매우 감성적이며 순진하고 지성적인 스타일이라는 점입니다. 그 예로 쇼팽이 처음으로 사랑했던 여성은 바르샤바 음악원의 성악과 학생이었던 콘스탄치아 글라도코프스카였습니다. 그러나 쇼팽은 1830년 바르샤바를 떠날 때까지 이 여학생에게 사랑한다는 말을 한마디도 하지 못했던 것입니다. 다만 그녀에 대한 감정을 피아노 협주곡 제2번 F단조 아다지오 악장에 표현했습니다. 사랑의 감정을 직접 표현하지 못한 쇼팽은 결국 그녀를 떠나면서 피아노로 자신의 영혼을 그려 낸 것입니다. 그리곤 멀리 아버지의 나라로 떠날 결심을 합니다. 그곳으로 가면 그녀를 잊어버릴 수 있을 것이라고 생각했던 것이지요. 그러나 왜 그런 아픔을 견디며 그녀를 떠나려고 했던 것일까요. 물론 자신의 음악가로서의 야망도 실현해 보고 싶었던 것이 또 다른 이유입니다.

## 2. 쇼팽의 발라드 이야기

'발라드'란 용어는 근래에 대중가수들이 서정적인 사랑 노래를 만들어 사용하고 있어 흔히 가요의 일종으로만 생각하기 쉽습니다. 그러나 발라드의 원조는 12세기경 프랑스 음유시인들이 부르던 노래에서 유래합니다. 이 음유시인들은 이제 막 중세 기독교 문화에서 벗어나 점차 인간의 존엄성과 개성을 중시하는 풍조를 띠고 유럽의 여러 지역에서 활동했던 일종의 자유분방한 음악가들이었습니다. 이들은 기독교 신앙의 배타적 독선적 교리에서 벗어나 몇몇 뜻을 같이하는 청년들이 모여 노래하고 춤도 추면서 자유롭게 유랑 생활을 하던 세속 음악가들입니다. 이들이 부르던 노래는 기독교적 신앙심을 고취하는 교회 음악을 배격하고 인간의 사랑과 이별, 그리고 기쁨과 슬픔을 모티브로 하는 음악을 만들어 불렀습니다. 여기에서는 물론 문학적인 용어로 영웅이나 신화를 서사적으로 표현하기도 합니다만 후에는 일정한 운율을 가진 작은 서사적 가사를 가진 노래를 말하기도 했습니다. 이러한 발라드의 개념은 18세기 낭만주의 사조가 문화사적 흐름으로 일반화할 무렵 피아노를 비롯한 기악곡의 형태로 발전하기 시작합니다. 그들은 악기를 통해 시적인 감정을 표현하려 했고 이는 자연스레 악기를 통해 사랑이나 민족적 이야기를 담아내려 했던 것입니다.

쇼팽의 발라드는 모두 4곡만이 남아 있는데 그 스케일과 성격적인 특징으로 하여금 많은 연주가로부터 도전과 사랑을 받는 음악입니다. 물론 그의 발라드는 문학적인 이야기가 있고 그 분위기를 표현하려고 한 측면이 강해서 낭만주의적 예술 사조에 가장 어울리는 작품이라 할 것입니다. 쇼팽의 발라드는 폴란드의 시인 미츠키에비치(G. Mickiewicz)를 빼곤 말할 수 없습니다. 쇼팽은 자신의 조국 폴란드를 사랑한 나머지 헝가리의 전통적 시인 미츠키에비치를 존경하고 그의 시를 탐독했으며 자신의 음악 속에 시의 문학적 의미를 표현하려 했습니다. 그러나 그 시의 내용을 그대로 옮겼다기보다는 자신이 받은 이미지를 자신만의 문학적 틀로 여과해 표현하려 했다는 것이 중요합니다.

쇼팽의 발라드 제1곡은 G마이너로 26세 때인 1836년 미츠키에비치의 시 「콘라드 발렌로드(Konrad Wallenrod)」를 읽고 난 이후의 작품으로 서정적이고 슬픈 감정이 내포된 그래서 쇼팽의 내면세계가 잘 표현된 점이 특징입니다. 쇼팽의 발라드가 가지는 특징은 고전주의 음악이 갖는 형식적 구조와는 다르게 주제의 변형이 다양하고 주제는 재현되기도 하며 반음계적인 패시지를 보이고 있다는 점일 것입니다.

제2곡은 F메이저로서 1836년에 완성했으나 그 후 몇 차례 손질을 해 1839년 그의 나이 29세에 완성해 로버트 슈만에게 헌정되었습니다. 역시 시인 미츠키에비치의 시 「빌리스 호수」에서 영감을 받은 것으로 봅니다. 이 곡은 서정적인 전반부와 폭풍 같은 격한 감정의 후반부로 대조되고 있습니다. 처음에 나타나는 주제들은 비교적 조용하고 서정적이지만 이는 점차 다양한 조로 바뀌면서 충격적인 빠른 템포로 이어집니다. 결국 선율은 거친 음계를 연주하고 과거를 회상하는 듯 조용하고 우수에 찬 A단조의 선율로 조용히 마칩니다.

제3곡 Ab 장조는 쇼팽의 나이 30세가 되는 1841년에 작곡되었는데 그의 피아노 음악중 비교적 코믹하고 즐거운 주제들이 장식적으로 사용되고 있습니다. 이 곡은 역시 미츠키에비치의 시 「물의 요정」에서 힌트를 얻었다고 봅니다. 리듬이 가볍고 밝은 주제를 담고 있어 연주가들의 사랑을 받고 있는 작품입니다. 제4곡은 F마이너로 1842년 그가 32세 때의 작품으로 역시 미츠키에비치의 시를 음악화한 작품으로 알려져 있습니다. 세 명의 외국 신부를 맞은 어느 가문의 이야기입니다. 아무래도 아버지의 입장에선 아들들이 외국의 다른 종족을 신부로 맞이하는 데 대한 거부감이 매우 컸겠죠. 이 역시 폴란드인이 만날 수 있는 감정으로 고국의 정서가 가장 잘 표현된 비장한 느낌의 곡입니다. 형식 면에서 고전 스타일의 소나타 형식과 선율을 기본으로 하고 피아노의 다양한 기법이 농축된 쇼팽다운 뉘앙스가 잘 표현된 음악입니다. 전체적으로 쇼팽의 발라드는 원래 가지고 있는 문학적 기질을 음악으로 가져왔다는 점에서 독특한 형식미를 보여준다고 볼 수 있으며 무엇보다도 피아노라는 도구를 이용해 잘 다듬어진 음악이야기를 펼치고 있음도 주목할 만한 특징입니다.


## 3. 쇼팽의 왈츠 이야기


　쇼팽은 생전에 8곡의 왈츠를 발표합니다. 그러나 그가 죽고 난 후 13곡이 추가로 발표되어 모두 21곡의 왈츠를 남기고 있습니다. 왈츠란 굳이 번역한다면 무도곡(舞蹈曲)이라고 할 수 있는데 춤을 추기 위함이 그 첫째 목적인 것은 틀림이 없습니다. 그러나 요한 슈트라우스의 비엔나식 왈츠와 쇼팽의 피아노 왈츠는 전적으로 내용 면에서 차이를 가집니다. 요즘 말로 요한 슈트라우스는 대중을 상대로 한 헤비메탈 그룹의 음악이랄까요, 어느 일렉트릭 기타리스트의 흐트러진 머리 범벅이 된 머리칼과 선글라스로 감추어진 연주 모습을 떠올려 보시면 어떨까요. 반대로 쇼팽의 왈츠는 조용히 클래식 기타를 치며 인생과 사랑을 노래하는 어느 거리 악사를 떠올려 보면 어떨까요. 두 사람은 기타를 매개로 한 대중가수란 점에서 같은 길을 걷고 있지만 음악의 본질적 가치관은 전혀 다른 길을 걷고 있다고 보입니다.

　다시 말해 슈트라우스는 인기와 화려함에 도취되어 자신의 재능을 가볍게 발산하는 외향적 대중 음악가였다면, 쇼팽은 인기나 돈에 연연해하지 않고 자신의 내면의 가치관에 충실했던 내향적 고급 살롱 음악가였다고 표현할 수 있습니다. 여기서 외향적이니 내향적이니 하는 단어가 가진 단순함은 극히 위험한 개념적 한정성을 가질 수 있어 걱정입니다만 당시 사회적 분위기를 현대적 음악 사회와 비교해 보면 쉽게 이해할 수 있을 것입니다. 어떤 사람은 오히려 슈트라우스의 왈츠는 시대적 흐름을 간파한 진보적 성격이며 쇼팽의 왈츠는 과거 지향적인 보수적 성격의 음악으로 규정할 수도 있겠지요. 마치 낭만적 자유가 대세였던 19세기 초의 빈에서 브람스가 지향했던 고답적인 형식미는 어떨까요. 아마 이런 음악 내용의 차이가 형식의 동일성을 초월할 수 있다는 점은 바로 작곡가 자신의 가치관과 성격적 차이에서 오는 문제라는 것이 대체적인 학자들의 견해입니다.

쇼팽의 왈츠는 크게 보아 두 가지 형태로 구분하는 것이 이해하기 쉬울 것입니다. 그 하나는 1831년부터 10년 동안 작곡한 〈화려한 대왈츠〉와 그 전후에 작곡한 일반적인 왈츠와의 성격적 구분입니다. '화려한(Brillante)'이라는 형용사가 들어간 5개의 왈츠는 물론 무도회용 춤곡이며 그 외의 나머지 16개는 왈츠라는 형식을 빌려 피아노의 기교와 감성을 적절히 그려 낸 연주회용 작품입니다. 그 중에 제1번 Eb장조는 그의 나이 20세 때 빈에서 작곡되었습니다. 쇼팽은 고국 폴란드를 떠나 아버지의 나라 파리로 향하던 중 국제적인 음악 도시 빈에 잠시 머무르게 됩니다. 당시 빈은 요한 슈트라우스의 왈츠로 온 도시가 들떠 있고 이 왈츠에 맞춰 선남선녀들은 춤을 추었습니다. 그러나 쇼팽은 이러한 슈트라우스류의 왈츠에

별 관심이 없었습니다. 그 이유는 왈츠의 가벼움을 표현하는 방법에 있어 쇼팽과 슈트라우스는 전혀 다른 시각을 가지고 있다고 보아야 할 것입니다. 그것은 보다 근본적인 인간의 문제이며 예술에 대한 가치관의 차이에서 시작된 다름일 것입니다. 이제 쇼팽을 마무리할 시점입니다.

쇼팽은 분명 위대한 젊은 천재 음악가였습니다. 그의 정신은 늘 외롭고 가난했으며 겸손하고 정직했습니다. 그의 육체는 유약하고 병약했으며 섬세했습니다. 그런 그에게 세상은 너무나 가혹하고 냉정했으며 무서운 정글과도 같았습니다. 그런 곳을 애써 외면하고 탈출하기에는 그의 육신은 너무 연약하고 정신은 나약했습니다. 이를 도와줄 수 있었던 거의 유일한 사람은 조르주 상드 부인이었습니다. 그녀는 소설가였습니다. 정신적으로 강인한 또 다른 창작의 세계를 만들어 가야 했습니다. 더구나 그녀는 건강한 육체와 미모를 가졌습니다. 자신의 강인한 정신세계 속에 쇼팽이라는 섬세하고 아름다운 그림을 그리고 싶었을 것입니다. 그래서 그녀는 남작 부인의 지위를 버리고 쇼팽을 자신의 영혼에 심었습니다. 그리고 극진하게 그의 예술 세계를 도왔습니다. 그러나 그녀의 영혼에는 쇼팽을 받아들일 공간이 부족했습니다. 쇼팽이라는 공간이 너무 그녀에게는 감당할 수 없는 세계였을 것입니다. 그녀는 정치적으로는 좌파였습니다. 일반적이고 '보통 사람'이라고 하는 사람들과 어울리기를 좋아하는 조금은 야성적인 문인이었습니다. 그와 반대로 쇼팽은 극도로 섬세하고 고상하며 문화적으로 고급한 예술 세계를 좋아했으며 이러한 성격적인 차이가 두 사람을 어렵게 하기

음악의 영혼을 찾아서 하

도 했을 것입니다. 그러나 이런 것들이 두 사람을 갈라놓을 만큼 중요한 것은 아니었습니다.

조르주 상드가 데려온 아이인 솔랑즈와 모리스, 이 두 아이의 양육과 교육 문제는 심각한 현실적 문제였습니다. 두 사람이 돌아서게 된 결정적 문제도 이 중 솔랑즈의 결혼과 관련해 두 사람 간의 이견을 극복하지 못했던 일인 것으로 알려집니다. 딸 솔랑즈의 남편에 대한 불신은 상드로 하여금 돌아설 수 없는 모녀지간으로 치달았고, 쇼팽은 이 두 사람의 화해를 권유하면서 의견 차이를 보이게 됩니다. 조르주 상드와 헤어지고 난 이후 쇼팽의 건강은 극도로 악화되었고 결국 그 이듬해인 1849년 10월 17일 운명하게 됩니다. 그의 음악 세계는 한마디로 독일적 형식주의자의 완벽함과 폴란드적인 민족적 정신세계를 이어받았으며, 프랑스의 고상한 낭만적 기질을 자신의 음악 속에 녹여 냈다는 것입니다. 이는 짧은 39년간의 그의 인생에서 그려 낼 수 있는 가장 완전한 예술 세계였습니다.

낭만주의를
수놓은
로베르트 슈만

# 낭만주의를 수놓은 로베르트 슈만 I

대전시 중구 유천동에 있는 서부시외버스터미널은 예전부터 주로 공주, 부여, 전주, 광주 등 서·남부 방향으로 오가는 승객들이 주로 이용하는 곳입니다. 지금은 교통수단이 다양해지고 승객도 예전처럼 많지는 않지만 아직도 대전 서부 지역의 농촌 마을과 관광지를 연결하는 주요 기능만큼은 여전한 것 같습니다. 여기서 버스를 타고 한 시간 정도 서쪽으로 달리면 논산 미륵사나 연무대, 부여 부소산, 낙화암 등 관광지로 연결됩니다. 지금은 아스팔트가 전국 작은 마을까지 잘 포장되어 있어 쉽고 편안하게 어디든 다닐 수 있지만 불과 30년 전만 해도 국도를 비롯한 주요 도로 외에는 자갈로 뒤덮인 흙먼지 길이어서 그 불편함과 어려움은 말할 수 없었습니다.

얼마 전에 차를 타고 그 길을 따라 달려 보았습니다. 이젠 4차선

도로 가득 자동차 행렬이 이어지고 깨끗한 아스팔트 길이 먼지 하나 만들지 않아 시간의 변화를 새삼 알게 했습니다. 멀리 시야가 끝나는 곳까지 펼쳐진 황산벌에는 잘 여문 벼 이삭들이 고개를 숙이고 군데군데 초록빛 과수원 안에는 수줍은 미소처럼 발그레한 사과들이 따가운 가을볕에 맛을 익혀 갑니다. 낭만과 사랑의 계절입니다. 가을 햇살을 맞으며 익어 가는 과일의 맛이 벌써 입안을 싱그럽게 합니다.

## 1. 슈만의 출생과 어린 시절에 대해

독일 동북부 인구 10만의 츠비카우(Zwickau)는 1900년대부터 공업도시로서 인근 광산 지대에서 나오는 철광석으로 자동차나 기계 등을 만드는 도시로 알려져 있습니다. 이 도시 중앙에는 11세기경 건축한 성모 마리아 교회를 비롯해 고딕 양식의 건축물과 풍광들이 문화 예술의 환경을 만들었고 결국 슈만과 같은 음악가를 탄생시켰다고 볼 수 있습니다.

슈만(Robert Schumann, 1810~1856)은 1810년 6월 8일 이곳 츠비카우에서 작은 출판사를 경영하는 부친과 가정적인 모친의 사이에서 태어납니다. 아버지 프리드리히 아우구스트는 출판업을 하면서 작은 서점을 운영했고, 덕분에 다양한 지식을 쌓은 분으로 슈만의 문학적 재능에도 많은 영향을 미친 것으로 알려졌습니다. 슈만은 이러한 가정 환경 덕분에 일찍부터 문학과 음악에 뛰어난 재능을 보였는데, 5세경부터는 시 문학에 눈을 떠 부모와 주변 사람들을 놀라게 했습니다. 그런 슈만이 음악과 문학에 더욱 재능을 보이게 된 것은 모친의 건강과 관련이 있었습니다. 모친은 건강이 좋지 않아 아들을 친척 집에 맡겨 두고 요양을 하고 있었는데, 그 집에서 라틴어와 불어를 배운 것으로 알려졌습니다.

슈만은 7세 때부터 재능을 알게 된 부모의 권유로 피아노를 배우게 됩니다. 피아노 선생님은 J. S. 바흐의 수제자였던 J. G. 쿤츠라는 사람으로, 그는 당시 츠비카우 성모 마리아 교회의 전속 오르가니스트였습니다. 북독일을 중심으로 활동했던 J. S. 바흐의 영향은 그가 타계한 지 이미 60여 년이 흘렀지만 많은 교회 음악에 영향을 미치고 있었음을 알게 합니다. 더구나 북독일은 16세기 마틴 루터의 종교 개혁이 일어났던 지역으로 대부분의 신자가 개신교로 개종했고 교회 음악 역시 코랄과 같은 화성법적 음악이 주를 이루고 있는 곳이었습니다.

그의 초등학교 시절은 학습 과제에 대한 공포와 무거운 짐이 그를 압박했습니다. 그러나 이러한 고민을 해결해 줄 수 있는 유일한 대상은 작센 지역의 울창한 숲이었습니다. 그는 이곳 숲길을 걸으며 어린이답지 않은 사색과 시적 영혼과의 만남을 즐겼습니다. 이러한 시 문학에 대한 성찰은 그를 자연스럽게 문학청년으로 성장케 했고 음악을 공부한 이후부터는 이러한 시상을 피아노나 가곡으로 표현하기 시작했습니다.

15세 때의 자서전에는 이러한 슈만의 고민이 그대로 기록되어 있습니다. "9세 6개월경에 나는 리체움의 4학년에 들어갔다. 너무 많은 숙제 때문에 소년 시대의 가장 좋은 시기가 내게는 무거운 짐이 되었다."라고 적고 있습니다.[2] 그의 어린 시절은 이렇게 평범한 소년으로서의 면모와 함께 음악가로서, 또한 문학가로서의 자질이 번뜩이는 천재성을 보여 주었습니다. 그러나 그의 부친이 지적 외로움과 정서적 불균형에서 오는 우울증 때문에 자살을 선택했듯이 소년 천재 음악가 슈만의 머리는 늘 복잡한 영혼과의 문학적 만남으로 벅찬 나날을 보내고 있었습니다. 사실 슈만의 가계를 보면 대대로 매우 문학적이고 학자적인 가풍을 이어 가고 있음을 알 수 있습니다. 슈만의 조부 역시 목회자로서 영적 지도자의 길을 걸었으며, 모친의 부모는 의사로서 역시 지성적 가풍을 이어갔던 집안이었습니다. 이러한 유전학적 인자가 그대로 슈만에게 전수되었을 것임은 그의 문학성과 음악성 그리고 비평가로서의 사회적 공헌 등을 놓고 볼 때 매우 당연한 능력이었습니다. 그러나 정작 슈만 자신은 음악적 천재성과 문학에 대한 열망 사이에서 오는 번민과 간극으로 극복하기 힘든 나날을 보냈습니다. 이러한 선천적 심리 불안성과 주변 환경에서 쏟아내는 불안정한 생활 여건은 결국 46세의 짧은 나이로 자살에 이르도록 한 근본적 원인이 되었을 것입니다.

---

2　중앙일보사, 「음악의 유산」 5권, 1994

## 2. 관념론에 대한 열망

시인으로서의 슈만은 괴테의 『파우스트』와 같은 계몽주의적 문학 작품 속에 함몰되기를 좋아했던 것에서 알 수 있듯이 시인으로서 음악가로서의 양면을 잘 나타내고 있습니다.

그의 작품은 크게 3기로 나누어 볼 수 있는데 제1기라 할 수 있는 1840년까지의 피아노 음악 작곡가와 연주가로서의 시대로, 클라라와 결혼했던 1840년은 사랑의 환희 속에 작곡된 가곡의 시대로, 그리고 1840년부터 1856년 서거할 때까지는 관현악의 시대로 나눌 수 있을 것입니다.

안타까운 것은 슈만의 나이 30세 이후 피아니스트로서의 연주 활동은 뜸해지게 되는데 이는 그가 연습 도중 입은 손가락 부상 때문으로 알려져 있습니다. 그러나 그의 사랑하는 아내 클라라는 이러한 남편의 어려움을 이해하고 그의 피아노 작품을 연주해 주면서 상상력을 키워 나갈 수 있도록 힘이 되어 주었습니다.

이 시기의 슈만에게 있어 가장 존경했던 인물 중 한 사람은 괴테입니다. 어린 시절부터 슈만의 괴테의 소설이나 시를 즐겨 읽었고 이는 자신이 시인으로 성장하는 데 큰 영향을 미쳤습니다. 특히 독일 전래 민담을 소설로 그려 낸 파우스트는 슈만에게 있어 무한한 동경과 자유로움을 느끼게 해 준 기회가 되었고 낭만주의 음악가로 자라게 하는 요인이 됩니다.

어린 시절 슈만의 정서에 무한한 용기와 창조적 재능을 키울 수 있게 해 준 사람인 어머니 요한나 크리스티안네는 의사 집안의 딸로 잘 교육받은 여성이었습니다. 그녀는 남편인 슈만의 아버지를 1826에 떠나보내고 홀로 슈만을 키워 냈습니다. 다행히도 슈만은 어머니의 기대에 어긋나지 않게 음악적으로 또 문학적인 재능을 일찌감치 나타내어 주변 사람들에게 늘 칭송을 받게 됩니다. 슈만은 소년기에 합창곡이나 관현악곡을 습작으로 만들어 친구들과 발표회를 가진 적도 있을 만큼 작곡에 대한 열의와 재능을 보이고 있었습니다.

12세 때에는 이러한 시도가 시편 150편을 모토로 쓴 오라토리오로 나타납니다. 슈만의 청소년기에는 독일의 문학 운동이었던 '질풍노도(Strom und Drang)'의 시기와 맞물리게 됩니다. 이 시기는 우리가 잘 알듯이 독일의 문호 괴테나 실러의 계몽주의적 인간 중심 문학이 주류를 이루었고 많은 문학 평론가들은 새로운 시대의 문학에 대해 방향을 제시하고 있었습니다. 질풍노도란 무엇입니까? 놀란 말이 힘껏 달리고 성난 파도가 몰려와 해변을 덮치듯이 새로운 조류와 정신이 세상을 깨우고 새로운 질서를 만들어 가야 한다고 부르짖는 이들의 구호였지 않았습니까? 이제 사람들은 자신이 왜 이 세상에서 존중받고 사랑받으며 살아가야 하는 존재인지 그 근원적인 이유를 찾게 된 것입니다. 문학의 수사적 기술과 장르의 다양성은 이러한 근본적 사색과 회의에 대한 대안을 제시하는 방법이었습니다.

음악 역시 이러한 시대적 문학적 요구를 따르지 않을 수 없었습니다. 1828년 뮌헨에서 슈만은 하이네를 만나 그의 인간적 따스함과 시의 세계를 이해할 수 있는 기회를 가졌고, 바이로이트에서는 장 파울(Jean Paul)의 흔적을 찾아 그의 소설과 작품 세계에 대해 연구기도 했습니다. 파울은 계몽주의 시대를 거쳐 낭만주의 문학이 꽃피우는 데 중요한 역할을 했던 독일의 소설가이자 비평가였습니다. 특히 말러의 교향곡 〈거인(Titan)〉은 파울의 소설을 음악화한 것으로, 그의 상상력과 현실에 대한 날카로운 풍자가 당시 독일 사회를 잘 묘사하고 있다는 평을 듣기도 했습니다. 또 슈만은 고전 문학에 대한 관심과 인간주의 문학 사상에도 깊은 애정을 갖기도 합니다. 이 가운데 슈만은 이상과 사랑을 기술했던 그리스의 시인 타소로부터 서사시의 인간적 내면과 가치와 존중의 의미를 알게 됩니다. 이러한 음악과 문학에 대한 재능, 그리고 그들에 대한 인문학적 접근은 그로 하여금 음악 안에 인간적 가치를 내면화하고 사랑과 이상을 그린 작곡가로 음악사에 남게 합니다.

1828년 츠비카우 김나지움을 졸업한 슈만은 라이프치히 대학의 법대에 진학합니다. 보통의 학생들처럼 술 마시고 춤추고, 연애하는 평범한 학창 생활을 보내지만 음악에 대한 미련과 애정은 점점 더 깊어진 것 같습니다. 그러나 모친의 희망과는 달리 전공에는 별 흥미를 느끼지 못했고 오히려 슈베르트의 가곡에 대해 눈을 뜨게 됩니다. 슈베르트의 낭만주의적 작품 세계가 슈만 자신의 정신세계를 흡사 묘사하고 있는 듯한 착각에 빠지기도 합니다. 가곡「마왕; Erlkönik」은 사실 슈베르트에게 있어서 낭만주의적 성향을 가장 잘 표현하고 있는 대표적인 작품이었습니다. 괴테의 문학적 성향은 앞서 말했듯이 그 시대의 흐름을 주도하고 있었습니다. 이 마왕에서 괴테는 현실과 상상의 세계를 교묘하게 연결하면서 인간 삶의 가치와 생명의 소중함을 문학의 세계로 승화시키고 있습니다. 이것은 분명 낭만주의적 흐름을 주도하고 이 시대의 문학적 방향을 제시한 파격적인 시였습니다. 슈만이 이 작품에 매료되고 슈베르트란 작곡가의 창작 의도에 동조하면서 이들은 자연스럽게 지역과 시대를 떠나 낭만주의적 성향을 공유하게 되었습니다. 한편 슈만에 있어서 베토벤의 존재감은 슈베르트와 함께 매우 소중하게 다가왔습니다. 베토벤은 평소 괴테와의 교류를 통해 이미 계몽주의적 사조에 깊이 동조되고 있었으며 이는 그의 교향곡 제3번 〈영웅〉과 제9번 〈합창〉 등을 통해 잘 알려져 있었기 때문에 슈만으로서는 특히 존경과 동경의 대상이 되었던 것입니다.

### 3. 하이델베르크에서의 꿈과 낭만

인생에 있어 가장 아름답고 로맨틱한 시기를 묻는다면 대부분 20대를 전후한 청년기를 들 것입니다. 미래에 대한 꿈과 희망, 사랑에 대한 기쁨과 기대, 지식에 대한 열망과 도전, 이런 것들은 아마 모든 사람에게 한 번쯤 다가왔다가 슬며시 사라지는 그래서 가장 아름답고 진실한 시간이지만 언젠가 이 가치가 현실과 만나 극도로 냉정한 시간으로 못 박혀 버렸을 때 사람들은 아쉬움을 갖게 되는 것 같습니다.

슈만이 라이프치히를 떠나 하이델베르크 대학으로 옮기게 된 것은 표면적으로 현실적인 답답함과 폐쇄적인 도시 분위기에서 탈출하고 싶었기 때문입니다. 하이델베르크는 독일 인문학의 중심지로 유명한 법학 전문 교수와 음악을 이해하는 학교 분위기, 낭만적인 학생들의 전통이 살아 있는 곳으로 슈만을 매료시켰습니다. 더구나 정신적으로 자유롭고 문학적 기질이 다분했던 슈만에게 하이델베르크는 청춘을 노래하고 학문을 마음껏 펼칠 수 있는 자유를 만끽하려는 젊은이들과 어울려 충분히 젊음을 즐겼습니다.

또한 법률학도로서 슈만은 여러 교수들의 자연법이나 윤리학에 관한 강의를 들으며 인생의 목표를 다시 생각하게 됩니다. 하이델베르크에서 만난 인물 중 슈만의 삶에 큰 영향을 미쳤던 사람은 티보 교수였습니다. 그는 법학 교수였지만 음악에도 조예가 깊어 슈만은 많은 조언을 구하기도하면서 그에게 존경과 믿음을 가졌습니다.

기록에 의하면 슈만은 이 티보 교수의 저택에서 매주 목요일 70여 명의 합창단원들과 함께 모여 헨델의 오라토리오나 바흐의 실내악을 연주하곤 했다고 합니다. 이 음악회에서 슈만은 피아노로 반주도 하고 직접 실내악에 참여하기도 하면서 즐거운 시간을 보냈습니다.

하이델베르크에서의 1년 동안 슈만은 작품을 많이 쓰지 못했지만, 일생의 커다란 전환점이 된 음악가로서의 길을 결정하게 되는 귀중한 시간을 보낸 것입니다. 사실 이 티보 교수는 슈만의 음악적 재능을 알아보고 그가 법률가로서보다는 음악가로서의 길이 더 어울릴 것이라는 조언을 했고, 슈만은 법률학자이자 음악 애호가인 스승을 멘토로 삼아 그의 말을 따르기로 했던 것입니다. 이제 슈만이 결정할 일은 음악가로서 어떻게 스스로를 발전시켜 나갈 것인가에 대한 대답이었습니다. 더구나 법률가로서의 길을 포기하고 음악가로 가려면 자신의 어린 시절 피아노 스승이었던 비크 교수의 의견을 참고해야만 했던 것입니다. 20세가 된 슈만은 이러한 고민을 어머니에게 털어놓고 비크 교수와 자신의 진로 문제를 의논해 주기를 바랍니다. 물론 비크 교수는 슈만의 재능을 익히 알고 있었으며 모친에게 자신의 지도하에 훌륭한 피아니스트로 키울 수 있음을 설명합니다. 슈만은 이제 홀가분한 마음으로 음악가의 길을 선택하고 음악 수업에 매진할 것을 스스로에게 다짐합니다. 하이델베르크에서의 1년이 가져다준 넓은 시야와 삶에 대한 근원적인 성찰이 한 역사적인 음악가의 삶을 규정하게 되는 사건이 1830년에 조성됩니다.

이제 그는 하이델베르크를 떠나 라이프치히로 다시 돌아옵니다. 그곳에서 비크 교수를 만나고 훔멜과 라이프치히 극장 감독인 돌시로부터 대위법을 배우면서 자신의 계획을 실천해 갑니다.

# 낭만주의를 수놓은 로베르트 슈만 II

　여류 소설가 한말숙 선생은 1970년대 서울음대에서 국어와 윤리를 강의하셨습니다. 그녀는 해박한 문학적 지식과 날카로운 시사 비평으로 당시 학생들에게 매우 인기가 있었습니다. 그 작은 키에서 뿜어 나오는 카랑카랑한 목소리, 한국 사회를 날카롭게 지적하고 비판하면서도 결론은 민족을 사랑하는 수용적 태도를 잃지 않는 이지적이지만 늘 따스한 모습을 지니고 있었던 분입니다. 어떤 때는 아슬아슬한 민족사적 소재를 들추어내어 학생들을 흥분시키기도 하고, 어떤 때는 군사 정권의 부당한 정책을 아무렇지도 않은 표정으로 지적하면서 학생들에게 사회 비판 의식을 만들어 주었습니다.

　필자는 그런 그분을 참으로 존경했고 여러 차례 문인들의 모임에 동행하기도 했습니다. 한말숙 선생과의 개인적 만남은 단편소설을 써서 보여 드렸던 것이 계기가 되었습니다. 그분은 시골 청년의 미숙한 작품을 끝까지 읽고 수정 보완해 주면서 나중엔 소설가가 되어 보라는 충고도 주었습니다. 그분의 따뜻한 조언을 실천하지 못했는데 지금 생각하면 소설가가 될 수도 있었던 기회를 잃어버린 것 같아 아쉽기도 합니다.


## 1. 슈만의 문학적 감성

슈만의 문학적 감성은 여러 문헌들에서 나타나지만 매우 단편적이고 일회적이어서 그 깊이를 파악하는 일은 쉽지 않은 일입니다. 특히 역사가들은 아무래도 그의 작곡가로서의 재능과 음악 작품에 더 관심을 가질 수밖에 없게 됨으로써 문학적 재능에 대해서는 소홀하게 취급했던 면이 있다고 보입니다.

그의 문학적 감성이 잘 나타났던 시기는 1830년 그의 나이 20세를 전후한 때였습니다. 지난 장에서도 밝혔듯이 슈만이 문학과 음악에 심취하고 이를 업으로 삼고자 결심한 것은 하이델베르크 대학의 티보 교수 때문입니다. 젊은 슈만에게 티보 교수는 자연법과 교회법을 강의하고 음악을 사랑했던 지성인이었습니다. 그러한 그의 해박한 지식에 대해 순수한 문학적 열정을 가진 슈만으로서는 존경과 선망의 대상이었던 것입니다. 티보 교수는 자신의 저택에서 자주 음악회나 시 낭송회 같은 모임을 가지면서 지성적 환희를 즐겼던 것입니다. 그런 그가 슈만에게 문학과 음악에 특별한 재능을 발견하고 시인과 음악가로서의 길을 지지했음은 적절한 것이었습니다. 이 당시 슈만이 어머니에게 쓴 편지에는 이러한 슈만의 미래에 대한 의지와 결심이 잘 표현되어 있습니다.

"나의 생애는 시와 산문과의, 어쩌면 음악과 법률과의 사이를 오가는 20년의 투쟁이었습니다."

이젠 음악가로의 길로 매진할 것임을 비치고 있습니다. 법률가로 성장하기를 바랐던 자신의 기대를 저버리고 음악가로 성장하고자 하는 슈만의 결심을 어머니는 기꺼이 존중했습니다.

슈만은 전에 배웠던 피아노 교수 비크(Wieck)의 가르침을 받기 위해 그와 서신을 교환합니다. 그리고 흔쾌히 허락도 받습니다. 슈만은 셰익스피어의 희곡 『햄릿』을 오페라로 작곡해 보고자 해 작품의 줄거리를 구상하기도 하고 돌시와 훔멜에게서 작곡법을 배우는 문제로 방황합니다. 문학과 음악에 대한 끊임없는 동경이 청년 슈만에게 심리적으로 갈등을 낳게 했습니다. 이러한 문학과 음악 사이의 갈등은 다음과 같은 그의 일기를 통해 잘 나타나고 있습니다.

"나의 상상력은 풍부하나 실천력은 부족하고 늘 외부의 자극을 필요로 한다."

일부 평론가들은 그에 대해 "그는 음악의 천재는 아니다. 그의 재능은 음악가와 시인 정도이지."라는 일부의 지적을 되새기고 있습니다. 아마도 슈만은 자신의 음악적 재능이 문학적 관심으로 인해 소홀해지는 것을 두려워하고 있었던 것이 아닌가 생각됩니다. 이러한 자신에 대한 지나친 두려움과 걱정은 심리적으로 불안 증세를 가져오고 후에는 우울증으로 자살에 이르게 하는 원인이 되었을 것입니다. 정신의학적 관점에서 보면 이러한 슈만의 정신적 갈등과 방황은 감수성이 예민하고 타인에 대한 배려가 지나칠 정도로 소극적이며 무엇보다도 자신의 일에 빈틈없이 완벽함을 추구하는 사람으로 생각됩니다.


## 2. 피아니스트의 꿈을 접고 작곡가로

슈만이 피아니스트로 살기를 결심했던 하이델베르크의 학생 시절, 그에게 결정적 조언을 해 주었던 티보 교수의 사랑에도 불구하고 그 꿈을 접어야 하는 사건이 벌어집니다. 1832년 자신에게 피아니스트로의 길을 가능케 해 주었던 비크 선생님의 기대에 부응하기 위해 슈만은 연습에 열중합니다. 그동안 방황했던 시간들을 벌기 위해서라도 슈만은 더욱 피아노 수업에 열심을 내야 했습니다.

그러던 어느 날 오른손 가운뎃손가락 하나가 마비 증세를 보입니다. 원인은 그가 고안한 손가락 강화 도구의 남용이었습니다. 요즘 의학적 관점에서 본다면 말초신경계의 변형이나 협착 등의 증세가 아니었나 의심이 듭니다. 이를 치료하기 위해 여러 가지 약이나 운동 요법을 적용해 보았으나 결과는 비관적이었습니다. 더구나 담당 의사의 진찰 결과는 매우 절망적이어서 당시 의학으로는 치료 불가 판정을 내린 것입니다. 슈만은 이러한 현실에 대해 낙담했지만 이를 받아들이기로 마음을 바꾸게 됩니다. 매우 다행스러운 결정이었습니다.

슈만이 피아노를 접고 첼로를 손에 든 것은 어쩌면 전화위복이 될 수 있는 계기가 되었습니다. 첼로는 오른손으로 활을 잡고 왼손으로 지판을 누르며 소리를 만들어 내는 방식이어서 오른손이 불편한 슈만에게는 그나마 다행이었습니다. 이 첼로라는 악기의 주법과 소리 특성에 대해 자연스럽게 접근할 수 있었던 슈만은 1833년 이후 피아노라는 단일 악기의 세계로부터 관현악의 음향과 연주 형태에 대한 매력에 빠져들게 됩니다. 바이올린이나 첼로 혹은 비올라와 콘트라베이스의 음향과 역할은 다르지만 그 연주법에서는 동일한 형태이기 때문에 오케스트라의 중심 역할을 하는 이들 악기에 대한 연구가 적극적으로 이루어진 것입니다. 당시 슈만은 어머니에게 보내는 편지에서 이러한 희망과 새로운 각오를 잘 표현하고 있습니다.

"왼손밖에 쓸 수 없으므로 이젠 첼로를 연습하고 있는데 이는 교향곡을 쓰는 데 도움이 되고 있습니다."

그리고 피아노 연주자로 이곳저곳을 떠돌아다니는 직업보다는 한곳에서 열심히 곡을 쓰는 작곡이 더 좋다고 생각한 것 같습니다. 역시 어머니에게 보낸 편지에 이런 표현이 기록되어 있습니다.

"여행하는 비루투오소가 되기는 싫습니다. 애쓰면 2년 동안 Op. 20까지는 작곡할 수 있을 것입니다."

이러한 슈만의 변신은 물리적인 사고 때문이긴 했지만 결과적으로 작곡가라는 위대한 타이틀을 얻을 수 있었던 계기가 되기도 합니다. 그의 피아니스트로서의 능력은 쇼팽이나 리스트의 기교를 따를 수 없었지만 그 아름다운 서정성과 환상적인 음향은 당시 낭만주의 사조가 뿌리를 내리는 중요한 계기가 됩니다. 피아니스트로서의 기교적 불가능은 오히려 제약을 초월한 상상력을 극대화할 수 있는 작품으로 남게 됩니다. 더군다나 그의 특기인 문학적 사고와 상상력은 음악에 그대로 적용되어 소위 음악과 사고, 혹은 현상과의 결부 혹은 관련성을 나타내는 새로운 음악적 흐름을 주도하는 작곡 경향을 주도했습니다.[3] 더구나 이러한 그의 작곡 양태는 그가 편집하고 출판하는 잡지 『신음악(Neue Zeitschrift für Musik)』에 그대로 담고 있어 그 파급력은 매우 컸습니다. 슈만의 음악가로서 그리고 문학가로서의 기교와 재능은 음악이라는 상상의 세계를 문학적으로 구체화시킴으로써 보다 가까이 느끼고 관찰하는 음악으로 변모시킬 수 있었습니다. 소위 표제 음악은 이렇게 문학과 음악의 자연스러운 만남으로 촉발하게 되었고 후에 이러한 사조에 대한 학술적 표현으로 '관련주의 음악(referential music)'이라는 개념을 남기게 됩니다.

---

3  진현서관 편집부, 『세계 명곡 해설 대전집』 0권, 진현서관, 1979, p. 494.

## 3. 신음악에 대한 비전

1834년 슈만은 자신의 문학적 능력을 발휘해 음악 연주 비평과 작곡에 대한 새로운 비전을 제시하고자 음악 잡지『신음악』을 창간합니다. 이 잡지의 캐치프레이즈로는 고전에 대한 무한한 생명력과 새로운 음악의 창출을 들고 있습니다. 슈만은 쇼팽, 멘델스존과 같은 동시대 작곡가들의 활동상을 소개하고 그들과 함께 낭만주의 문학에 심취된 음악의 기법을 적극적으로 소개하고 있습니다.

이해는 슈만이 '에르네스티네'라는 여자를 사랑하게 되어 서로 약혼을 했지만 그녀의 부친 폰 프리켄 남작은 슈만과의 사랑이 어울리지 않는다고 생각해 자신의 딸을 데리고 고향 작센 국경의 아시(Asch)로 가 버렸습니다. 이 에르네스티네라는 여성은 사실 비크 선생에게 피아노를 배우기 위해 기숙하고 있던 처녀로서 함께 피아노를 배우면서 자연스럽게 사랑에 빠지게 되었던 여성입니다. 그러나 비크의 딸 클라라는 이러한 두 사람의 관계를 알면서도 슈만에 대해 사랑의 감정을 싹 틔우고 있었습니다. 이러한 사랑의 힘은 슈만으로 하여금 두 개의 좋은 작품을 남기게 하는데 하나는 〈교향적 연습곡 Op. 13〉이고 다른 하나는 〈사육제 Op. 9〉입니다. 이 작품은 당시 문학과 음악의 결합이라는 차원에서 멘델스존의 작품과 함께 새로운 모음곡 형식으로 작곡되게 된 형식이었습니다. 특히 〈사육제 Op. 9〉는 20개의 재미있는 문학적 내용을 가진 모음곡으로 당시 문학계에서 대두된 시를 통한 음악의 의미 전달을 매우 중요하게 다루고 있습니다. 이는 1838년에 〈어린이 정경〉을 작곡해 이러한 문학적 내용을 뒷받침하는 새로운 음악적 비전을 제시하고 있는 것입니다. 다시 말해 슈만은 가사를 통해 문학의 가치를 다른 차원에서 조명하고 그로 인해 새로운 시대의 음악적 양식을 구축해 나갔던 것입니다.

# 낭만주의를 수놓은 로베르트 슈만 III

 한 장 남은 달력의 끝에서 올해는 일기장에 무엇을 남기고 새해를 맞이할까……, 한참 동안 '12월'을 눈 안에 두었습니다. 올해도 사랑하는 사람들은 누구나 추위를 녹여 줄 사랑을 찾아 앙상한 거리를 맴돌지도 모릅니다. 그러곤 카페 안에 마주 앉은 연인들의 모습에서 자신을 보기도 하겠지요.

 겨울은 이렇게 사랑하는 이들이 동경하는 계절이기도 합니다. 그런데 말입니다. 정말 이상한 것은 이들의 사랑도 그들 가슴의 온기를 떠나 세속의 차가운 눈초리에 민낯을 내맡기는 일들이 요즘의 겨울 풍경이 되었다는 것입니다. 그 열정도 목숨도 희망도 이젠 그 카페 안에만 있을 뿐입니다. 요즘의 사랑은 그것을 끌어내고 다듬어서 나의 행복으로 만들어 가는 아픔의 시간을 저주하는 것이 유행인 듯합니다. 오히려 사랑을 만들고 목숨 앞에서 의미 없이 거추

장스러운 누더기가 되어 버린 젊은이들의 돌 같은 마음을 맞이하고 그들처럼 세상을 순결하게 만나고자 하는 사람이고 싶습니다.

이제 슈만이 얻고 싶었던 클라라의 진실과 사랑이 부친이자 피아노 교사 비크의 반대로 어려움을 겪게 되면서 오는 정신적 고통과 방황, 결국 죽음을 두고 맹세한 젊은 음악가의 진실 아래 그녀는 무릎 꿇게 된 것입니다.


## 1. 첫사랑의 시련

슈만이 클라라의 사랑을 쟁취해 가는 과정은 알려진 대로 아픔의 연속이었습니다. 먼저 클라라의 아버지 비크로부터의 냉대와 무시를 극복하는 일에서 많은 좌절과 공포를 느꼈던 일, 믿었던 클라라로부터 받은 냉대 등입니다. 물론 슈만은 이러한 클라라의 냉담이 아버지 비크의 반대에서 비롯된 것임을 모르지는 않았지만 그러면 그럴수록 슈만의 마음을 클라라에 대한 비장한 사랑의 결의만 갖게 할 뿐이었습니다.

슈만은 1837년 9월 13일 클라라의 생일을 맞이해 비크에게 딸과의 결혼 의사를 표하지만 받아들여지지 않았으며 이후 수차례의 청혼에도 역시 똑같은 반응을 얻게 됩니다. 그리고 그는 슈만과 클라라를 떨어뜨려 놓기 위해 빈으로 연주 여행을 떠나지만 슈만도 곧 이어 따르게 하는 동기가 됩니다. 1838년 음악의 도시 빈으로 가게 된 것은 참 아이러니합니다. 클라라가 빈으로 갔다는 사실이 슈만에게는 자존심이 상하는 일로 받아들여집니다. 중앙 무대로 간 비크와 클라라의 뒷모습을 보고 있던 슈만에게 초라한 라이프치히의 음악 잡지『신음악시보』의 편집주간 자리는 자신의 음악가로서의 위치가 어느 정도인지를 스스로 깨닫게 하는 계기가 됩니다. 물론 빈은 모차르트와 하이든, 베토벤과 같은 위대한 고전주의 음악가들이 명성을 날리고 있었습니다. 슈만은 그러한 대가들의 반열에 자신을 올려놓을 수 있을지에 대한 걱정과 함께 과감한 도전을 하기로 마음먹었습니다. 먼저 슈만이 돌입한 사건은 자신이 숭배했던 슈베르트의 작품을 그의 형으로부터 전해 받고 감격했던 일입니다. 슈만은 슈베르트 사후에 발견되지 않았던 악보 가운데 교향곡 C장조 〈그레이트〉를 찾아 라이프치히 게반트하우스 음악감독이었던 멘델스존에게 보내 연주회 프로그램으로 소개됩니다. 그리고 1840년 자신의 음악 잡지『신음악시보』에도 그의 발견 과정과 작품에 대해 소개하는 글을 실었습니다. 사람은 자신이 숭배하거나 존경하는 인물의 발자취를 보고 그에 감격하면서 그를 닮아 가는 특징을 갖고 있습니다. 어려운 경제 여건 속에서도 음악가로서의 삶을 꿋꿋하게 살아갔던 슈베르트의 삶과 그러한 인생의 어려움이 고스란히 음악 속에 내포된 선배 슈베르트의 음악은 슈만에 있어 존경과 아련함의 대상이었던 것입니다.

## 2. 문학과 음악과 사랑

슈만의 본래 관심은 피아노와 문학이었습니다. 피아노는 7세경부터 고향인 츠비카우 교회의 오르가니스트 쿤츠로부터 배웠고, 문학은 부친의 DNA를 이어받아 라틴어와 프랑스어 그리스어를 통달할 정도로 재능이 많았습니다. 그는 김나지움(중·고교) 시절 괴테의 시를 낭송하기도 하고 음악에 대한 논평을 발표하기도 합니다. 슈만은 이렇게 어린 시절부터 줄곧 음악과 문학적 꿈을 가지고 성장합니다.

그러나 슈만은 어머니의 의견을 받아들여 하이델베르크 법대에 진학합니다. 그녀는 아들 슈만의 문학과 음악에 대한 재능을 알면서도 현실의 안정된 직업인으로서의 길을 원했던 것이지요. 1828년 하이델베르크에 입학한 후 슈만은 법학 스승인 티보 교수의 삶, 즉 음악과 전공에 대한 조화로운 삶을 보게 되고 이를 동경합니다. 그러나 티보 교수는 슈만의 재능이 음악에 있음을 보고 오히려 음악가로의 길을 권하게 됩니다. 여기서 슈만은 그의 충고를 받아들여 다시 음악가로의 삶으로 수정하게 된 것이지요.

이젠 클라라의 부친 비크 선생을 언급해야겠습니다. 비크는 다시 한번 슈만의 인생에 중요한 모멘트로 작용하는데, 그것은 딸 클라라와의 사랑에 대한 것입니다. 그는 딸의 결혼 문제에 대해서만큼은 무척 완고한 편이었습니다. 자신도 음악가이면서 사위가 될 슈만에 대해서는 철저하게 반대했습니다. 그것은 요즘 시대의 음악가 커플들이 겪는 일반적인 모습과도 닮은 것이어서 참 우습다는 생각이 듭니다. 에나 지금이나 지켜보는 예술인으로서의 음악가는 보기 좋은데 실제 생활인으로서의 음악가는 믿질 못하겠다는 부모들의 현실적인 판단이 작용한 것이겠지요. 그럼에도 불구하고 클라라에 대한 슈만의 애정은 식을 줄 몰라서 결국 아버지 비크와 법정 소송으로까지 이어집니다. 결혼을 허락해 달라는 문제로 장인이 될 어른을 법정에 세운다는 것은 우리 정서상 맞지 않는 방법이긴 하지만 슈만에게는 이렇게 해서라도 클라라와의 결혼을 성사시키고 싶은 열망이 작용했던 것입니다.

이 법정 싸움에서 비크 선생은 슈만에게 감당하기 어려운 결혼 지참금을 요구하고, 정신 이상과 인격적 이상 증세를 내세워 결혼을 무산시키려고까지 했습니다. 그러나 1840년 법원은 두 사람의 혼인을 인정함으로써 슈만의 사랑에 손을 들어 주었습니다. 비크 선생은 참으로 수제자인 슈만에게 몹쓸 짓을 한 것으로 보이지만 슈만 역시 법정 다툼으로 장인과의 관계를 파탄시킨 부분에 대해 도덕적 문제를 제기할 수밖에 없었습니다.

클라라에 대한 사랑이 마냥 부풀어 오를 때인 1839년에 슈만은 그의 마음을 전심으로 노래한 많은 가곡을 발표하면서 그 1년은 리트 작곡의 해로 기록됩니다. 클라라에 대한 연정이 가사를 가진 가곡의 형식으로 끊임없이 샘솟듯 써 내려간 것입니다.

1840년 9월 12일 결혼이 이루어진 이후 슈만의 마음은 서서히 보다 유명한 음악가로 더 큰 작곡가로의 길을 바라보게 됩니다. 그것은 슈베르트나 베토벤 같은 위대한 음악가들이 쓴 교향곡이라는 세계였습니다. 교향곡의 세계는 피아노나 리트의 세계와는 그 규모와 편성 그리고 작품의 원대한 이미지부터가 달랐습니다. 마침 괴테와 실러 같은 질풍노도의 문학 운동이 모든 예술 분야에 걸쳐 영향을 미치고 있던 시대에 슈만의 문학과 이상을 음악으로 표현하는 데 가장 적합하고 효과적인 구조는 교향곡임을 알게 된 것입니다.


## 3. 교향곡과 낭만주의

슈만은 시기적으로 분명 슈베르트와 멘델스존의 계보를 잇는 낭만주의자입니다. 그것은 문학을 통한 시적 의미를 악기들의 총합이랄 수 있는 교향곡으로 구현하려 했으니 당연히 절대주의자(형식주의자)는 아닌 것입니다.

1841년 그가 처음으로 교향곡에 뜻을 보인 것은 리케르트의 시 「사랑의 봄」을 리트로 작곡한 이후입니다. '봄'이란 명제는 슈만에 있어 가장 아름다운 주제이며 자신이 궁극적으로 다가가고 싶은 자연의 사랑인 것이지요. 그러한 관심의 표현이 뵈트거의 시를 읽고 나서 〈봄〉이란 교향곡으로 나타납니다. 이 곡은 사실 슈만에게 있어 실험적이면서도 교향곡 작곡가로서의 가능성을 보여 주는 중요한 작품이었는데 다행히 당시 라이프치히에 있는 멘델스존으로 하여금 좋은 평을 받게 되었습니다. 멘델스존은 당시 라이프치히의 게반트하우스 관현악단의 지휘자로서 슈만과는 매우 긴밀한 관계를 유지하고 있었습니다. 이 음악은 멘델스존의 특별 기획에 의해 연주되고 청중의 좋은 평을 얻게 됩니다. 슈만에게 있어 이 교향곡 〈봄〉은 이러한 이유 말고도 특별한 관심이 있었는데 그것은 클라라와의 사랑이 이 곡 속에 담겨져 있다는 점입니다. 행복한 단꿈에 젖어 있던 두 음악가에게 〈봄〉이라는 주제는 매우 공감의 단어였을 것입니다. 그러나 곡이 완성된 후 슈만은 이러한 부제가 필요 없다는 생각을 하게 되고 결국 '교향곡 1번'으로 초연하게 됩니다. 이 곡 속에 이미 봄이 가지는 따스함과 행복감, 그리고 사랑의 감정이 녹아들어 있다고 본인 스스로 믿었던 것이지요.

행복감이 충만했던 1841년은 이렇게 교향곡에 관심을 가졌던 시기로 볼 수 있을 것입니다. 그러나 교향곡 2번, 3번, 4번은 그렇게 큰 성공을 거둔 것 같지는 않습니다. 그것은 두 가지 이유 때문인 것 같습니다. 첫째는 우울증의 시작입니다. 피로감과 성공에 대한 강한 압박감, 이에 대해 만족스럽지 못한 결과 등이 스스로 자책감을 만들고 결국 병적 상황으로 몰고 간 것 같습니다. 그는 우울증에 대한 탈출을 위해 슈만은 여러 가지 분야의 작곡에 매달리기도 합니다. 두 번째는 교향곡 작곡가로서의 피로감입니다. 슈만의 작곡은 문학적이고 시적이기 때문에 기악곡으로 자신을 표현하기는 어려웠으며, 다양한 악기에 대한 지식에도 완성도가 부족하다고 생각했습니다. 이제 슈만은 실내악과 같은 소편성의 작품에 관심을 갖게 됩니다.

# 낭만주의를 수놓은 로베르트 슈만 IV

수유리 종점에서 출발한 9번 버스가 승객을 가득 태운 채 할딱거리고 미아리고개를 넘으면 바로 혜화동 로타리가 나옵니다. 여기서 버스는 좌회전해 대학로로 진입하고 서울문리대와 법대, 의대 정문 앞에 서면 군청색 교복에 검은 베레모를 쓴 학생들이 꾸역꾸역 쏟아져 나오곤 했습니다.

문리대와 법대 앞에는 작은 개천이 있었는데 이곳은 시커먼 생활하수가 끊임없이 흐르며 악취를 뿜고 있어 코를 막지 않고는 지나다닐 수 없을 정도였습니다. 그래서 서울대학생들은 이 개천을 '센강'이라고 불렀고 정문으로 이어진 다리를 '미라보 다리'라고 비아냥댔습니다. 1970년대 서울문리대나 법대 등을 다닌 사람들은 지금쯤 모두 50~60대로 초로의 나이에 들어섰겠지만 이런 등굣길 추억 하나쯤은 모두 간직하고 있을 것입니다.

슈만은 19세가 되던 1839년 하이델베르크대학에서 법학을 공부하고자 입학하지만 1년이 못 되어 지도교수의 충고를 받아들여 고향으로 돌아갑니다. 자신이 가야 할 길은 음악가의 길이라고 생각한 그는 음악과 문학이라는 두 가지 길을 동시에 추구합니다.

## 1. 시와 산문과 미학

슈만에게 시란 어떤 의미를 갖는 것일까요. 그는 음악이 기교나 재주와 같은 외면적인 행위를 매우 수준이 낮은 예술이라고 생각했습니다. 소위 고귀한 음악 예술은 그래서 음악의 내면에 음악 외적인 어떤 의미, 시적인 어떤 사려 깊은 통찰이 있어야 한다고 믿었습니다. 음악이 가진 음향적인 것과 연주 행위 등은 음악의 표피적인 일부분이라고 생각했습니다. 그렇다고 문학적인 줄거리나 은유법적인 표현 등이 올바른 음악이라고 생각하지도 않았습니다. 이런 특징은 산문적인 음악, 즉 사려 깊지 못하고 공허하며, 주제가 음악의 내용과 관계가 없고, 단순히 기교만을 추구하는 것으로 대위법적인 음악이 여기에 속한다고 보았습니다. 반면에 시적인 음악은 진실하고 기교적이지도 않으며 내면적 깊이와 의미를 함축하고 있다고 본 것입니다.

슈만이 이러한 시적인 요소를 음악의 가장 가치 있는 것으로 생각한 것은 그의 진지하고 세밀하며 고독한 상상의 세계를 지향하는 예술관에서 나옵니다. 슈만이 의도했던 음악의 본질적 모습은 표현과 성격이 분명해야 하나 사실적인 표현이 아닌 개념적이고 의미 있는 표현 방법이어야 한다는 것입니다. 다시 말해 단순한 시각적 표피적 표현이 아니라 선율이나 화성이 내보이고 싶은 의미와 철학적 이상이 분출되는 음악이어야 한다는 것입니다. 그러나 이러한 슈만의 의지는 실상 듣기에 따라서는 특별한 구분이 없거나 의미가 없을 정도로 차이가 없는 것도 사실입니다. 어떻게 듣느냐 하는 문제는 청중 개개인의 주관적 평가에 달려 있기 때문입니다.

하지만 슈만의 이러한 음악적 관점은 음악의 가치를 형이상학적 대상으로 격상했고 음악이 철학적 사유의 대상이 될 수 있음을 증명했습니다. 슈만이 이를 실천하기 위해 제시한 개념은 '음악의 주관성(主觀性)'입니다. 시가 가지고 있는 모호성과 은유성은 독자에게 적극적인 사고의 활동을 요구하는 것이며 한편으로는 문학 작품에 대한 독자적 판단 혹은 상상을 요구하는 것입니다. 문학 작품 특히 시가 가진 포괄성은 바로 이런 사고의 영역을 확대하거나 상상의 세계를 무한하게 펼칠 수 있다는 것을 의미합니다. 음악 역시 이러한 무한한 상상과 주관성의 세계를 통해 미적 경험을 가능케 할 수 있다는 말입니다. 시가 가지는 무한한 주관적 상상력은 음악이 줄 수 있는 최상의 가치라고 믿었던 것입니다.

## 2. 작곡가인가 남편인가

부부가 음악가인 경우, 그것도 부인이 더 유명한 음악가라면 남편의 심정은 어떻게 될까요. 1841년 이후 슈만의 음악 인생은 부인 클라라와의 묘한 경쟁 관계에서 시작합니다. 부인 클라라의 입장에서는 자신의 연주 능력이 사회적으로 인정받고 세계 각지에서 연주요청이 온다는 사실이 매우 기쁘고 가슴 설레는 일이라고 할 수 있을 것입니다. 그러나 남편 슈만은 이러한 클라라의 높은 인지도와 함께 연주마다 받는 많은 사례금이 자신을 압박하고 음악가로서의 자존심을 상하게 한 것 같습니다. 이러한 남편의 형편을 모를 리 없는 클라라는 자신이 연주하는 곳에서 남편의 음악을 연주할 수 있도록 주최 측에 요청해 보기도 하지만 이렇다 할 성과는 없었던 같습니다. 그러나 슈만은 이러한 부인의 배려에 대해 고마워하면서도 한편으로는 자존심에 작은 상처를 입기도 한 것 같습니다.

1844년은 이러한 갈등을 지울 수 있는 좋은 기회였습니다. 슈만 부부가 함께 러시아로 연주 여행을 떠나기로 했고 가는 길에 라이프치히, 페테르부르크, 모스크바 초청 연주에 두 사람이 참여하게 됩니다. 1월부터 5월까지 이어진 이 여행에서 슈만은 자신의 작품이 클라라의 연주 프로그램으로 소개되고 많은 사람들로부터 호평을 받게 되면서 어느 정도 자신감을 되찾게 됩니다.

슈만이 첫 번째로 병적 증세를 보인 것은 그해 가을입니다. 우울증이 나타난 것이지요. 이 우울증의 특징은 삶의 의욕과 자신감이 최악으로 떨어지고 식욕과 체력이 동시에 바닥나면서 점점 나약해진다는 것입니다. 이로부터 10년 동안 슈만은 점차적으로 이 병에 시달리면서 음악과 의지와의 싸움에 매달리게 됩니다. 44년 이후 슈만은 건강상의 이유로 라이프치히에서 드레스덴으로 이사를 합니다. 그리고 밝은 표정으로 작곡에 매달립니다. 가장 낭만적이고 정열적인 시기였습니다. 베토벤을 연상케 하는 교향곡, 바흐의 알파벳을 이용한 피아노를 위한 4곡의 푸가와 6곡의 오르간 푸가 등이 이 시기에 만들어집니다. 클라라와의 연주 여행도 다시 시작되어 프라하와 베를린, 자신을 기리는 고향 츠비카우 음악제 등에서 연주합니다. 작센의 궁정도시 드레스덴은 오페라 공연이 활발했던 반면 교향곡 같은 기악 음악은 비교적 소홀했던 것 같습니다. 그 지역의 사람들은 헵벨의 〈게노페파〉나 바이런 원작의 〈만프레드〉 같은 오페라에 매료되어 있었기 때문입니다.


## 3. 뒤셀도르프에서의 삶과 죽음


1850년 오페라에 밀려 기악 음악 작곡에 소홀했던 드레스덴의 생활에 아쉬움을 가지고 살았던 슈만은 라인강 변의 도시 뒤셀도르프 음악감독직을 수락합니다. 슈만은 이곳 시민들의 따뜻한 환대에 감사하면서 첼로 협주곡, 교향곡 3번, 실러나 괴테의 소설을 주제로 한 서곡 등을 작곡해 기악 음악의 시작을 알립니다. 특히 이 시기부터 슈만은 보다 안정되고 심사숙고하는 거장의 모습을 보이면서 유명해지지만 한편으로 음악계의 경쟁자와 싸워야 하는 힘겨운 나날을 보냅니다.

이 무렵 슈만은 친구인 바이올리니스트 요아힘의 소개로 찾아온 브람스를 만나게 되는데 브람스의 나이 20세 때입니다. 슈만은 브람스의 작품을 보고 천재적 음악성을 그의 『신음악시보』에 소개하게 됩니다. 그 후 두 사람은 사제로서 또 후원자로서 매우 아름다운 관계를 지속하게 됩니다. 심지어 슈만이 죽고 나서 그의 부인 클라라에 대한 연정을 표했다가 거절당한 일화는 매우 유명합니다. 뒤셀도르프 음악감독으로서의 역할은 많은 영역의 음악을 작곡하고 이를 연주하는 일로 항상 눈코 뜰 새 없이 바빴습니다. 여기서 일생을 마무리했던 그는 피아노 3중주를 비롯한 실내악곡, 바이올린 소나타, 4번째 교향곡, 가곡, 미사 음악 등 삶의 마지막까지 혼신의 노력을 기울여 대작들을 쏟아 냈습니다.

그러나 1854년 슈만의 건강은 갑자기 악화됩니다. 젊은 시절 청각 이상으로 괴로워했던 그는 급기야 환청과 청각장애로 삶의 의지를 잃어버리게 됩니다. 그는 환청에 의한 악상을 천사의 영감으로 이해했습니다. 그 정도로 우울증은 심각한 단계에 와 있었던 것입니다. 그것이 〈환각의 주제에 의한 변주곡〉입니다. 그러나 사실 이 멜로디는 그의 바이올린 협주곡 제2악장에서 이미 사용한 멜로디였는데, 이것을 다시 사용했다는 것은 그의 환각 중세가 매우 심했음을 알게 하는 증거입니다. 어떤 악곡에서 주제란 흔히 새로운 모티브로 만들어지는 것이 일반적이지만 슈만은 과거 자신이 흥얼거렸던 멜로디의 범주에서 벗어나지 못하고 환청 속에서 이를 창작이라고 생각했던 것입니다. 물론 주제의 변용은 흔히 작곡가들의 관례적인 수법이긴 합니다. 그러나 거의 같은 선율이 〈어린이를 위한 앨범(Album for the young children)〉 Op. 68 제15곡 〈봄의 노래(Spring song)〉에도 들어 있다는 것은 이 멜로디에 대한 슈만의 애정과 동경이 크게 작용한 것 같습니다. 이 변주곡을 완성하지 못한 채 슈만은 라인강에 투신해 자살을 시도합니다. 그러나 다행히도 한 어부의 도움을 받아 구출됩니다. 그 후 슈만은 2년 동안 본 교외의 한 요양 병원에서 지내다가 1856년 7월 29일 생애를 마감합니다.

오시안적
낭만주의자
멘델스존

# 오시안[4]적 낭만주의자 멘델스존 I

1970년 가을입니다. 지금은 S대 음악 교수를 퇴직한 바이올리니스트 K는 당시 내노라하는 고등학생 중 단연 최고였습니다. 아름답고 풍부한 음색, 날카롭고 섬세한 보잉은 18세 청년의 소리라곤 믿기지 않았습니다. 많은 소녀 팬들이 그의 연주에 감격했습니다. 그 후 50년이 지난 오늘까지 깊은 우정으로 함께하게 된 것은 멘델스존의 바이올린 협주곡 때문이었습니다.

사실 그를 만나기 전까지는 트럼펫이나 호른과 같은 금관 악기가 가장 멋진 악기라고 믿었습니다. 하이든 〈트럼펫 협주곡〉이라든가

---

4    오시안(Ossian): A.D. 3세기경 아일랜드와 스코틀랜드 고지대에 살던 켈트족의 전설적인 시인이자 용사. 북유럽풍의 어둡고 우울한 표정의 시를 써서 18세기 계몽주의 사상과 함께 독일과 프랑스의 많은 문인들이 그의 시를 암송하고 영감을 얻던 인물. 1765년 영국의 제임스 맥퍼슨이 이 시를 번역하고 세상에 출판해 많은 낭만주의 예술가들을 자극했음.

모차르트의 〈호른 협주곡〉은 당시 음악 공부에 여념이 없던 필자에게는 더없이 생동감 넘치는 악기였기 때문입니다. 그런데 K의 바이올린 연주는 필자의 이런 악기에 대한 생각을 바꾸는 계기가 되었습니다. 장소는 T시민회관 공연장, 입석 표인지라 처음부터 서 있을 수밖에 없었지만, K의 바이올린은 감수성 예민한 필자를 완전히 다른 세상으로 데리고 갔습니다. 그때 펜스를 붙잡고 눈물을 글썽이며 감동에 휩싸였던 K의 연주곡은 멘델스존 〈바이올린 협주곡〉 E단조 Op. 64였습니다.


## 1. 멘델스존이라는 이름

멘델스존의 생애를 통해 가장 널리 알려진 사실은 그가 매우 부유하고 지성적인 가문의 자녀로 태어나고 양육되었다는 것과 작곡가로서뿐 아니라 지휘자로서 100년이 지난 바흐의 〈마태 수난곡〉을 발굴해 직접 게반트하우스 관현악단을 지휘해 연주할 정도로 학구적인 음악가로 칭송받았다는 것 등입니다.

음악사에 나타나는 거의 대부분의 작곡가 혹은 연주가들의 생애를 보면 어릴 때부터 재능이 발견되어 음악가의 길로 접어든 경우지만 성인이 된 이후 그들의 삶은 열악하다 못해 비참한 생활을 벗어나지 못하는 경우가 많습니다.

멘델스존 역시 그럴 가능성이 매우 컸던 사람이지만 그의 조부와 부친의 사회적, 경제적 힘은 이 모든 어려움을 잊어버리고 살 만큼 여유롭고 풍부했습니다. 멘델스존이 살았던 19세기 전반은 프랑스의 나폴레옹이 유럽과 러시아를 침공해 매우 혼란했던 시기였습니다. 멘델스존이 태어나기 2년 전인 1807년 프로이센은 프랑스에 선전 포고를 하고 전쟁에 임했으나 예나 전투에서 크게 패하고 베를린까지 내주게 됩니다. 이에 러시아는 자신들의 국경이 위험해지자 이웃 국가인 프로이센을 도와 폴란드의 프리틀란트에서 프랑스와 싸우지만 역시 크게 패합니다. 결국 러시아의 황제 알렉산드르 1세는 나폴레옹과 러시아 땅 틸지트에서 만나 강화 조약을 맺게 됩니다. 말이 강화 조약이지 사실상 나폴레옹에 대한 항복 서약 의식이었습니다.

그 후 1809년 멘델스존은 북독일 항구 도시 함부르크에서 태어납니다. 그러나 그의 유년기는 나폴레옹의 가혹한 경제적 수탈과 영토 배상 요구, 프리드리히 빌헬름 3세의 농노제 폐지와 입헌 군주제 전환 등으로 고통과 혼란의 시기였습니다. 그래서 철학자 피히테는 베를린으로 돌아와 그 유명한 '독일 국민에게 고함!'이라는 애국적 명연설을 통해 새로운 교육을 실시하자고 역설합니다.

멘델스존은 부유한 금융 전문가였던 아버지 아브라함 멘델스존과 할아버지 모제스 멘델스존의 가문에서 태어나지만 반프랑스 활동을 했다는 전력 때문에 베를린으로 이주할 수밖에 없었습니다. 특히 할아버지 모제스는 당시 관념주의 철학자들의 이상이었던 '계몽주의(Aufklärung)' 사조를 이끌었던 사상가로 이성이 인간 존엄과 가치를 알게 한다고 주장했으며 봉건 체제에 대한 학문적 비판에 가담할 만큼 진보적 인물이었습니다.

한편 멘델스존의 음악적 재능은 외가의 혈통에서 기인한다고 봅니다. 멘델스존의 외할머니 사라 레비는 음악학자로 J. S. 바흐의 아들 W. F. 바흐로부터 대위법을 배웠으며, 바흐 가문의 음악 작품을 수집 정리하는 등 연구가로서의 재능을 보여 주었습니다. 멘델스존은 이러한 음악가적 재능을 이어받아 일찍부터 다양한 음악적 능력을 보여 주었습니다.


## 2. 음악을 보는 눈

멘델스존에게 있어 피아노와 바이올린 수업은 매우 즐겁고 흥미로운 수업이었던 것 같습니다. 멘델스존의 피아노 교사 베르거는 클레멘티의 제자였는데 그는 당시 피아노 교육자로 유명한 사람이었습니다. 멘델스존은 그의 일기에서 그날의 과제는 매일 즐겁게 소화를 했다는 기록이 있습니다. 바이올린 수업은 베를린 왕립 교향악단 악장이었던 C. W. 헨닝으로부터 사사했고 빠르게 성장했습니다.

1819년(10세)에는 J. S. 바흐의 제자인 키른베르크와 파슈의 제자 첼터에게서 코랄, 대위법, 카논 및 푸가 등에 대해 공부할 수 있었습니다. 특히 첼터는 멘델스존의 음악적 재능을 알아보고 아낌없이 가르쳐 주었습니다. 첼터의 음악 레슨은 전통적인 이론을 체계적으로 배울 수 있는 기회였으며 이는 하이든과 모차르트의 고전주의 음악을 잘 이해하는 계기가 됩니다.

그러나 멘델스존이 자신의 음악 형식을 보수적 성향에서 낭만주의적 성향으로 전환하게 된 것은 몇 가지 계기가 있었습니다. 그 하나는 1821년 베버의 오페라 〈마탄의 사수〉를 보게 된 것입니다. 베버는 낭만주의 오페라의 상징적 작품으로 당시 고전주의를 신봉했던 많은 작곡가나 비평가들로부터 혹평을 받았지만 청년 음악가 멘델스존에게는 오히려 개혁적인 오페라의 출현에 호기심과 공감을 갖기에 이릅니다.

그 후 멘델스존은 바이마르를 방문해 그가 존경해 오던 베버를 만났고 피아니스트였던 홈멜을 찾아 연주한 후 조언을 받기도 합니다. 이즈음 괴테를 만난 것도 멘델스존에게는 매우 중요한 기회였던 것 같습니다. 괴테는 독일 문학의 새로운 도전자이자 계몽주의 사조를 이끌던 존경받는 문학가였기에 멘델스존에게는 매우 독특한 만남이었을 것입니다. 72세의 괴테가 12세의 멘델스존을 만났을 때 괴테는 성경에 등장하는 사울과 다윗에 빗대어 표현했다고 하니 그로서도 무척이나 놀라운 만남으로 여겼던 것 같습니다. 당시 문학 비평가였던 슐레겔은 괴테를 일컬어 독일 문학에 고전주의를 조화시킨 사람으로 표현했는데 그런 그가 자신을 사울로, 멘델스존을 다윗으로 지칭한 것은 매우 적절한 표현인 것 같습니다.

다윗은 구약성서 사무엘 1서 17장에 기록된 대로 유다 민족의 왕 사울에게 상대국 필리스티아(블레셋)인 진영의 골리앗 장수와 싸울 수 있게 해 달라고 간청합니다. 키와 힘과 전투 경험에 있어 적수가 될 수 없었던 다윗에게 사울 왕은 신에 대한 믿음 하나만으로 그의 간청을 허락합니다. 그리고 다윗은 물맷돌 배낭을 메고 양쪽 군대가 지켜보고 있는 싸움터 한가운데로 나갑니다. 골리앗의 입장에서는 조그만 소년 하나가 자신과 싸우겠다고 다가서는 모습이 가소롭고 화가 났을 것입니다. 그러나 늑대로부터 양 떼를 지키기 위해 익혀 두었던 다윗은 물맷돌 던지기 기술만은 자신 있었던 것 같습니다. 더구나 신에 대한 믿음이 컸던 다윗은 대담하게 골리앗과 대적할 수 있었습니다. 성경은 다윗이 돌 하나로 적의 이마를 맞혀 쓰러뜨린 후 목을 베어 이스라엘을 승리로 이끌었음을 기록합니다. 그의 믿음과 담대함이 위기의 이스라엘을 구한 것이지요.

아마 전후 독일 사회의 어려움을 잘 아는 괴테로서는 자신의 눈 앞에 갑자기 나타난 천재 소년 멘델스존이 독일 사회를 이끌 미래의 지도자라고 생각했을 것입니다. 더구나 멘델스존은 유다 민족의 후예였으니까요.

## 3. 베를린대학과 문학

1807년 나폴레옹과의 강화 조약 이후 갖은 압박을 받았던 프로이센 프리드리히 빌헬름 3세는 당시 교육부 장관이었던 빌헬름 폰 훔볼트의 제안을 받아들여 베를린 훔볼트대학을 설립해 국가의 백년대계를 계획합니다. 이 대학은 요한 고틀리브 피히테를 비롯해 아인슈타인, 헤겔, 엥겔스, 마르크스 등 수많은 노벨상 수상자를 배출해 낼 정도로 근대 서구 지성사에서 중요한 역할을 합니다.

멘델스존은 1826년 이 대학에 입학해 피히테, 장 파울, 훔볼트, 헤겔 등의 강의를 들으며 낭만주의적 문화에 익숙하게 됩니다. 특히 장 파울은 문학 비평가이자 소설가로서 음악학과 미학에도 많은 영향을 끼쳤던 사람입니다. 그는 "음악은 다른 세계로부터 왔고, 언어를 내면의 것과 또 다른 세계를 이어 주는 것"[5]이라고 하면서 음악이 가진 영적인 자유로움과 포괄성에 대해 높이 평가하기도 합니다. 멘델스존은 이러한 낭만주의 문학 사상과 친숙해집니다. 멘델스존이 낭만주의 영향을 받아 작품에 반영할 수 있었던 것도 이러한 문학과 사상에 대한 서적을 읽고 영향을 받았다고 할 수 있습니다. 이러한 문학성이 가장 잘 반영된 곡으로 우리가 잘 아는 〈한여름 밤의 꿈〉, 〈고요한 바다와 즐거운 항해〉, 〈핑갈의 동굴〉 등이 있는데, 모두 젊은 청년이 가지는 미지의 세계에 대한 동경과 모험을 주제로 담고 있습니다. 이 세 작품의 근원을 보면 오시안(Ossian)이라는 스코틀랜드의 전설적인 시인의 작품에서 유래되고 있음을 알 수 있습니다. 이 시인은 제임스 맥퍼슨에 의해 유럽 대륙에 번역되어 전파되었고 낭만주의의 물결을 이끌었습니다. 대체로 북유럽의 어둡고 쓸쓸한 배경을 담고 있어 괴테를 비롯한 많은 문인들이 애송했다고 합니다. 그러한 문학성이 갖는 이미지는 당시 멘델스존을 비롯해 슈만과 바그너와 같은 음악가들에게 큰 영향을 줍니다.

---

5    홍정수·오희숙, 『음악미학』, 음악 세계, 2008, p. 224.

# 오시안적 낭만주의자 멘델스존 II

노르웨이의 제2도시 베르겐(Bergen)은 스칸디나비아 반도 맨 끝 북쪽에 있는 오래된 항구 도시입니다. 19세기 민족주의 작곡가 그리그의 고향이기도 합니다.

몇 년 전 이곳에서 세계음악교육협회(ISME) 총회가 있어 다녀온 적이 있습니다. 베르겐은 송네피오르(Sognefjord) 관광의 출발지이자 종착지이기도 합니다. 관광객들은 보통 여기서 열차를 타고 한 시간쯤 달려 뮈르달(Myrdal)이란 곳까지 갑니다. 노란 들국화며 야생화들이 펼쳐진 시골 마을 뮈르달은 해발 866미터 되는 곳으로 여기서부터 산악 관광 열차로 갈아탄 다음 아슬아슬한 비탈길을 따라 한 시간 만에 해발 0m인 플롬(Flam) 항에 도착합니다. 이곳에서 원시 자연의 경이로움을 감상한 후 베르겐으로 향하는 쾌속선을 타고 다섯 시간 정도 호수 같은 피오르를 항행합니다. 눈 녹은 물이 거대한 폭포가 되어 호수로 떨어지는 모습, 1000미터는 됨직한 높은 산과 파란 하늘, 장난감 같은 작은 집들, 호수 위를 미끄러지는 쾌속선에서의 하루는 수많은 영감과 아이디어를 예술가들에게 줄 수 있을 것 같습니다.


## 1. 멘델스존의 낭만적 기질

서양 음악사에서 멘델스존의 존재는 슈베르트와 슈만과 함께 가장 로맨틱한 문학적 기질을 가진 음악가로 당시 괴테를 비롯한 실러와 하이네 등의 작품 세계에 가장 적절하게 호응했던 작곡가로 기록되고 있습니다. 20세가 되면 청년은 청운의 꿈을 펼칠 어떤 환상에 이끌리게 되나 봅니다. 멘델스존 역시 그의 오시안적 기질을 확인하고 싶어 하는 욕구에 끌려 영국과 스코틀랜드 지역을 여행하게 됩니다. 물론 그 여행은 여러 가지 세세한 목적을 달성하기 위한 계획도 포함되어 있었습니다. 그러나 무엇보다도 멘델스존은 자신이 북유럽의 칙칙한 하늘과 끝없이 이어진 검고 구부러진 해안선을 따라 말을 타고 또 걷는 사색과 힐링의 여행을 원했던 것이지요. 서두에서 언급한 베르겐의 피오르처럼 고요하고 어두컴컴한 해안선을 따라 걷고 그 지역의 민요를 채집하면서 멘델스존은 이를 음악적 착상의 기회로 생각했습니다. 스코틀랜드의 여행은 멘델스존 이외에도 많은 문학가들 그리고 예술가들이 예술적 착상을 얻어 가는 중요한 보물 창고였던 것입니다. 쇼팽도 1848년 그러니까 죽기 1년 전 이 지역을 여행하면서 건강을 회복하려고 노력했던 경험이 있습니다.

참 공교롭게도 쇼팽과 멘델스존, 그리고 슈만 이 세 낭만주의자들은 1810년을 즈음해서 출생하고 함께 낭만주의를 이끌었다는 공통점을 갖고 있습니다. 그리고 영국과 스코틀랜드를 여행하면서 자연의 위대한 원시적 힘을 얻고자 했습니다. 마치 베르겐의 웅장한 피오르와 태고적인 원시 자연에서 영감을 얻었던 그리그처럼 말이죠. 이러한 낭만적 기질과 자연으로부터의 힘을 믿었던 세 사람은 끝까지 이 오시안적 북구의 문학과 음악을 공유하고 있었습니다. 이들은 이러한 낭만적 기질과 착상을 공유해 함께 활동을 시도하기도 합니다. 이 믿음과 예술적 공감을 확인한 멘델스존은 1841년 슈만과의 우정을 바탕으로 라이프치히 음악원을 설립하고 슈만을 교수로 초빙하기도 합니다. 그리그의 바위 무덤이 있는 베르겐의 작은 호숫가와 그 바로 옆에 작은 언덕에 아직도 오롯이 호수를 내려다보고 있는 생가를 보고 난 후 북유럽의 외롭고 칙칙한 하늘과 풍경을 잊을 수가 없습니다. 그리그의 〈페르귄트 모음곡〉에서 보듯이 음색은 무척이나 쓸쓸한 북구의 하늘을 닮아 있습니다. 이것이 오시안적 문학과 예술적 기질인 것이지요. 서곡 〈핑갈의 동굴〉은 이 스코틀랜드의 트로삭스[6] 지방과 고원지대를 친구와 함께

---

6  트로삭스(Trossacs)는 산과 들로 이루어진 계곡으로 2002년 로몬드(Lomond) 호수와 함께 약 56만 평 규모의 영국 국립공원으로 풍광이 아름답고 자연이 잘 보존된 지역입니다. 멘델스존은 이 지역을 1829년에 방문해 스케치하고 시를 써서 자료로 남겼습니다. 이는 물론 나중에 그

여행하면서 작곡한 오시안적 음악의 전형입니다.


## 2. 교향곡 〈종교 개혁〉의 역사적 의미

1830년은 멘델스존에게 있어 매우 역동적인 시기였습니다. 그는 스코틀랜드 지역을 여행하면서 자연의 웅장함과 인간의 초라함을 통해 신앙적으로 깊은 성찰의 기회가 되었던 것이 사실입니다. 결국 잘 정비된 베를린의 도시에 돌아온 멘델스존은 자신의 스코틀랜드에서의 경험을 음악으로 기록한 이방으로부터의 귀환이라는 음악으로 생경한 대도시의 이미지를 그려 내고 있었습니다. 그런 그에게 더욱 진지한 테마는 기독교 신앙에 대한 믿음이었습니다. 스코틀랜드를 여행할 때 개신교에 대한 권유가 주변에서 있었지만 그렇다고 가톨릭에 대한 신앙심이 깊었던 것도 아니었습니다. 그는 오케스트라를 위한 대규모 교향곡을 준비했는데 그것이 교향곡 5번 D단조, Op. 107 〈종교 개혁(Reformation)〉입니다. 이 곡은 1530년 마틴 루터가 이룩한 종교 개혁 300주년 기념 예배를 위해 작곡되었는데 처음에는 〈교회 교향곡〉으로 명명되었습니다. 이 종교 개혁의 역사적 기점은 루터가 95개 조항의 개혁안을 제시한 1517

---

의 교향곡이나 기악 작품들과 함께 그의 상상력과 예술적 착상을 끌어내는 데 중요한 자료가 되었습니다.

년으로 보는 견해도 있었지만 멘델스존은 1830년 루터가 아우구스 부르크 회의에서 신앙고백을 발표한 것이 루터교의 기본 이념이라고 생각해 이를 기점으로 개혁의 원년을 삼은 것입니다.

이 곡의 제1악장은 안단테(Andante), 제2악장 알레그로(Allegro), 제3악장 안단테(Andante), 제4악장은 코랄(Choral)인데 〈내 주는 강한 성(Ein Feste Burg ist unser Gott!)〉이란 부제가 붙어 있습니다. 찬송가에도 나오는 이 멜로디는 선율이 4분음표의 단순하고 힘차며 개혁의 기운을 강하게 느낄 수 있어 구교의 화려한 성가를 듣기만 해야 했던 일반 농민들도 쉽게 따라 할 수 있도록 만들었습니다.

루터는 이러한 쉽고 힘찬 선율을 만들어 예배에 참여한 모든 신자들이 함께 찬양할 수 있도록 배려했습니다. 또한 이 선율은 가사가 독일어로 되어 있어 그동안 전문 성가대가 불렀던 라틴어 가사의 난해함을 풀어 주어 역시 신자들로 하여금 매우 친숙하고 가깝게 예배할 수 있는 분위기를 만들었습니다.

멘델스존의 가계를 보면 대대로 유태교를 믿는 유태인이었습니다. 그러나 그의 부친이 기독교로 개종해 아들인 멘델스존도 프로테스탄트를 믿게 되었고 이 교향곡도 그러한 정신적 믿음을 바탕으로 만들어졌습니다. 또 이 교향곡이 멘델스존에게 있어 의미 있는 작품이 된 것은 그가 웨일즈 지역을 여행하고 이 느낌을 〈스코틀랜드〉, 〈핑갈의 동굴〉과 함께 표제 음악으로서의 영역을 확대하고 있다는 것입니다. 이 시기의 정치적 불안정성은 당연히 종교 개혁 300주년 행사를 앞둔 가톨릭의 반발과 이에 따른 유럽의 정치적 대립을 불러왔습니다. 그래서 멘델스존은 이 교향곡의 표제를 붙

이는 데 많은 고민을 했던 것 같습니다. 초연은 원래 1830년 6월 25일 계획되어 있었으나 정치적 불안과 가톨릭교회의 항의로 이루어지지 못했고 2년 뒤 베를린에서 멘델스존 자신의 지휘로 이루어집니다.


## 3. 유럽에서의 멘델스존

교향곡 종교 개혁을 완성한 것은 괴테와의 교류 이후에 이루어집니다. 괴테는 1830년 스코틀랜드 여행에서 바이마르로 돌아온 멘델스존에게 자신의 문학 작품 『파우스트』를 선물하면서 이탈리아를 비롯한 유럽 방문을 권유합니다. 그는 50년 전 자신이 젊은 시절 이탈리아를 여행하면서 오페라와 회화, 조각과 건축 등 그들의 예술 세계를 돌아보고 놀라움과 존경심을 가졌음을 상기시킵니다. 멘델스존은 평소 존경하고 스승처럼 따르던 괴테의 충고를 무시할 수 있는 입장은 아니었을 것입니다. 결국 멘델스존은 바이마르에서 뮌헨을 거쳐 잘츠부르크와 린츠를 방문하고 1830년 8월 빈에 도착합니다. 그곳에서 많은 음악가들을 교류하고 슈베르트와 제히터 같은 낭만주의 음악가들의 작품 세계를 배웁니다.

빈은 21세의 멘델스존에게 있어 많은 음악적 영감을 주었으며, 하이든과 모차르트 그리고 베토벤과 같은 고전주의 음악가들의 전통을 공부하고 이탈리아 베네치아로 떠나게 됩니다. 베네치아는 당시 이탈리아의 모든 예술적 이상들이 구현되고 있는 도시였습니다.

그해 11월 멘델스존은 드디어 로마에 입성합니다. 이곳에서 그는 많은 저술가나 종교 음악 연구자로부터 다양한 자료를 입수하고 이를 바탕으로 한 새로운 작품을 구상했습니다. 이 시기에 만들어진 작품 내역을 보면 주로 교회 칸타타였습니다. 이 교회 칸타타는 바흐의 〈마태 수난곡〉이나 루터란 코랄 등에서 영감을 얻었던 것 같습니다. 왜냐하면 〈깊은 탄식〉 Op. 23, 〈우리의 인생 한가운데〉 Op. 23, 〈우리 모두 하나님을 믿네〉(1831)과 같은 칸타타가 루터란 코랄의 찬미가로부터 나왔기 때문입니다. 스코틀랜드와 이탈리아의 여행에서 견문을 넓히고 신앙적 경건함을 얻은 멘델스존은 쇼팽이나 슈만이 그러했던 것처럼 음악적 재능과 함께 여행이라는 배움의 여정을 통해 국제적으로 통용되는 음악이 무엇인지 그 음악의 특징이 무엇인지를 꼼꼼하게 메모하고 연구했음을 알 수 있습니다. 예나 지금이나 여행은 그래서 소중한 배움의 길인 것 같습니다.

# 오시안적 낭만주의자 멘델스존 III

구텐베르크의 도시 마인츠에서 라인강을 따라 자동차로 30분쯤 거리에 하이데스하임이라는 작은 도시가 있습니다. 필자는 빈 유학 시절 40여 명의 학생들과 함께 버스를 타고 열두 시간 동안 아우토반을 달려 하이데스하임 합창단과 음악회를 가진 적이 있습니다. 1부에서는 학교 오케스트라의 연주가 있었고 2부에서는 아마추어 남성 합창단의 연주가 있었습니다.

그런데 공연이 끝난 후 우리는 어느 고택에 차려진 맥주 파티에 참여하게 되었습니다. 고택 입구에 도착하자 드럼통에 장작을 피워 달군 불판 위에서 잘 익은 쇠고기와 흑빵 한 조각, 그리고 맥주 한 컵을 받아 들고 자리를 잡았습니다. 그곳은 이미 도착한 합창단원들이 흥에 겨워 떠들썩했습니다.

잠시 후 신사 한 분이 일어나더니 건배를 하고 함께 민요를 합창하기 시작했습니다. 그 남성들의 아름다운 화음이 취기와 어우러져 적당한 흥분의 도가니로 몰아가는 모습을 보고 슈베르트와 베토벤 같은 역사적 음악가들이 유럽에서 태어날 수 있었던 것은 이렇게 음악을 생활화하는 전통이 있기 때문이구나 하는 생각을 해 보았습니다.

## 1. 작곡가로서의 삶

유럽의 여행을 통해 음악의 크기와 모양을 파악한 멘델스존의 다음 수순은 자신만의 음악을 펼칠 수 있는 공간과 기회였습니다. 무엇이 필요한 일인지 왜 그렇게 음악을 그려야 하는지에 대한 기준이나 당위는 모든 음악가, 작곡가들의 첫 번째 과제였을 것입니다. 그럼에도 멘델스존에게 있어 이러한 만남과 배움의 기회는 결국 많은 새로운 도전과 의지를 불태우는 계기가 되었을 것입니다.

그 첫 번째 행보가 독일 중북부 지방을 중심으로 슈만과 쇼팽, 브람스, 클라라와 같은 동료, 선배들과의 교류와 자신의 정체성에 대한 연구입니다. 1832년 독일의 문호 괴테의 죽음으로 온 독일 문단이 침통해하고 있을 때 멘델스존은 큰 좌절과 시름에 빠지기도 합니다. 그것은 괴테라는 개인의 죽음보다는 그가 음악 사회에 미친 커다란 과제와 칭송을 통한 음악 발전에 모두가 감사했기 때문입니다. 영국과 프랑스에서의 연주회와 만남을 가졌던 멘델스존이 궁극적으로 가장 원했던 일은 자기만의 음악적 프로젝트를 임의로 수행할 수 있는 공간과 기회였습니다. 그 첫 번째 기회가 1833년 뒤셀도르프에서의 음악감독직을 수행하는 일이었습니다. 당시 유럽에서 음악가가 살아가는 방법은 교회 음악가나 궁정 음악가로 살아가는 일입니다. 이런 직위야말로 안정과 신분의 보장이 이루어졌기 때문이지요. 그러나 그런 직위는 한정되어 있고 매우 어려운 일이라는 점을 멘델스존 역시 잘 알고 있었지요.

그런데 이렇게 기회가 온 것입니다. 그는 연주회를 상업화해 입장권을 판매해 그 수익금은 시의 재정에 편입시키는 일을 시도했습니다. 이 프로젝트는 그다지 성공적이지 못하고 극장 운영에 별 도움이 되지 않았습니다. 시가 그에게 부여한 또 다른 과제는 가톨릭 교회에서의 미사 음악을 정리하고 발전시키는 일이었습니다.


## 2. 종교적 믿음으로 남긴 오라토리오


1833년부터 35년까지의 2년 동안 멘델스존은 종교 음악을 작곡하고 연주하는 일, 신앙과 자신의 직업을 연계해 업적을 남기는 일에 주력했습니다. 오페라와 같은 대중적인 작업과는 판이한 결과를 가져왔습니다. 아마 멘델스존에게 있어 오페라와 같은 대중적이고 세속적인 음악에 대한 의지는 매우 빈약했던 것 같습니다.

이 당시 주로 작곡된 종교 음악은 오라토리오 〈성 바울〉, 〈이집트의 이스라엘인〉, 〈메시아〉, 〈알렉산더의 향연〉, 〈아키스와 갈라테아〉 등 이전 시대의 작품을 재해석해 무대에 올린 것이 큰 업적일 것입니다. 그러나 멘델스존은 바흐나 헨델의 바로크적 오라토리오의 매력에 심취했을 뿐 아니라 그들의 음악을 연구하고 변형해 새로운 작품으로 탄생시켰습니다. 오늘날 같으면 저작권법에 의거해 큰 벌을 받았을 법도 하지만 당시에는 이런 방법은 큰 문제가 되지 않았습니다.

헨델로부터는 성가 합창의 드라마틱한 표현과 대규모적인 편성 기법을 전수받았고 바흐로부터는 개신교의 찬송가에서 볼 수 있는 코랄 형태의 찬미가를 도입했습니다. 이런 작업들이 많은 사람들로부터 좋은 이미지를 주었고 결과적으로 1835년부터 멘델스존은 게반트하우스 관현악단이 있는 라이프치히 시의 음악감독으로 취임하게 됩니다. 멘델스존은 이 유서 깊은 관현악단을 더욱 발전시켜 독일 안에서 음악가로서의 입지를 차근차근 그러나 충분히 높여 나갔습니다.

여기에는 독일에서의 계몽주의 사조에 공감했던 슈만의 협력과 지원이 큰 보탬이 되었습니다. 슈만은 그가 발행하는 『음악신보(音樂新報)』에서 멘델스존의 부임과 그의 음악 세계에 대한 분석 기사를 다루어 왔고 개인적인 만남과 공적인 상호 교류와 협력 관계를 유지해 온 것이 그들의 친분 관계를 확고하게 지속해 주었습니다. 멘델스존이 음악사에 남긴 발자취 중 또 다른 하나는 대중적인 음악회를 열고 그에 걸맞은 입장료 수입을 정례화했다는 점일 것입니다. 물론 모차르트 역시 오페라 〈마적〉이나 〈돈 조반니〉 같은 작품을 만들어 이를 극장주에게 판매하는 전례가 없었던 것은 아니지만 이는 단발적인 일회성 수입에 불과했습니다. 결국 극장주는 이 작품을 여러 차례 반복해서 무대에 올리고 그 수익을 계속적으로 차지할 수 있었기 때문에 작곡가는 늘 경제적 궁핍을 면할 수 없었던 것이지요.

그러나 멘델스존의 경우 자신이 극장의 책임자 겸 지휘자로 임명되어 음악 단체의 수준을 높일 수 있는 다양한 시도를 할 수 있었다는 점은 요즘 말로 수익 구조 창출을 위한 자본주의적 실리 위주 정책을 폈기 때문입니다. 실제로 멘델스존은 라이프치히 감독으로 임명되고 나서 종교적 음악과 세속적 음악을 함께 연주하면서 대중의 음악적 취향에 부응하고자 했습니다. 멘델스존이 종교 음악에 특별한 관심을 갖게 된 것은 그의 신앙적 모티브에서 찾을 수 있겠지만 헨델의 경우처럼 꼭 종교적 신념 때문은 아닙니다. 실제로 멘델스존은 헨델의 합창에 대한 철저한 연구와 분석을 통해 자신의 작품의 바탕을 튼튼히 했습니다.


## 3. 작곡과 지휘자의 길

요즘은 지휘자의 역할이 음악의 생산과 분배의 과정에서 매우 중요하고 가장 영향력도 크게 작용하고 있습니다. 그것은 클래식이라는 예술 음악 장르가 이미 완성되어 있는 현대 사회에서는 음악은 주로 분배의 과정만이 다루어지고 있기 때문일 것입니다. 즉 이미 만들어진 다양한 요리 중에서 손님은 자신이 좋아하는 주방장의 손길로 만들어진 요리를 주문해 값을 지불하기만 하면 되는 시대인 것입니다. 그러니까 이 요리를 만드는 주방장은 바로 지휘자인 셈이고 청중은 어느 지휘자의 연주인가에 따라 값이 달라진 요리를 먹게 되는 것이지요. 그러니 당연 지휘자의 판단과 기능에 따라 같은 작품이라 하더라도 맛이 다르게 됩니다.

그러나 19세기 작곡가들에게 있어 지휘자의 역할은 그리 중요하지 않았습니다. 음악을 해석하고 자신의 취향대로 템포나 다이내믹을 조절하기보다는 원곡의 표현 즉 작곡가의 의도를 그대로 끌어내는 일이 중요했던 것이지요. 그러니 원작곡가 자신의 지휘는 매우 당연한 일이었습니다. 즉, 19세기 유럽에서의 음악은 작곡가의 생산 활동에 치중되어 있었지만 스스로 작곡했던 작품에 대한 가장 완전한 해석자이자 연주자로 활동을 할 수 있었던 것입니다.

멘델스존의 역할이 그러했습니다. 특히 1830년대에는 영국 필하모니 연주를 비롯해 뒤셀도르프의 니더라인 음악제, 라이프치히 게반트하우스 관현악단의 감독으로 자신의 작품을 직접 지휘하고 있습니다. 지휘자로서 중요한 일은 역시 관현악단을 위한 작곡과 편곡입니다. 특히 1835년 게반트하우스 관현악단 감독으로 취임한 이래 대표적인 작품이 필요했던 멘델스존은 교향곡 작곡의 필요성을 인지합니다. 구텐베르크 인쇄술 발명 400주년 기념으로 만들어진 이 곡은 베토벤의 9번 〈합창〉같이 신을 찬양하는 가사를 가진 교향곡이었습니다. 이 작품의 특징은 교향곡의 1, 2, 3

악장에 해당하는 전반부와 합창 형식의 후반부는 9개의 칸타타로 구성되어 있는 것입니다. 전반의 3개 악장은 결국 후반의 합창을 유도하기 위한 스케일이 아주 큰 도입부 역할을 했다는 것이지요. 이는 베토벤의 9번 교향곡의 작품 형식을 확대 발전시킨 것으로 볼 수 있으며 이후 고전주의적 악장 형식이 다양한 형태로 발전해 가고 있음을 보여 줍니다. 관현악단의 효과를 극대화하기 위해 4개의 호른(Horn)과 3개의 트롬본(Trombone)을 사용해 찬미가의 특색을 잘 그려 내고 있습니다. 트롬본의 풍부한 저음은 종종 신의 음성을 전달하는 의미로 사용되곤 했기 때문입니다. 이번 장에서는 멘델스존의 왕성했던 시기 1833년부터 1840년까지의 삶에 대해 소개했습니다.

# 오시안적 낭만주의자 멘델스존 IV

5월은 젊은이들에게 있어 사랑과 결혼의 계절입니다. 그런데 결혼식의 신부 입장에는 늘 바그너의 악극 〈로엔그린〉에 나오는 〈결혼 행진곡〉을 연주합니다. 그리고 남녀가 퇴장할 때는 멘델스존의 악극 〈한여름 밤의 꿈〉에 나오는 〈결혼 행진곡〉을 연주합니다. 사랑의 계절과 함께 이 두 결혼 행진곡의 뒷얘기를 잠시 생각해 봅니다.

히틀러는 바그너가 독일 게르만 민족의 위대성을 증명한 작곡가라고 해서 영웅시했고 그의 작품은 자신의 신념과 이상을 표현한 것이라고 한껏 추켜세웠습니다. 이에 비해 멘델스존은 유태인으로 히틀러의 입장에선 매우 불쾌한 작곡가로 인식했을 것입니다. 음악적으로 보면 멘델스존이나 바그너는 중세의 기사나 고대 신화를 인용하고 발췌해 이를 악극의 소재로 즐겨 사용했는데 이는 이 당시 독일의 계몽주의 사조와 맞물려 문학과 음악에 많은 영향을 미쳤기 때문입니다.

〈로엔그린〉도 중세의 서사시를 악극화한 것입니다. 이 곡은 자기 동생을 죽였다는 누명을 쓴 엘자에게 백조를 타고 나타난 왕자와의 비극적인 만남을 주제로 하고 있습니다. 즉 사랑하는 사람과의 결별을 주제로 한 음악이 결혼식의 꽃이랄 수 있는 신부 입장에 등장하는 것은 참 아이러니가 아닐까 합니다.


## 1. 프리드리히 빌헬름 4세와 멘델스존

어느 시대나 음악가들이 전적으로 자신의 신분을 의지할 수 있었던 대상은 당연 군주입니다. 그러나 군주는 자신의 취향에 따라 음악가들의 신분을 마음대로 좌우할 수 있었기 때문에 어떤 성격과 취향을 가진 군주인가는 당시를 살았던 음악가들에게 있어 매우 중요한 팩트일 수밖에 없습니다. 1840년 빌헬름 4세는 아버지의 뒤를 이어 프로이센의 왕으로 등극합니다. 그는 황태자 시절부터 문학과 예술에 매우 폭넓은 식견을 가지고 있었으므로 멘델스존이나 슈만과 같은 낭만주의적 성향의 음악가들에게는 매우 많은 기회와 도움을 주었습니다. 빌헬름 4세는 즉위한 즉시 루드비히 티크[7]에게

---

7    루트비히 티크(Ludwig Tieck, 1773~1853): 19세기 독일 계몽주의 소설가로서 그리스 비극을 재현하고 공상적인 작품을 통해 현실적 사회상을 풍자하는 데 힘쓴 작가이자 비평가.

베를린의 예술계를 재편할 수 있는 권한을 주었습니다. 그는 멘델스존과 슈만 같은 작곡가들과 함께 국왕의 문학적 취향에 맞는 악극을 만들어 바치기로 합니다. 그것이 그리스 작가 소포클레스가 쓴 소설 『안티고네』[8]입니다. 빌헬름 4세는 이외에도 극작가 티크와 함께 〈아탈리〉, 〈콜로노스의 오이디프스〉를 제작했으며, 셰익스피어의 명작 〈한여름 밤의 꿈〉의 극음악을 작곡합니다. 특히 셰익스피어의 〈한여름 밤의 꿈〉은 멘델스존의 극음악이 14개 포함되어 있는데 이 중 9곡은 결혼식에서 신랑 신부 퇴장 때 연주되는 음악으로 지금도 사용되고 있습니다.

1843년 멘델스존은 베를린성당의 성가대를 지휘하게 되었고 여기서 그는 빌헬름 4세의 개혁 정신에 맞는 성가 합창곡을 작곡합니다. 역사적으로 15세기 말 북동부 작센의 아이스레벤에서 태어난 루터는 많은 음악가들에게 영향을 미쳤는데 특히 요한 세바스찬 바흐와 그의 아들 임마누엘 바흐, 크리스티안 바흐 등 바로크와 전 고전주의 악파에게 교회 음악의 변화를 가져옵니다. 루터교의 음악으로 가장 특징적인 것은 단순함과 힘찬 선율을 바탕으로 한 무반주 남성 합창을 들 수 있습니다. 루터는 기존의 가톨릭 미사 음악이 전문 성악가들과 음악가들의 고상하고 전문적인 다성부음악으로 만들어져 일반 신자들에게는 접근하거나 부르기 어려운 면이 있다

---

8 『안티고네(Antigone)』: 고대 그리스의 작가 소포클레스가 쓴 비극으로 신화 속 테바의 왕 오이디푸스와 이도카스테와의 사이에 태어난 딸의 이름이다. 오이디푸스는 자신의 아버지를 살해하고 자신의 모친인 이도카스테와 근친결혼을 한 비극적 인물로 프로이트의 정신분석학에서 모친에 대한 무의식적 성적 애착을 말할 때 자주 인용되는 인물이다.

고 해서 그들이 다 함께 쉽고 편하게 부를 수 있는 음악 즉 단성부의 쉬운 멜로디를 주로 사용하기를 원했습니다.

멘델스존은 이러한 루터파 교회의 요구에 맞도록 무반주의 낭송 음악 형식을 남성 합창으로 사용하고 있습니다. 여기에는 물론 빌헬름 4세의 요구나 희망도 기여했습니다.


## 2. 〈바이올린 협주곡〉 E단조 Op. 64

멘델스존의 〈바이올린 협주곡〉 E단조 Op. 64번은 베토벤, 차이콥스키와 함께 3대 바이올린 협주곡으로 가장 사랑받는 음악입니다. 흔히 베토벤의 〈바이올린 협주곡〉이 남성적이고 이성적이라고 한다면 멘델스존은 여성적이며 매우 감성적이어서 처음 듣는 감상자라 하더라도 그 순수하고 깨끗한 멜로디를 단번에 기억하고 따라 부르게 됩니다. 혹자는 이를 두고 아담과 이브의 관계로 말하는 사람도 있을 정도입니다. 이 협주곡은 사실 친구인 바이올리니스트 페르디난트 다비드와의 우정을 위해 이루어졌습니다.

멘델스존과 다비드는 1836년 라이프치히 게반트하우스 오케스트라의 감독 겸 지휘자로 있을 때 지휘자와 악장의 관계로 만나게 되었고 그 후 1843년 라이프치히 음악원 설립 당시에는 바이올린 교수로 그를 발탁할 정도로 신뢰하던 친구였습니다. 그는 1838년 다비드에게 보낸 편지에서 이런 글을 남깁니다.

"이번 겨울 자네를 위한 바이올린 협주곡을 써 볼 생각이네. 단조의 어떤 선율이 계속해서 나의 머리를 맴돌고 있네. 그 선율의 첫 부분이 자꾸 떠올라 가만히 있을 수가 없을 지경이네."

이렇게 시작된 바이올린 협주곡은 베토벤처럼 단 하나의 작품으로 그의 곁에 남게 됩니다.

1844년 9월 16일 이 곡은 라이프치히 게반트하우스 오케스트라와 벨기에 출신 지휘자 가데, 친구 다비드에 의해 초연됨으로써 세상에 알려지게 됩니다. 이 협주곡의 특징은 3개의 악장이 모두 연결되어 있어 물 흐르듯 연주되고 있다는 점과 오케스트라 반주가 한 마디 반의 도입부를 연주하면서 곧 바이올린의 주제가 등장하는 것으로 이는 당시 매우 파격적인 형식으로 받아들여졌습니다.

그러면 그의 여러 작품 중에서 왜 바이올린 협주곡인가. 그것은 멘델스존의 수많은 작품 세계를 대표할 수 있는 음악 중에서 이 협주곡의 형식과 기교가 청중의 기대와 고정관념을 완전히 뛰어넘는 새로운 시대의 음악으로 인식되었기 때문입니다. 결국 이 작품의 등장으로 낭만주의 협주곡 형식은 매우 자유롭고 기교적이며 감성적인 요소가 기존의 엄격한 형식주의를 완전히 지배하게 됩니다.


## 3. 멘델스존의 오라토리오 〈엘리야〉와 죽음

사람은 자신의 죽음을 예견하고 대비할 수 있는 예지가 잠재하는 것일까. 바흐의 생애를 보면 마지막 20여 년 동안 불우한 고아들을 가르치며 헌신적인 교육자로 일생을 마무리했고 특히 마지막 1년 동안 그는 B단조 미사 음악을 작곡하고 자신의 영혼을 잠재울 수 있었습니다. 베토벤 역시 1823년 그러니까 죽기 4년 전 〈미사 솔렘니스〉를 작곡해 루돌프 대공의 즉위식에 헌정되었습니다. 57년이란 생애를 온통 고통과 번민으로 살아왔던 베토벤에게 이 곡은 자신의 영혼에 대한 고백과도 같은 음악이었습니다.

멘델스존의 오라토리오 〈엘리야〉는 만년에 작곡한 구약성서에 나오는 예언자의 이야기를 합창곡으로 승화시킨 걸작입니다. 총 20곡으로 만들어진 이 곡은 1부가 〈가뭄에 대한 예언〉, 〈광야로 탈출〉, 〈과부의 조우〉, 〈아합과 대결을 위한 귀환〉, 〈불과 비의 신〉, 〈바알신의 처벌〉 등으로 구성됩니다. 이 곡은 1846년 8월 26일 초연해 큰 성공을 거두었으나 그 뒤 영국 빅토리아 여왕 어전에서 공연하기도 합니다.

이 오라토리오가 가지는 음악적 성과로 루터의 종교 개혁에 걸맞은 음악의 개혁을 이루기 위해 파격적인 수법을 사용했다는 점은 이미 강조한바 있습니다. 개혁적 사고를 통한 새로운 기법의 성공으로 멘델스존은 대륙과 영국에서 유명한 음악가로 알려지게 되었습니다. 그러나 건강은 점점 좋지 않았습니다. 더구나 1845년 이후 라이프치히 음악원을 설립하고 교육 과정과 교수진의 확보 등으로 극도로 예민해져 있던 멘델스존이 결정적으로 나빠지게 된 것은 누나 파니 헨젤이 1837년 5월 과로로 갑자기 세상을 떠나면서입니다. 누이와 함께 연주 활동을 하고 그의 결혼 생활에 많은 도움을 주어 특별히 가깝게 지내오던 누나의 죽음은 충격과 허무 그 자체였습니다. 영국 연주 여행에서 돌아와 피로에 지친 멘델스존은 누나와의 이별을 경험한 이후 죽음에 대한 두려움과 고통이 그를 더욱 힘들게 했으며 과로와 우울 증세가 겹쳐 6개월 후인 1847년 11월 3일 세상을 뜨게 됩니다. 영국에서 돌아온 멘델스존이 스위스에서 요양하고 있던 때였습니다. 누나 파니의 죽음과 인생의 무상함을 처절하게 느꼈던 천재 음악가는 결국 자신의 정신적 고통을 극복하지 못하고 38세의 젊은 나이로 죽음을 맞이합니다.

프란츠 리스트,
그 영광의 이름

# 프란츠 리스트, 그 영광의 이름 Ⅰ

한 인간이 자신의 미래를 꿈꾸고 이를 구체적으로 이루어 내기란 그리 쉬운 일이 아닐 것입니다. 그러나 젊은이들은 꿈을 실천하기 위해 끊임없이 노력합니다. 그러면서 인생에 대한 고뇌와 아픔, 그리고 행복을 경험합니다. 삶의 여정에서 보면 이러한 순간들은 결국 아름다운 추억으로, 또 관용과 지혜로 남게 될 것입니다.

마찬가지로 19세기에 살았던 사람들이 낭만주의라는 시대적 공통 가치를 향유할 수 있었던 것도 실은 젊은 시절에 대한 그리움과 아쉬움이 그려 낸 본능적인 행동의 결과가 아닌가 합니다. 누구나 어릴 적의 꿈같은 절대적 순간은 뇌의 중심부(hippocampus)에 깊숙이 간직되기 때문입니다. 그리고 그 형상이 어찌 되는가에 대한 평가는 주인공이 타계한 뒤에 학자들에 의해 객관적으로 다루어지는 것이 일반적입니다.

성자로서의 숭고함을 자기 성찰을 통해서 내면화했던 리스트 (Franz Liszt, 1811~1886), 인간적 영광을 천부적인 재능과 노력을 통해 이루어 낸 천재 리스트의 삶은 이런 점에서 인간적 나약함과 본능을 가감 없이 실천한 영웅으로 평가됩니다.


## 1. 리스트의 탄생과 의미

어느 시대나 영웅이 탄생하기 위해서는 강렬한 시대적 요청과 가치관이 존재하기 마련입니다. 18세기 계몽주의(Aufklärung) 사조는 그 시대의 영웅을 요청하는 강력한 힘의 원천이었고 모든 인간의 본능이나 인간 행복의 본질적 주제를 담아내는 그릇이었습니다. 이제 모차르트의 영롱한 선율과 화음에서, 하이든의 세련되고 우아한 음악 형식에서, 그리고 베토벤의 초인적 의지가 인간의 본능을 극대화해 인간 승리를 부르짖던 시대가 지났습니다. 유럽은 살아 있는 영웅과 자신이 숭배할 초인적인 대상을 찾아서 이전 시대가 누렸던 음악의 형식에서 벗어나 새로운 우주의 별을 찾아 만족하고자 했습니다. 리스트라는 별이 생성된 것은 이러한 성운의 발달과 운동이 시작된 후였습니다.

1811년 10월 22일 헝가리의 도보르얀(Doborjan)이란 마을에서 태어난 리스트에 대해서 사람들이 '혜성의 출현'이라며 신비로운 의미를 부여한 것도 영웅의 탄생을 간절히 원했던 사회적 분위기 때문이었습니다. 이와 같은 유럽인들의 기대는 그 후 40~50년이 지난 리스트의 평가에서 크게 두 가지 모습으로 구체화됩니다.

하나는 누구도 따를 수 없는 화려한 기교를 바탕으로 한 피아노 실력입니다. 리스트의 기량은 오로지 예술적 가치가 순수하게 인정받기 시작하는 시대적 인식 변화의 결과로, 그를 영웅적인 인물로 성장하게 한 결정적인 조건이기도 합니다. 더구나 귀족 중심의 편협하고 제한적인 음악 행위에서 벗어나 대중을 위한 진정한 음악 예술을 작곡하고 연주할 수 있는 시대적 변화, 이것이 리스트라는 영웅을 낳게 했다는 것입니다.

또 다른 평가는 주어진 인생을 대중과 함께 즐기고 이를 예술가로서 당연한 대가로 인식했던 근대적 의미의 전문 연주가였다는 것입니다. 그의 음악은 모차르트의 깔끔함과 하이든의 예의 바름, 베토벤의 무거운 음향과 쇼팽의 우아함을 모두 포용한 대중적 열정을 담아내고 있습니다. 리스트에게 있어 여성이란 자기 예술 행위의 연장에서 생각했습니다. 무대 위에서의 열정적인 연주 행위와 이에 반응하는 젊은 여성들의 환호, 이를 즐기고 혼합해 행복을 나누는 일은 예술가로서 당연한 의무이자 권리인 것입니다. 리스트만큼 청중과 가까이 호흡하고 그들로부터 느끼는 뜨거운 열정을 다시 무대에서 풀어낸 음악가는 없습니다. 그 자신이 연주 행위 자체를 즐긴 것이지요.

## 2. 리스트라는 영웅

리스트 하면 우리는 여러 가지 이미지를 떠올릴 수 있을 것입니다. '피아노의 명인', '낭만 음악의 천재적 작곡가', '수많은 연인 그리고 스캔들', '끝없는 여행가', '열정의 지휘자', '자질 있는 음악 선생님' 그리고 '욕심 많은 음악 사업가' 등등. 갈기 머리를 한 열정적인 음악가, 모든 영역을 섭렵했던 리스트는 한 인간으로서 자기 성취욕이 강한 다혈질의 예술가였습니다.

1700년대 후반에 활동했던 모차르트나 하이든, 베토벤의 삶도 매우 열정적이고 적극적이었지만 그들의 삶의 근거는 '빈'이라는 극히 제한된 지역과 청중을 대상으로 삼았다는 점입니다. 이와 대조적으로 리스트는 빈을 중심으로 독일과 프랑스 그리고 이탈리아 등을 여행하면서 자유롭고 선이 굵은 일상을 살았습니다. 그가 비교적 좋은 환경과 수업을 받을 수 있었던 것은 아버지 아담 리스트의 영향이 컸습니다. 아담은 하이든이 악사장으로 활동했던 에스테르하지 궁정의 재정 경제를 담당한 관리인이었습니다. 아담은 궁정 안에서 일어나는 소상한 사정을 잘 알고 있었고 특히 하이든을 비롯한 음악가들의 활동에도 관심이 많았습니다. 하이든이 활동했던 1761년부터 91년까지의 다양한 음악 프로그램을 재정적으로 책임져야 했던 그에게 음악이란 자신의 생활 대부분을 차지하고 있었습니다. 그런 그에게 아들 프란츠 리스트의 출생은 음악 생활과 자연스럽게 관련을 맺게 되는 계기가 되었습니다. 더구나 경험적으로 음악이란 많은 경제적 뒷받침이 필요한 분야라는 것을 인식하게 된 것이지요.

이런 부친의 관심 덕분에 프란츠 리스트는 5세경부터 놀라운 음악적 재능을 보이기 시작했습니다. 이런 재능을 뒷받침하기 위해 아담은 음악에 관심이 많았던 헝가리 귀족들과의 만남을 주선하고 그들을 통해 충분한 재정 지원을 받았습니다. 당시 빈과 부다페스트의 귀족들은 에스테르하지의 궁정에서 베푸는 집회나 음악회에 자주 참석했고 당연히 공식 행사 이후에는 음악 공연을 즐겨 가졌기 때문에 천재 음악가를 돌보고 교육하는 일은 그들에게 있어서도 중요한 의무이자 기회였습니다.

빈에서 활동했던 칼 체르니는 스스로 중요한 연주가이자 교육자였습니다. 많은 연주가들이 그의 문하에서 수업을 받았습니다. 리스트 역시 그를 통해서 중요한 피아노 연주의 기초를 연마할 수 있었습니다. 오늘날 피아노 연습곡으로 유명한 칼 체르니는 아담 리스트의 교육열에 감명을 받아 프란츠를 기꺼이 제자로 받아들입니다. 이때가 1820년경이었는데 시기적으로 베토벤의 명성이 빈과 파리, 로마, 제네바를 비롯한 유럽 전역에 퍼져나갈 무렵이었습니다. 체르니를 만난 것은 아담에게는 매우 행운이었습니다. 체르니는 피아노 연주 기법에 탁월한 능력을 가진 교육자로서 10세였던 리스트에게 피아니스트로 갖추어야 할 많은 기교를 익히도록 도와주었습니다.

1823년 아담은 빈에서의 피아노 교육을 마치고 아들 리스트를 데리고 파리로 이사합니다. 이주의 목적은 물론 천재 소년 모차르트의 부친 레오폴드를 연상케 하는 리스트의 피아노 연주 여행 겸 음악 학습이었습니다. 여기에는 물론 아담이 아들을 통해 경제적 부를 축적하기 위한 집념도 상당히 작용했습니다. 그러나 사춘기에 도달한 리스트에게 있어 기나긴 여행과 계속되는 연주는 육체적 피로감과 함께 자신에 대한 공허감을 안겨 주는 시기이기도 했습니다. 사춘기 소년에게 나타나는 자연스러운 고민이지만 감성적으로 예민했던 리스트에겐 상당한 시련이었습니다.

이러한 고민과 억제된 생활은 1827년 아담이 죽고 나서야 긴 장정의 끝을 맺게 됩니다. 아버지의 죽음은 리스트에게 많은 생활의 변화를 가져옵니다. 가장 큰 변화는 소년기에 얻지 못했던 인문학이나 예술 분야에 대한 호기심을 충족하는 일이었습니다. 더구나 음악에 대한 혐오감이 생길 정도로 극도의 우울증과 싸워야 했던 리스트는 모든 현실로부터 도피하고자 종교적 사색에 심취하기도 하고, 문학이나 예술과 관련한 서적에 탐닉하기도 했습니다. 1830년 바이올리니스트 파가니니를 알게 된 것은 리스트로 하여금 큰 도전을 받게 한 사건이었습니다. 파가니니의 신기에 가까운 연주 능력에 감탄하고 그와 같은 명예와 부를 취하고 싶다는 생각이 은연중에 리스트의 가슴을 뜨겁게 했습니다. 그리고 그는 모든 정력을 쏟아 피아노 연습에 집중했습니다.

## 3. 마리 다구 백작 부인과 파리의 사교계

1832년 리스트가 22세 될 무렵 그는 파리 사교계에 정식으로 등장합니다. 1829년 이후 그는 이미 피아니스트로서 많은 여성 팬을 갖고 있었고 그 역시 이러한 팬들과의 만남과 사랑을 즐겼습니다. 그중 한 사람이 마리 다구 부인입니다. 1832년 당시 28세였던 그녀는 리스트보다 여섯 살이나 많았고 자신의 남편보다는 열네 살이나 손아래였습니다. 요즘 생각으로 보더라도 매우 불합리한 결혼 생활이 아니었나 생각되지만 당시로서는 그리 큰 문제가 되지는 않았던 것 같습니다.

아무튼 두 자녀를 가진 마리는 리스트와 사랑에 빠졌고 급기야 3년간의 열애 끝에 스위스로 도피 행각을 벌입니다. 그리고 그녀는 리스트와의 사이에 세 자녀를 두기도 합니다. 마리의 본 남편으로서는 황당하기도 했고 배신감에 치를 떨었지만 이러한 사건은 당시 파리의 사교계에서는 다양한 화젯거리 중의 하나일 뿐이었습니다. 쇼팽의 연인 상드와의 만남과 친교도 이쯤에서 시작되었고 바이런이나 실러 같은 문인들과의 교류도 이 시기에 있었습니다. 특히 독일의 서정 시인이자 계몽주의 문학가로 최고 권위자였던 하이네와의 교류는 다른 문인들과는 다르게 매우 불편한 관계로 시작합니다. 그것은 리스트가 가진 인문학적 이상에 대한 자유로운 접근과 지적 호기심에 대한 다양한 이상이 일정한 가치관도 없는 무지한 예술가라는 비판을 받았기 때문입니다.

이와 달리 하이네의 문학적 가치관은 고대 그리스의 문학 작품들이나 현대 시인들의 지적 유희에 대한 견해를 통해서 그의 인문학적 사상을 관찰할 수 있습니다. 그러나 음악가에 있어서 정치적 견해는 그리 중요한 행위가 아닐 수 있습니다. 문인들이 구체적인 단어를 통해 자신의 사상과 견해를 밝힐 수 있지만 작곡가에 있어 사상의 표현은 매우 애매하고 포괄적이기 때문입니다. 그래서 하이네는 이런 음악가의 속성을 빗대어 리스트를 무식한 음악가로 매도하는 것 같은 언행을 일삼았습니다. 그래서 음악가는 문학가들보다 정치적으로 사상적으로 훨씬 빈약한 대우를 받게 되는 경우가 있음은 이러한 속성 때문입니다.

1836년쯤에 리스트와 마리와의 관계는 점차 파멸로 이르게 됩니다. 그 이유와 근거는 아직도 여러 가능성으로만 확인될 뿐이어서 많은 연구자들의 연구 대상이 되기도 합니다. 그러나 몇 가지 설에 의하면 두 사람의 개성은 매우 이질적인 데가 있었고 궁극적으로 이러한 성격의 이질감은 그 둘 사이를 갈라놓게 했을 것이라는 점입니다. 즉 리스트는 여성에 대한 다양한 호기심과 질투심으로 접근하고 관계를 진전시키는 데 비해 마리는 예술가 리스트의 매력에 반한 전형적인 팬클럽의 일원으로 시작된 것입니다. 그런 그녀가 인간 리스트에 대한 맨얼굴을 보았을 때 그와의 애정은 많은 문제점이 있음을 알게 된 것입니다. 1844년 두 사람은 심한 말다툼을 끝으로 헤어지게 됩니다.

# 프란츠 리스트, 그 영광의 이름 II

혼히 사람들은 복잡한 인격적 다면성을 저편에 숨겨 놓고 하얀 이를 드러내며 순수하고 겸손한 표정으로 상대방과 대화를 나누곤 합니다. 이런 숨겨진 심리적 진실의 이중성에 대해 사람들은 됨됨이니, 교양이니, 가정 교육이니 하면서 매우 소박하게 평가하곤 합니다. 과연 그런 인간의 모습이 교양이라는 가면을 쓰고 자신의 파트너가 되어 함께 인생을 이야기한다면 당신은 행복할 수 있을까요? 이런 인격자가 자신의 도덕성이 탄로 나지 않았다고 그런 범죄적 심리가 겉으로 노출되지 않았다고 당당해지는 심리 때문에 스스로 만족해한다면, 이런 사실을 알지 못하고 넘어간 파트너의 불행을 보고 기쁨을 느낄 수 있는 것이 온당한 일일까요?

그러나 역사는 이러한 인격의 이중성이 대다수 인민들의 삶과 그들의 행복권을 침해하지 않았다고 인정될 때는, 더구나 이러한 이중적 인격이 역사적 사건을 만들어 낼 만큼 커다란 공적을 만든 인물이라면 그를 칭송하거나 영웅으로 만들어 기록하고 싶어 합니다. 살아 있는 영웅 말이죠. 그런 이중성이 대다수 인민들의 삶에 직접적으로 해를 입히지 못하고 그들 자신의 위대함에 대한 간접적인 대리 만족을 일삼거나 그를 통해 자신의 삶이 영광스럽다고 착각하는 경우가 역사적 시간의 연속임을 아는 것은 그리 어려운 일이 아닙니다.


## 1. 이중적 인격과 음악

리스트의 인격은 어찌 보면 극히 이중적이지만 그가 만든 음악의 화려함과 가톨릭 성인(聖人)에 대한 동경, 죽음에 대한 미학적 예찬들이 음악으로 화려하게 되살아나 모순과 극단, 화려함과 소박함, 엄숙함과 저속함 등이 혼합되어 표현되었습니다. 그러나 이러한 극단적 이중성이 그의 일상에서 타인에게 피해를 주거나 법적 문제를 일으킨 적은 없습니다. 오히려 일반 대중은 그의 음악을 통해 자신감과 오만함 그리고 엄숙과 교만을 동시에 만족할 수 있는 기회를 얻게 되었으니 리스트의 음악은 감탄과 찬사 그리고 열광과 환희의 대명사일 뿐이었습니다. 그를 보고 그의 음악에 녹아든 극단성(極端性)을 확인하고 싶은 대중의 열망은 자연스럽게 리스트를 영웅으로 만들어 놓았습니다.

인격적 극단성 혹은 이중성의 원인을 접어 두고 왜 리스트는 이와 같은 음악적 표현에 능숙했을까요. 아니 왜 대중은 리스트의 일거수일투족에 환호와 정신 분열에 가까운 기이한 행동을 보였을까요. 마치 오늘날 K-팝 스타들의 공연장에서처럼 말입니다. 하늘로부터 부여받은 리스트의 피아노는 광기에 가까웠고 그 광기는 천재성이라는 확인된 재능으로서 그것은 일반 대중이 범접할 수 없는 신적 세계를 표현했습니다. 이것이 리스트를 모든 대중이 칭송을 할 수밖에 없었던 능력이었던 것입니다. 이 신적 영역에 달한 광기가 이미 역사적으로 공인된 음악적 형식과 청중에게 인지되어 그들의 음악적 지식과 결합하지 못했다면 그의 음악은 미친 광대놀음이 되어 버렸을 것입니다. 미친 듯이 대중의 가슴을 극단으로 몰아갈 수 있는 광기, 그 광기가 살아 움직이는 모습을 대중은 영웅시했던 것입니다. 누가 감히 리스트를 이중인격자라고 생활 파탄자라고 손가락질할 수 있겠습니까.

마리 다구 백작 부인과의 만남과 헤어짐도 이 같은 리스트의 천부적 재능에 대한 극단적인 인격의 다중성 때문입니다. 리스트는 분명 신적인 재능의 소유자인데 그러한 신적 인간, 극한에 몰두하고 인간 리스트를 소유하고 싶었던 마리의 생각은 처음부터 불가능했던 것입니다. 그럼에도 불구하고 상상력으로 가득한 연애 감정과 일종의 불륜 행위에 대한 위험스러운 기대감이 처음부터 둘 사이의 결과를 예견케 합니다. 인격성에 대한 리스트의 생각은 처음부터 문제임을 거부합니다. 광기를 가진 신적 영역의 피아니스트에게 다중 인격성에 대한 청중의 이해는 당연히 음악의 극단적 광기와 연결되어 그를 용인하고 환호하게 만듭니다.


## 2. 리스트의 천재성과 여성성

리스트의 여성 편력에 대한 논란은 아마 음악사상 가장 다양하고 화려한 모습으로 나타났을 것입니다. 사람들은 누구도 자신이 여성성에 대한 논란의 대상이 되고 싶은 사람은 없었을 것이며 누구를 사랑했다거나 누구와 어떤 관계에 있었다고 하는 소위 개인적 프라이버시가 드러나는 것을 원하는 사람도 없을 것입니다. 더구나 그가 존경받는 음악가로서 또 피아니스트로서 모든 여성과 애호가들로부터 흠모의 대상이 되어 있음을 알고 있음에야 더욱 그러했을 것입니다.

그럼에도 불구하고 130년이 흐른 오늘날에도 그의 음악을 이야기하면서 여성 편력에 대한 기록이 자주 언급되고 있음은 그 역시 평범한 남성으로서 예술적 천재성의 원천을 이러한 여성과의 관계에서 찾으려 하지 않았나 하는 의구심을 갖게 할 정도입니다. 실제로 그가 사랑했던 여성 가운데 언급되는 마리와의 파경 무렵의 상황을 이해한다면 이러한 여성관이 리스트에게 어떤 역할을 했는지를 알게 합니다. 리스트가 사랑했던 마리 다구 부인은 열정과 순정이 혼합된 비정상적인 사랑을 추구했던 연인이었습니다. 리스트는 천부적 재능을 가진 카리스마형의 음악가였습니다. 마리는 한 여성으로 그런 천재성을 사모하는 그러나 처음부터 리스트의 바람기를 잠재울 만한 능력도 의지도 없었습니다. 리스트의 여성관은 그리 순정적인 사랑의 관계를 지속하기보다는 일시적 흥미 위주의 정복욕에 이끌린 편의적 사랑이었습니다. 이러한 이성관이 마리와의 연애 감정을 중단시키는 동기가 되었습니다.

리스트의 여성관이 음악에 미치는 영향은 무엇일까. 그는 열 손가락을 모두 활용해 피아노 독주곡으로 오케스트라의 다양한 음색을 끌어내거나, 반대로 100명이 소리를 만들어 내는 베를리오즈의 〈환상 교향곡〉을 열 개의 손가락을 사용하는 피아노 독주곡으로 편곡해 청중들로 하여금 오리지널 교향곡보다 더 감동적이라는 평을 들을 수 있을 만큼 그의 기량은 뛰어났습니다. 그만큼 뛰어난 음악가였습니다. 그러나 그의 여성 편력과 관련해서는 아주 부정적이었습니다. 계몽주의 문학가로 유명한 하이네의 리스트에 대한 평가는 이를 뒷받침하고 있습니다. 인간으로서 여성에 대한 그의 편력은 지탄을 받아 마땅하고 사회적인 증오의 대상입니다. 그러나 그의 신기에 가까운 연주력에 대해서는 완전히 두 손을 들었다고 이야기합니다. 그의 생활이 얼마나 이중적이었는가는 그와 동시대를 살아간 멘델스존이나 슈만, 그리고 쇼팽과 같은 음악가들조차 연주력과 이성관을 대비시켜 그를 증오하거나 혐오했습니다.

그런 세간의 평가와는 아랑곳하지 않고 리스트는 1847년 러시아를 방문하던 중 카롤리네 자인비트겐슈타인과 운명적으로 만나게 됩니다. 그녀와의 관계는 키예프 자선음악회에서 만나 그녀의 영지인 보로닌체에서 함께 몇 달을 보내면서 깊어졌습니다. 문학에 관심이 많았던 카롤리네는 리스트가 저술한 몇 개의 음악 관련 서적에도 관여하고 있었던 것으로 보입니다. 그 외에도 카롤리네는 리스트의 일상적인 사고와 결정에도 깊이 관여하고 있는 모습을 보여 주고 있습니다. 스타 피아니스트로서의 화려함에 취하지 않고 조용히 작곡에 전념할 수 있는 분위기를 만든다거나 음악적인 사고를 통해 저술한 여러 가지 관련 서적을 교정해 주고 충고해 주었다는 기록도 있습니다. 그녀와의 만남 이후 리스트는 대부분 그녀와 시간을 함께했으나 결국 카롤리네 측 가문에서의 반대에 부닥쳐 결혼하지 못하고 헤어지게 됩니다.

## 3. 바이마르의 추억

한 인간이 어느 시기에 유일하게 자신의 역량을 가장 극대화하거나 다양한 작업에 충실할 수 있었던 시기를 우리는 곧잘 그리워하거나 추억합니다. 리스트에게서 가장 아름답고 역동적인 삶의 시기는 아무래도 자신의 황금기에 해당하는 37세부터 50세까지 살았던 바이마르 시기였을 것입니다.

카롤리네와의 사랑이 남편 일가와 러시아 황제의 반대로 식어 갈 무렵 리스트는 자신의 음악에 대한 운명적 도전을 시작합니다. 돈도 벌 만큼 벌었던 리스트에게 바이마르 궁정 음악감독으로서의 급여는 그리 중요한 게 아니었습니다. 그는 이 자리를 통해 자신의 음악을 실험하고 미래 세대를 위한 도전적 음악을 설계해 나갈 계획을 세웠던 것입니다. 그가 원했던 일들을 성취하기 위해 그는 작곡 기법을 새로 배우고 지휘법과 편곡법을 다시 익히면서 작곡자로서 뿐만 아니라 지휘자로서 흥행사로서의 역할도 감당했습니다. 오케스트라에 트롬본을 보강해 오페라의 극적 효과를 확대하거나, 고전주의시대의 오페라를 발굴하고 이를 다시 편곡해 무대에 올림으로써 당시 급진적인 음악가들로 하여금 환호와 견제를 동시에 받기도 했습니다.

그러나 리스트는 당시 독일의 급진적인 작곡가들을 옹호하고 그들의 음악을 소개하는 일을 즐겼습니다. 이 급진적 음악가들 중에 베를리오즈나 바그너 같은 독일 민족주의 오페라 작곡가들과의 교류를 포함합니다. 슈만이나 브람스도 리스트의 열정에 감동하고 자신의 음악 잡지에 소개하는 등 활동을 함께 했지만 클라라의 리스트에 대한 반감과 베를리오즈의 변덕스러운 성격으로 크게 발전하지는 못했습니다. 마지막까지 리스트와 호흡을 맞추고 함께 활동해 준 음악가는 바그너였습니다. 그는 자존심이 강한 민족주의자로서 이상적인 음악가 리스트와 어느 면에서 호흡이 맞았던 것입니다.

# 프란츠 리스트, 그 영광의 이름 Ⅲ

우리는 메고 온 배낭의 무게를 견디기 어려워 일찌감치 강변 모래톱에 텐트를 쳤습니다. 미군들이 사용하는 A형 텐트였습니다. 파란 하늘 배경과 흰 구름, 강물 위에 비친 초록빛 산과 들, 이 모든 것을 자랑하고 싶어 고향 마을까지 친구를 데리고 왔습니다. 밤이 되었습니다. 낮에 보았던 초록빛 강과 계곡에 숨어든 작은 산들이 이제는 불빛 하나 없는 깜깜한 감옥처럼 우리에게 피곤과 두려움을 주고 있었습니다. 피로가 아련하게 육신을 잠재웠습니다.

얼마나 지났을까 갑자기 천둥과 번개가 텐트 주변에 떨어졌습니다. 소나기가 퍼붓기 시작했습니다. 잠에서 깨어나 전등 불빛에 의지해 밖으로 나갔습니다. 텐트 주변으로 검붉은 흙탕물이 습격해 왔습니다. 무서웠습니다. 잠자는 친구를 깨웠습니다. 그리고 우리는 장대 같은 비를 온몸으로 받아 내며 텐트를 강둑 위로 옮겼습니다. 그게 다였습니다. 그날 밤 우리는 두려움과 추위에 떨며 한밤을 그대로 새웠습니다. 아침에 둑 위에서 내려다본 강물 위로 뿌리가 뽑힌 통나무, 젖은 옷가지, 세간과 심지어 돼지 같은 가축들이 흙탕물 위로 떠내려가는 것을 보았습니다. 1972년 요즘 같은 여름이었습니다.

## 1. 리스트를 끝까지 사랑했던 여인 카롤리네

지난 장에서 잠깐 언급했지만 리스트의 연인들 중에서 그의 인생 후반기에 만난 여인 중 역사에 남는 인물은 카롤리네였습니다. 그녀는 원래 리스트를 사랑하고 따르는 팬들로 구성된 리스트 마니아 중 한 사람이었습니다. 그 두 사람이 처음으로 만나게 된 것은 리스트가 36세인 1847년 러시아의 키에프 공연에서였습니다. 마리 다구 백작 부인과 헤어진 지 2년이 지난 후였습니다. 카롤리네는 이날 공연이 끝난 후 극장 직원으로부터 한 통의 편지를 받게 되는데 거기에는 100루블이라는 거액의 현금이 들어 있었습니다. 그 돈의 가치는 지금으로 보면 300만 원 정도 되는 가치라고 하니 리스트로서는 놀랄 수밖에 없었겠지요. 리스트는 이 큰돈을 남겨 준 여인의 신분을 알고 싶어 극장 직원에게 수소문을 하지만 규정상 알려 줄 수 없는 입장이었습니다.

그러나 끈질긴 설득 끝에 그 사람이 대부호의 딸 카롤리네 이바노비치라는 여인인 것을 알게 되었습니다. 그녀는 러시아 대부호 이바노비치 가문의 여성으로 부모의 강권에 의해 정략적으로 결혼을 한 처지였으므로 처음부터 애정이 없었습니다. 그녀는 러시아 키에프 지역의 광대한 땅을 소유한 아버지의 재산과 지적인 외모로 빈의 사교계에서 유명한 인사였습니다. 이런 사실을 리스트가 알리는 없었지만 리스트 역시 마리 다구 백작 부인과 헤어지고 외롭게 혼자 지내던 처지였기 때문에 둘 사이는 급격히 가까워질 수밖에 없었고 이러한 관계는 리스트가 50세가 되는 1861년까지 지속되었습니다.

처음부터 카롤리네의 부친은 광대한 농토와 3만여 명의 농노를 거느린 대지주였지만 귀족은 아니었습니다. 부친은 귀족이 되고 싶은 욕심으로 딸을 당시 신흥 귀족이었던 비트겐슈타인 백작 가문으로 시집보낸 것입니다. 그녀는 빼어난 미모는 아니었지만 지성적 외모와 남성적인 적극성으로 부친의 재산을 잘 관리할 수 있었습니다. 부친이 죽고 나서 광대한 땅을 상속받은 러시아 최고의 부자가 되었지만 그녀는 조금도 행복할 수 없었습니다. 남편 니콜라우스와의 불행한 별거 생활과 혼자 키우는 딸 마리에 대한 애착 때문이었습니다. 이런 외로움 속에서 카롤리네는 1847년 흑해 연안의 도시 오데사에서의 연주회 후 리스트를 자기 집으로 초대했고, 1년쯤 지나 리스트는 연주가 비는 시간을 이용해 보로닌체에 살고 있는 카롤리네의 집을 방문했습니다. 그곳에서의 며칠 동안 두 사람의 운명적인 사랑은 시작되었고 많은 작곡과 공연 활동을 하면서 리스트 황금기를 보냈습니다.

카롤리네는 리스트에 대한 사랑을 정식 결혼으로 완성하고 싶었지만 여기에는 많은 난관이 도사리고 있었습니다. 그 첫 번째가 아버지로부터 상속받은 천문학적 토지의 유출에 대한 러시아 황제로부터의 방해였습니다. 러시아 황제는 카롤리네가 헝가리 출신이자 파리 시민으로 살고 있는 리스트와 결혼할 경우 러시아의 국부 유출이 될 수 있다는 생각에 종교적 문제를 이유로 거부했습니다. 이를 위해 유일한 딸인 마리를 정보 요원을 시켜 납치하는 등 결사적인 방해 공작을 펴기도 했습니다. 그러나 카롤리네는 자신의 상속분을 대부분 잃어 가면서도 리스트와의 결혼을 자신의 사랑의 결실로 생각했습니다. 그래서 더욱 남편 니콜라우스와의 이혼과 리스트와의 결혼에 필사적으로 매달렸습니다. 그러나 이 역시 종교적 문제로 시간만 끌다가 패소하게 되었습니다. 결국 카롤리네는 이혼 소송에 실패하고 법적으로 니콜라우스 공작의 아내로 살다 갔습니다.

## 2. 바이마르에서 로마로

바이마르에서의 12년 동안 리스트는 바그너와 베를리오즈 같은 급진적인 독일 작곡가들을 위해 헌신적으로 뒷받침을 했습니다. 그러나 바그너에 대한 우정은 1857년 전 부인과의 사이에서 난 딸 코지마와 바그너의 제자인 한스 폰 뷜로와의 결혼, 1867년 코지마가 친구 바그너와의 사이에서 사생아를 낳는 사건 등으로 변하게 되었습니다. 리스트는 바그너에 대한 증오심으로 불타게 된 것입니다. 이 증오심은 1872년 코지마가 뷜로와 이혼하고 바그너와 정식으로 결혼하면서 사라졌습니다. 그도 그럴 것이 자신의 불륜으로 태어난 딸이 가장 가까운 친구의 제자와 결혼하고 또 그것도 모자라 친구인 바그너와 결혼하기까지 아버지로서는 엄청난 충격과 고통에 시달렸을 것입니다.

이러한 정신적 고통을 준 바이마르를 리스트는 혐오하게 되었습니다. 이러한 사건은 리스트로 하여금 로마로 이주하게 하는 요인이 되었습니다. 로마에서의 삶은 리스트에게 어느 정도 안정과 휴식을 가져다주었습니다. 리스트가 이 시기에 많은 작품을 남길 수 있었던 것은 카롤리네와의 비교적 안정된 사랑과 경제적 여유가 있었기 때문에 가능했습니다. 특히 1848년부터 57년 사이에 작곡한 12개의 교향시는 리스트 최후의 작품이 된 관현악 기법으로 된 것이었습니다. 또한 이 시기에 리스트의 고통은 로마 교황청에 의한 카롤리네와의 결혼 중지 명령이었습니다. 앞에서 언급했듯이 정치적 종교적 이유로 인해 두 사람의 결혼은 결국 최종적으로 거부되었고 그는 이젠 모든 것을 체념하면서 종교적 음악 작곡과 논문 등을 저술하면서 지냈습니다. 리스트는 로마에 작은 아파트를 구입해 이러한 정신적 고통을 해소하기 위한 여행을 시도했습니다. 로마에서의 시간은 많은 가톨릭 미술 작품이나 성스러운 부조에 매료되는 기회가 되었습니다. 신앙심이 깊었던 카롤리네의 권유로 리스트는 깊은 종교적 사색에 빠지게 되었는데 이러한 태도는 로마의 종교적 예술 작품을 통해 더욱 깊어졌습니다.


## 3. 사제가 된 리스트

1865년 리스트는 사제가 되었습니다. 그가 사제가 되었다는 것은 주변 지인들에게 큰 충격이 아닐 수 없었습니다. 그러나 리스트의 생애에 있어 이전 몇 년 동안은 매우 어렵고 힘든 시간이었습니다. 물론 카롤리네와 리스트로서 가장 큰 어려움은 1861년 법적으로 완전한 결혼을 원했던 그들이 로마 교황청의 결혼 중지 명령으로 인해 큰 충격을 받은 사건일 것입니다. 수년간 정치적 종교적 박해에서 벗어나 두 사람의 순수한 사랑은 결실로 맺고 싶었던 두 사람으로서는 삶의 절벽을 느꼈을 것입니다.

또 하나 어려움을 겪었던 사건은 1859년 아들 다니엘과 1862년 큰딸의 죽음입니다. 물론 불의의 사고였지만 리스트는 이 역시 엄청난 충격에 빠졌으며 신앙심이 깊었던 카롤리네는 리스트에게 사제가 되도록 권유했습니다. 이러한 충격적인 사건은 이제 만년에 접어든 리스트에게 인생에 대한 회환을 가져왔고 이런 심정을 잘 표현한 바흐의 칸타타 12번 〈울며 탄식하고, 근심하는도다〉의 제2곡 〈합창〉을 동기로 한 변주곡입니다. 1869년 리스트는 대공의 설득으로 로마를 떠나 다시 바이마르로 돌아왔습니다. 그때 리스트는 이미 독일과 헝가리를 비롯해 전 세계적인 음악가로 명성을 날리고 있었습니다. 또한 그의 명성이 높아질수록 피아노 연주가가 되려고 하는 많은 젊은 학생들이 그의 음악 학교로 모여들었습니다. 그의 집에서 이루어진 피아노 레슨은 젊은 음악도들에게 황금의 기회였을 것임이 틀림없었습니다. 최고의 피아니스트, 그것도 거의 레슨비를 받지 않는 그의 성향이 더욱 그들을 환호하게 만들었습니다.

이러한 명성은 그에게 1870년 헝가리 부다페스트 왕립음악원의 교수로 취임해 주기를 바라는 요청이 왕실로부터 나오도록 만들었습니다. 리스트는 당시 연주 활동과 결혼 문제 등으로 매우 수용하기 어려운 상황이었지만 헝가리인으로서 고국이 어려움을 당했을 때 직접적인 도움을 주지 못했다는 자책감, 조국을 떠나 멀리서 자신만의 삶을 누려왔다는 죄책감 등이 있어 이 요청을 수락하게 되었습니다. 리스트는 연중 3개월 동안만 교수로서의 역할을 수락했고 나머지는 로마와 바이마르에서 생활해야 하는 그야말로 선택의 여지가 없는 나날을 수용했습니다. 그러면서도 헝가리인 리스트의 어느 구석에 방랑벽이 있었는지 세 지역에서의 바쁜 생활에도 지칠 줄 모르고 주어진 책임과 역할을 열심히 수행했습니다. 그러나 결국 이 많은 일과 여행은 그를 피로에 지치게 했고 급기야 폐렴을 앓게 되었습니다.

# 프란츠 리스트, 그 영광의 이름 IV

그냥 자동차를 몰고 집을 나섰습니다. 이미 길 위에서 동쪽으로 가는 고속도로의 자동차들은 불볕으로 숨을 헐떡입니다. 꼬리를 물고 다른 차를 따라가기 싫어 고속도로에서 빠져나와 월정사로 가는 길을 택했습니다. 몇 년 만에 그 길은 많이 변해 있었습니다. 그래도 그 길은 산사로 가는 길가의 초록빛 우거짐이 주는 자연의 넉넉함과 편안함이 있었습니다. 월정사에서 상원사로 가는 10킬로미터 비포장 길은 오후 따가운 햇살을 산그늘에 숨기고 숲속 전나무는 맑은 산소를 차 안으로 가득 담아 주었습니다. 흙길이 주는 신선함과 고즈넉함이 핸들을 즐겁게 합니다.

중학생쯤 되어 보이는 마라토너들이 까만 다리를 길에 뿌리며 차창 옆을 지나고 있습니다. 그 20리를 단숨에 달려갔습니다. 상원사 쪽으로 오르는 길옆에는 아직도 작은 여름 풀꽃이 남아 있습니다.

저녁 공양을 마친 스님들이 조곤조곤 불경을 나눕니다. 하안거(夏安居)를 지내는 중입니다. 그래서 스님들의 걸음걸음은 더욱 정중했습니다.

　프란츠 리스트 시리즈를 마감하면서 그의 음악 세계가 표피적이고 화려하며 세밀한 그림으로 생각하지 말기를 바라는 마음이 간절합니다. 누구나 인생을 말하면 그 우여곡절과 파란만장함이 귀를 열고 다 들을 수 없는 지경이지만 음악가들의 삶 역시 결코 만만하고 화려한 삶이 없었다는 것이 참으로 안타깝고 슬픈 현실입니다. 스스로 밖으로 나타난 음악과 그 음악을 만드는 속마음을 격리하지 않으면 음악가들은 아마 살 수 없을 것입니다. 그래서 그들은 모두 단명했나 봅니다. 그래서 음악가들의 마음은 스님들의 마음처럼 구도적이면서 세속적인 삶의 경계선에 서 있는 힘든 삶이었습니다.


## 1. 만년의 생활

　리스트의 삶은 당시 많은 음악가들의 생활과 비교해 볼 때 비교적 윤택하고 여유로운 삶을 살았고, 건강 측면에도 자기 관리에도 매우 철저했던 것을 알 수 있습니다. 그의 어린 시절 뛰어난 재능과 가정의 축복 속에 성장하면서 피아노 연주가로 뛰어난 실력을 보여 주었다는 점, 청년기에 마리 다구 부인과 같은 충실하고 진실한 사랑을 나눌 수 있는 여성과의 교제를 통해 심리적으로 안정되고 음악적으로 아름다운 서정성을 끌어낼 수 있는 환경을 가졌다는 점이 또한 긍정적인 요소였습니다. 지난 장에서 알아보았듯이 장년기에 이르러 리스트의 삶은 카롤리네와의 순수한 사랑과 그녀의 헌신적인 보살핌 그리고 튼튼한 재력을 통해 안정된 생활이 보장되었던 점이 온전히 음악 작곡과 연주 활동에 전념할 수 있는 계기가 되었습니다.

원래 음악 활동이라는 것이 경제적으로는 그다지 효율적인 활동이 아니어서 역사상 거의 모든 작곡가나 연주가들이 궁핍과 불안정한 생활로 어려움을 겪어야 했습니다. 그러나 리스트에게는 그런 어려움이 없었습니다. 오히려 베를리오즈나 바그너 같은 친구들에게 그들이 원하는 만큼의 경제적 뒷받침을 줄 수 있었고 또한 그들로부터 빌려준 돈을 회수할 생각도 없었습니다. 그것은 러시아의 대부호 카롤리네와의 동거와 그녀의 헌신적인 경제적 지원이 있었기에 가능했습니다.

그가 1865년에 신부가 되어 속세를 떠나고자 했던 것도 독실한 로마 가톨릭 신자였던 카롤리네와의 약속 때문이었습니다. 그러나 젊은 시절부터 세속적인 즐거움과 쾌락을 즐겼던 리스트가 신부로서의 역할을 잘 수행했으리라는 보장은 없었습니다. 요즘 말로 신의 사도로서의 역할이 쉬운 일은 아니었을 것입니다. 그래서 주변의 옛 친구들마저 "신부복을 입은 메피스토펠레스"라는 조롱을 했을 정도입니다. 잘 알다시피 메피스토펠레스는 소설 『파우스트』에 나오는 악마로서 구약성경 욥기를 재해석했다는 말이 있습니다.

욥기에서 욥은 끊임없는 불평과 불만을 신에게 끄집어내어 신을 당혹스럽게 합니다. 그러면서도 인간의 나약한 모습에 스스로 위로하기도 하고 괴로워하기도 합니다. 이것은 사탄의 이중적 인격을 표현하고 있는데 리스트의 이중적 생활을 두고 그를 잘 아는 옛 친구들이 조롱을 한 것입니다.

1869년에는 바이마르로 돌아와 그의 명성을 듣고 찾아오는 다양한 젊은 피아니스트들을 상담하고 가르치는 역할을 했습니다. 달베르트, 로젠탈 등이 이때 가르친 제자들인데 이들은 후에 훌륭한 피아니스트로 활동했습니다. 리스트는 만년에 부다페스트에서 일할 기회가 있었는데 그는 이를 흔쾌히 수락합니다. 헝가리 부다페스트 왕립음악원 초대 학장이었는데, 그는 고국이면서도 전쟁이나 혁명이 일어났을 때 돕지 못했던 점에 대해 늘 죄의식을 덜 수 있는 기회로 삼았습니다. 이때가 1870년이니까 리스트로서는 마지막 공직이라고 말할 수 있습니다. 1년에 3개월 동안 체류하면서 교육자로서의 마지막 역할에 그는 충실했습니다.

## 2. 세 가지 일

리스트가 만년에 가졌던 공식적인 일들과 역할이 너무 많았던 것은 그의 건강에 매우 좋지 않은 요소로 작용했습니다. 그 일들은 크게 세 지역으로 나누어 볼 수 있는데 자신이 뿌려 놓은 인연 때문에 어쩔 수 없이 시간을 쪼개어 이곳저곳을 돌아다녀야 했습니다. 로마에서는 작곡과 연주 활동, 또 카롤리네와 살았던 추억이 되새겨져 떠날 수 없었던 것 같습니다.

특히 로마에서의 삶이 리스트에게 중요했던 것은 카롤리네의 이혼 절차가 로마에서 벌어지고 있었기 때문이기도 합니다. 카롤리네는 전 남편과의 이혼 수속을 정리하기 위해 많은 경비와 시간을 투자했습니다. 1860년 로마 교황청의 허락으로 순탄하게 진행되는 듯했지만 그녀의 재산이 리스트의 고국인 헝가리나 독일로 이전될 것을 두려워한 러시아 황제의 집요한 방해로 결국 결혼은 허가되지 않았습니다. 자신의 딸 마리는 러시아 귀족 호헨로헤와 결혼한 상태였고 이들은 교황청에 카롤리네의 결혼에 대한 이의를 신청했던 것입니다. 교황청은 결혼식 이전에 제3자의 이의가 있을 때는 결혼식을 연기하고 이 문제를 해결하도록 했기 때문입니다. 리스트가 50세 되던 때입니다. 결국 카롤리네와 리스트는 그렇게 원했던 정식 결혼을 포기하고 딸 마리에게 모든 상속권을 물려주게 됩니다. 그 이후 두 사람의 삶은 종교적 논문이나 제자들의 방문과 그들에 대한 권면 등으로 소일합니다.

바이마르 역시 바그너가 1848년부터 61년까지 그의 전성기를 구가했던 중요한 도시였고 만년에도 그러한 그의 존재를 가장 잘 존중해 주었던 도시였습니다. 더구나 그곳은 자신의 딸 코지마가 바그너와 함께 결혼해 둥지를 튼 도시이기도 했습니다. 물론 리스트는 코지마와 바그너와의 결혼에 적극 반대했던 것이 사실입니다. 그러나 나중에는 그들을 이해하고 적극적으로 사위에 대한 도움과 경제적 지원을 아끼지 않았습니다. 물론 여기에 필요한 재정은 거의 모두 카롤리네의 상속 재산에서 나올 수 있었습니다. 그러니 리스트가 이곳을 삶의 근거로 삼지 않을 수 없었을 것입니다.

세 번째 일은 부다페스트 왕립음악원 학장으로서의 일입니다. 1년이면 3개월간을 이곳 부다페스트에서 머물며 교육자로서의 역할을 감당해야 했던 리스트는 고국에 대한 마지막 봉사로 알고 제자들을 양성하고 가르치는 일에 매우 열성적이었습니다.


## 3. 잊힘과 죽음

리스트는 전기했듯이 마지막 10여 년 동안 유럽 각지를 돌아다니며 열정적으로 자신의 역할을 수행했습니다. 그러나 로마, 바이마르, 부다페스트 외에도 영국과 프랑스 오스트리아, 벨기에 등 사실상 유럽 전 지역을 돌며 자신의 작품을 연주하고 알리는 일에 충실했습니다. 그가 죽음을 맞이하게 된 원인도 이렇게 건강을 생각하지 않는 음악에 대한 열정과 연주 여행 때문입니다. 1886년 삶의 마지막이 된 여행은 사위이자 친구인 바그너의 음악극(Singspiel) 〈파르지팔〉을 들으러 바이로이트(Bayreuth)에 방문하게 된 것이었습니다. 독일 남부 바이로이트로 가는 길은 춥고 어두웠습니다. 그러나 바그너가 지향하는 미래의 음악과 독일적인 전통의 음악극을 이해하기 위해서 리스트는 달려갔습니다. 그런 리스트는 많은 동료와 제자들에게 자신의 인내와 미래 음악에 대한 이해를 토론하기 좋아했습니다. 그리고 자신의 작품에 이러한 새로운 성향을 도입하고 도전하기 위해 노력했습니다. 청중들이 이러한 시도를 좋아하든 좋아하지 않든 그것은 문제가 되지 않았습니다.

리스트는 제자들에게 관대했지만 그들로부터 오해를 받기도 했습니다. 그러나 반격을 할 수 없었던 이유는 그가 독일 태생이 아니라는 점과 외국인으로 살고 있다는 점들이 작용한 것 같습니다. 오히려 리스트는 이에 굴하지 않고 열심히 자신의 음악을 전파했습니다. 그럴수록 많은 신진 작곡가들을 만나고 그들을 음악계에 소개하는 일을 열심히 했습니다. 그중에 후에 역사에 남은 작곡가들은 러시아 작곡가 보로딘, 노르웨이 작곡가 그리그 등입니다. 그들을 만나 음악적인 충고와 작곡에 관한 토론을 즐겼습니다. 누구나 인생을 마감할 때면 주위로부터 서서히 잊히게 마련입니다. 활동도 뜸해질 뿐 아니라 자신이 성취했던 모든 자산들이 점차 새로운 시대의 빛에 가려지기 때문입니다. 리스트 역시 사람들로부터 잊히고 한물간 작곡가로 받아들여지는 시대 변화에 심한 모멸감을 느끼기도 합니다. 그러나 역사는 또 다른 인물과 사상을 요구하고 있었습니다. 미래의 음악 즉 인상주의 음악이 도래하고 있었습니다. 리스트는 이러한 시대의 변화를 잘 알고 적응하며 자신만의 역할을 마무리했습니다.

오페라와
조아키노 로시니

# 오페라와 조아키노 로시니 I

1607년 몬테베르디가 이탈리아의 만토바에서 고대 그리스의 설화 〈오르페우스〉를 극음악으로 공연하자 당시 이탈리아의 사회는 그 무대 장치의 아름다움과 대본의 문학적 흥미, 그리고 여기에 곁들여진 아름다운 가수들의 노래와 춤을 한꺼번에 감상할 수 있게 된 새로운 예술 장르를 접하고 흥분과 경이로움으로 가득했습니다.

이제 대중들은 그들이 읽고 상상했던 고대 영웅들과 신들의 기적, 그들의 도움과 소망들이 무대 위의 허구적 현실 속에서 태어났음에 열광했습니다. 그들은 고대인들의 전쟁과 평화 그 한가운데 실존했던 무한한 가능성의 존재들이 노래와 극적 대사를 통해 등장하자 자신의 온갖 희망과 꿈을 오페라에 대입해 소위 대리 만족을 구했습니다. 이 오페라라고 하는 새로운 예술 장르의 출현을 통해 대중들은 음악이 한낱 소리와 리듬의 표현이 아닌 자신의 꿈과 욕망을 그려 낸 흥미로운 스토리와 역동적인 행위가 함께 존재하는 가능의 세계로 다가왔습니다. 사람들은 오페라라고 하는 가능성의 세계에서 마치 자신의 감정과 상상의 세계를 발견한 양 그 재미 속에 빠져들기 시작했습니다.

## 1. 오페라의 의미

문학 특히 소설은 현실적으로 가능성이 농후한 사람들의 이야기를 작가의 상상력과 문학적 형식을 통해 독자에게 하나의 가상 현실과 같은 착각을 유도함으로서 흥미를 유발하게 됩니다. 마치 소설 속의 등장인물이 자신의 처지나 미래의 어느 시점인 양 착시 현상을 가지게 함으로써 그 인물과 스토리 속으로 깊이 빠져들게 됩니다. 이것은 결국 독자로 하여금 문학적 현상을 감성적으로 자신의 행위 패턴 속에 천착하게 되고 결국 의식의 흐름은 독자 개인의 본성과 결합해 하나의 성품 내지는 인격을 만들어 냅니다. 다시 말해 문학은 역사적으로 인간의 삶에 관여하고 이는 새로운 정치 사회적 변화를 꿈꾸게 합니다.

오페라의 시작은 이렇게 문학의 허구적 현실을 통해 고대사회에 존재했던 다양한 신들과 자신이 꿈꾸어 왔지만 이룰 수 없는 대업에 대한 현실적 처지를 영웅들의 역할들에 대한 막연한 기대와 대리 만족을 통해 실현하려 했던 것입니다. 물론 여기에는 1000년 동안이나 그들의 생각과 생활 패턴, 나아가 그들의 생과 사를 철저하게 관장했던 중세 기독교 신앙의 종교적 윤리에 대한 거부감도 매우 컸습니다. 기독교적 시각으로 보면 인간의 본성은 악하고 철저하게 이기적이어서 언제나 죄악과 범죄의 가능성을 가지고 살아간다고 보는 것이지요. 그러나 고대인들의 종교관은 이와 다른 현실적이고 그럴듯한 이야기를 가지고 접근합니다. 그러니까 문학은 이성적으로 어떤 현상이 존재할 수 있느냐 없느냐보다 그 역할의 가능성이나 과장된 스토리에 더 큰 재미를 갖게 되는 것입니다.

다시 말해 오페라는 얼마나 사람들의 감성에 호소할 수 있는가, 얼마나 사람들 각자의 삶에 접근하는 내용인가, 얼마나 그들의 감정을 동요시킬 수 있는가만이 작가의 관심사였습니다. 물론 마녀나 요정, 괴물이나 정령, 땅속 동굴이나 미지의 바다처럼 흥미롭고 긴장되는 고대의 작품들 속에서 묘사된 것이라면 이는 대중들의 관심과 호기심을 끌기에 충분한 이유가 되었습니다.

왜 그들은 이러한 이상한 것들에 대해 동경하거나 관심을 갖게 되었을까요? 앞에서 언급했듯이 사람들은 자신이 처한 형식이나 윤리 그리고 사회적 신분의 굴레를 벗어나 마음껏 자신을 자유롭게 혹은 익살스럽게 표현해 보기를 원했던 심리적 만족에 충실할 수 있었던 것입니다.

## 2. 오페라의 시작

몬테베르디의 오페라 〈오르페오(Orfeo)〉가 공연된 것은 1607년이지만 사실 이보다 몇 년 앞서 오페라는 시작되었습니다. 그것은 야코포 페리가 1598년 작곡한 〈다프네(Dafne)〉였으며 이후 카치니 등이 〈에우리디체(Euridice)〉를 작곡했습니다. 이들 오페라는 그리스의 설화를 〈리누치니〉라고 하는 당대의 유명한 희곡 작가에 의해 가사로 개작되었습니다. 그러나 몬테베르디의 작품은 이들의 내용보다 더 알차고 재미있었기 때문에 대체로 그의 〈오르페오〉를 오페라의 시작으로 보는 견해가 큽니다.

이후 몬테베르디는 1640년 〈오디세우스의 귀향〉, 1642년 〈포페아의 대관〉 등을 발표하면서 당시 최고의 오페라 작곡가로 이름을 떨치게 됩니다. 그런데 이들 작품이 갖는 중요한 변화를 보면 인문주의적 작품성이 강하다는 점, 또 대중의 예술적 아름다움에 대한 기대감 등이 점차 커진다는 점입니다. 이는 르네상스라는 어휘가 의미하듯이 고대 인문주의 사회에 대한 당시 대중의 열망이 반영된 것이라는 점, 그들은 이제 피동적인 예술 작품의 무대가 아니라 주인공으로서 작품의 내용을 주도하고 이를 수용하는 수준 높은 감상자의 영역에 포함된다는 점입니다.

1637년 베네치아에서는 이들 대중에게 귀족과 동일한 오페라 작품을 감상하고 수용할 수 있는 자격이 주어지게 됩니다. 그들 대중은 예술 작품의 적극적 수용자이자 소비자로서 이탈리아 오페라의 발전에 큰 기여를 하게 됩니다. 처음에 오페라는 앞서 말했듯이 영웅들에 대한 업적이나 이적을 소개하고 칭송하는 내용으로 출발하지만 차츰 여기에 인간적인 따스함과 감정을 포함시킴으로써 사람들로 하여금 친밀감과 재미를 더하게 됩니다. 소재 역시 소설이나 역사상 유명한 사건들 혹은 이성 간의 사랑 이야기 등으로 그 영역을 확대하기에 이릅니다. 따라서 음악도 보다 세밀하고 역동적인 감정 표현을 요구하기에 이르렀으며 선율이나 화성의 내용도 점차 풍부하고 효과성 있는 내용으로 꾸며지게 됩니다. 또한 카스트라토(Castrato)의 출현으로 남성의 여성성을 부각한 노래들이 흥미와 아울러 기교적으로 매우 수준 높은 영역으로 발전하기에 이릅니다.

이러한 가수들에 대한 기교나 재미는 전문 성악가를 길러 내는 계기가 되었고 대중은 이들에 대한 기대와 희망을 간직함으로써 오페라의 인기는 계속될 수 있었습니다. 다시 말해 오페라의 내용이 사람들의 일상생활과 그 안에서 일어나는 갈등을 다룸으로써 청중은 더욱 오페라의 내용에 대해 호기심과 기대를 갖게 되고 자신도 극 중의 일부로서 관여하게 됩니다. 이 갈등의 해결은 결국 정의와 선이 승리함으로써 힘없는 대중의 마음을 안도하게 하고 자신의 삶이 결코 정의로운 삶에서 벗어나지 않은 정당한 것이라는 믿음을 주게 됩니다. 오페라를 통해 청중들은 일단의 사회적 공감대를 형성하고 이는 정의 사회 속의 구성원으로 자신이 스스로 행복감과 소속감 나아가 정의를 실천하는 명예로운 시민임을 자각하는 계기가 됩니다.

이러한 진지하고 현실적인 내용의 오페라를 사람들은 "오페라 세리아(Opera seria)"라고 부르게 됩니다. 이와 반대로 이러한 진지하고 정의로운 내용 권선징악을 그리는 오페라에서 벗어나 오로지 재미와 흥미만을 추구함으로써 청중을 웃기고 재미있게 만드는 오페라를 "오페라 부파(Opera Buffa)"라고 부르면서 또 다른 예술 세계를 개척해 가고 있었습니다.


## 3. 조아키노 로시니의 오페라

조아키노 로시니(Gioacchino Antonio Rossini, 1792~1868)는 19세기 전반 이탈리아를 중심으로 활동했던 가장 중요한 오페라 작곡가입니다. 인간적인 면에서 볼 때 로시니의 생활 태도와 습관은 매우 게으르고 낙천적인 데다가 스테이크 요리에도 일가견이 있어 식도락가로도 유명했습니다.

로시니는 1792년 이탈리아 페자로라고 하는 작은 마을에서 호른 연주가였던 주세페 로시니와 오페라 가수였던 안나 구이다리니 사이에 태어났습니다. 그는 양친이 음악가였기 때문에 음악적인 관심과 분위기 속에서 지냈습니다. 그러나 당시 아드리아해 주변의 국가들은 나폴레옹과의 전쟁에 대한 공포로 어수선했습니다. 주세페는 당시 프랑스와의 전쟁으로 희생양이 되어 한때 감옥에서 지내기도 했습니다.

독자들은 베토벤이 어떻게 자신의 자존심과 민주주의에 대한 소망을 가지고 작곡에 임했는지 기억하실 것입니다. 당시 힘없고 가난한 시민이라면 나폴레옹의 시민군에 대한 기대와 심리적 협력에 동참하지 않은 사람이 없었을 것입니다. 로시니의 부친 주세페 역시 이러한 심리적 지지로 이 전쟁의 결과에 희망을 걸었을 것입니다. 그러나 이탈리아 왕정은 그대로 이를 두고 보지 않았습니다. 자신의 정치적 법통 유지를 위해 이에 반대하는 사람들은 처벌하는 분위기였기 때문입니다. 로시니는 10세를 전후해 아버지로부터 호른(Horn)을 배웠고 14세에는 볼로냐의 음악 학교에 입학해 안젤로라는 신부로부터 음악을 배웠습니다. 천부적인 음악적 재능을 가졌던 로시니는 15세에 리체오 무지칼레에 입학해 스타니슬라오 신부로부터 피아노와 관현악, 그리고 성악까지 체계적으로 배울 수 있었습니다. 그가 1810년 첫 오페라를 작곡하기까지 별다른 작품이 없었는데 이는 음악학도로서 음악의 여러 분야에 대해 철저하게 학습에만 몰두했다는 증거입니다. 더구나 교회의 엄격하고 절도 있는 학교생활에서 그가 자신의 음악적 재능만을 믿고 음악계가 요구하는 작곡 활동을 시도하기는 어려웠을 것입니다.

# 오페라와 조아키노 로시니 II

　누구나 어떤 일에 대타가 되는 것은 그리 유쾌한 일은 아닐 것입니다. 제작자에게는 원래 계획된 작업을 변경해야 하는 번거로움이 있고 연주자나 작곡자 입장에서는 갑작스러운 선택으로 인한 반가움과 충격이 동시에 혼재하는 복잡한 심정을 정리해야 하는 부담을 극복해야 하는 있을 것입니다. 그러나 이런 상황을 잘 이용하면 단 한 번에 유명세와 경제적 부를 움켜쥘 수 있는 절호의 기회가 될 수도 있을 것입니다.

　로시니의 경우 이러한 기회가 온 것은 베네치아의 성 모이제 극장에서 공연 예정이던 단막 코믹 오페라 〈혼인 보증 수표〉가 취소되면서 그에게 차례가 돌아온 일일 것입니다. 1810년, 그러니까 그가 18세가 되던 해에 작곡된 이 오페라 이후 로시니는 그의 생애 초기 10여 곡 중의 다수를 이때부터 쓰기 시작했습니다.

## 1. 로시니의 작품 유형

"로시니의 양식은 그칠 줄 모르고 흐르는 선율과 날카로운 리듬, 명확한 악구, 잘 정돈되고 독창적인 악절 구조, 여유 있는 음 조직법, 악기들의 특성을 고려한 깨끗한 관현악법, 복잡하지 않지만 종종 독창적인 화성 구성이다."[9]

이 글은 음악사 교재로 유명한 그라우트가 로시니에 대해 언급한 내용입니다. 그라우트의 말대로 로시니의 관현악 반주는 매우 신선하고 깔끔하며 재미있게 만들어져 있습니다. 특히 호른에 대한 지식이 풍부했던 그는 〈도둑 까치〉, 〈세빌리아 이발사〉 등의 서곡에서 나타나듯이 경쾌하고 재미있는 선율을 현악기의 반주에 실어 표현하기도 했습니다. 이 단막 오페라는 당시 오페라의 광풍이 불고 있던 이탈리아의 팬들에게 신선한 충격을 주었고 그의 관현악법과 극적 전개에 대한 천부적 재능을 알리고 인정받는 중요한 음악이 되었습니다.

19세기 초 이탈리아의 오페라에 대한 인기는 오늘날 TV의 드라마와 같이 중년 여성들에게 특히 인기가 많았는데 제작자의 입장에서는 가능한 한 짧은 단막극을 만들어 무대를 자주 회전하는 것이 이익이었을 것입니다. 그래서 1막 혹은 2막짜리 단편 오페라가 만들어졌고 배경 무대 장치도 하나로 통일했으며 연출가 한 명에 출연진도 극히 단순화했습니다. 나머지 극 중 줄거리나 내용은 청중

---

9  Grout & Palisca, 2000

들의 상상에 맡기는 형상이었지요. 로시니가 활동했던 산 모이제 극장은 첫 번째 작품 〈혼인 보증 수표〉의 대성공 이후 많은 작품을 그에게 위임했습니다. 약관 20세의 나이에 그는 이렇게 출세가 보장된 가도를 달리고 있었습니다.

불과 1년 남짓한 기간 안에 그는 7편의 오페라를 썼습니다. 그 작품들은 오페라 세리아의 생소하고 어두운 모습과 달리 로시니의 성격과 취향대로 코믹하고 유쾌한 표정을 갖고 있었습니다. 특히 그의 관현악법은 당시 우울하고 칙칙한 오페라의 유형과 달리 현악기의 부드럽고 느슨한 선율 위에 빠르고 유쾌하게 움직이는 관악기의 사용을 즐겼기 때문에 많은 사람들로부터 파격적인 사랑을 받았습니다.

## 2. 탄크레디(Tancredi)의 사랑

로시니의 오페라는 주로 부파(희극)로 작곡했고 그런 스타일에 익숙해져 있었습니다. 그러나 이 작품은 그가 쓴 최초의 세리아(비극)로서 그 규모가 크고 등장인물과 구성이 매우 복잡해서 당시로서는 대작에 속했던 2막의 음악극입니다. 로시니가 20세에 작곡한 이 작품에 대해 스탕달은 그 순수한 청년들의 사랑 이야기가 매력적이고 기품 있는 음악이라고 칭송했다고 합니다. 이 음악의 줄거리를 간단히 알아보면서 로시니의 음악 세계를 잠깐 들여다보려고 합니다.

이 곡은 중세의 유명한 소설가 볼테르의 작품으로 가에타노 로시가 대본을 만들었고 로시니에 의해 1813년 베네치아의 페니체 극장에서 처음 연주하게 되었습니다.

주인공 시라쿠사(Syracuse)의 기사 탄크레디(Tancredi)는 공주 아메나이데(Amenaide)와 사랑하는 사이지만 국왕 아리지리오(Arigirio)의 눈 밖에 나서 추방당합니다. 국왕 아리지리오와 견원지간인 늙은 귀족 오르바자노(Orbazzano)는 정치적으로 힘을 합쳐 사라센의 침략을 막아야 하는 입장에서 그가 원하는 공주 아메나이데를 후처로 준다는 약속을 받고 전쟁에 동참을 약속합니다. 공주 아메나이데는 아버지가 정치적 이유로 자신을 나이 많은 오르바자노에게 시집보내려 한다는 사실을 알고 추방당한 연인 탄크레디에게 알려 빨리 귀국해 자신의 결혼을 막아 주기를 바랍니다. 탄크레디는 소식을 듣고 메시나로부터 몰래 귀국해 아메나이데에게 기별하지만 그녀는 여건이 불리해서 모른 척합니다.

2막에서 오르바자르는 자신의 청혼을 거부한 아메나이데를 사형시키라고 아리지리오에게 요구합니다. 그녀는 감옥에서 아메나이데에게 서신을 보내 국가와 아버지로부터 배신을 당한 것이며 자신은 탄크레디만을 사랑한다는 뜻을 전합니다. 이에 탄크레디는 연적인 오르바자노에게 결투를 신청하고 그를 죽입니다. 그러나 사라센의 지도자 솔라미어가 아메나이데와 결혼을 요구하며 도시를 포위하게 됩니다. 탄크레디는 여기서 아메나이데의 진심을 오해하게 되지만 아리지리오에게 신분을 속이고 사라센과의 전투에 참여하게 됩니다. 이 전투에서 심각한 부상을 입었지만 승리합니다. 그는 아메나이데를 만나 결혼을 약속하고 부친 아리지리오의 오해도 풀려 추방령도 취소되지만 전투 중 부상으로 인해 죽게 됩니다.

이 작품은 아메나이데라는 여성을 차지하기 위한 세 명의 젊은 남자들, 그리고 자신의 딸까지도 정적에게 바치며 정권을 유지하려 했던 왕과 주변의 정적들, 이 과정에서 암투를 벌이는 장면이 흔히 볼 수 있는 중세의 실존적 소설이지만 로시니의 음악적 재능이 가미되면서 더욱 세련되고 유명해진 오페라가 되었습니다. 그의 오페라는 순수한 사랑의 힘이 나라를 구할 수 있었다는 젊은이들의 일반적인 이슈를 극화함으로써 인기와 관심을 동시에 받을 수 있었고 이 오페라의 성공을 통해 자신의 출세를 보장받는 중요한 계기도 만들게 됩니다.


## 3. 로시니의 초기 작품과 특징

로시니는 1810년 〈탄크레디〉를 작곡한 이후 2년 만에 7곡이나 발표하게 되는데 이러한 다작의 이면에는 이전 작품의 멜로디와 일부를 패러디 형식을 통해 새 작품에 인용하게 됩니다. 이는 두 가지 효과를 얻게 되는데 청중들로 하여금 이전 멜로디로부터 받았던 음악적 친밀감과 작곡 시간의 절약입니다. 더구나 로시니 자신의 천부적인 쾌활한 성격과 경쾌한 음향, 그리고 막힘없는 리듬으로 듣는 사람들은 늘 편하고 유쾌하게 오페라를 즐길 수 있었던 것입니다. 특히 서곡에서 로시니는 리듬과 선율의 활기찬 움직임으로 청중들에게 오페라의 전체적인 흐름과 분위기를 느낄 수 있도록 만들었습니다. 이러한 점이 로시니의 음악을 어쩔 수 없이 좋아하게 하는 요인입니다.

또 다른 특징은 관악기의 적절한 사용입니다. 특히 호른과 같은 특수 악기를 현악기의 반주에 맞춰 경쾌하게 인용하면서 독특하고 세련된 음향 효과를 얻게 됩니다. 독주파트의 유연성, 활기, 경쾌함이 반주 오케스트라의 풍부한 화성적 뒷받침으로 더욱 빛을 내는 형태입니다. 보다 따스하고 정감 있는 선율선, 특이한 독주부의 관악기들과 이들의 경쾌한 움직임이 청중들에게는 매력적으로 다가오게 된 것입니다.

1815년경에 로시니는 이탈리아 대부분의 도시에서 공연하는 인기 작곡가로 등장합니다. 그러나 남부 시칠리아의 수도라고 할 수 있는 문화의 자존심 나폴리에서는 아직 나이 어리고 경험이 없는 로시니를 받아들일 마음이 없었습니다. 그런 음악 천재들이 곳곳에서 등장했다가 사라지는 세계가 오페라이기 때문입니다. 또 나폴리라는 오페라의 천국에서 청중들의 감각은 매우 세련되고 고급스럽기도 했기 때문입니다. 그러나 이러한 문화의 중심지를 이끌던 엔터테이너 바르바이아가 로시니의 천재성을 그냥 둘리는 없었겠지요. 그는 이미 이탈리아 전역에서 인기를 끌고 있는 로시니를 초대해 자신의 극장에서 감독으로 취임케 하고 작품을 의뢰했습니다.

23세의 젊은 나이로 로시니는 나폴리의 가장 유명한 2개의 극장 감독이 되었습니다. 이곳에서 처음으로 발표한 작품이 대본 작가 조반니 슈미트의 〈영국 여왕 엘리자베타 1세〉입니다. 이 작품을 통해 로시니는 차츰 장식적인 선율선과 화려한 화성을 구사하면서 음악적 자기 세계를 모색합니다. 그러나 이러한 선율 기법도 새로운 창의성에서 나온 것이 아니라 이전 작품의 선율을 차용하거나 재창조한 것들이어서 처음 보는 신출내기 작곡가에 대한 일종의 적대감을 극복해 보려 했던 것으로 보입니다. 요즘은 자신의 작품이라 할지라도 이전에 공연했던 작품에서 일정 부분을 차용하거나 변형한다면 창조적인 예술가로 인정받기 어렵겠지만, 19세기 초 오페라의 시대를 맞으면서 오페라에 있어서만큼은 오락과 휴식의 개념으로 '재미'라는 요소가 '창조적 정당성'을 무색하게 만드는 이유가 되기도 하던 시대였습니다.

# 오페라와 조아키노 로시니 III

요즘은 오페라나 관현악이나 음악을 연주하는 것이 집단화되어 있고 조직화하여 있어 연주가는 연주에 전념하고 작곡가는 작곡에만 전념하는 시대입니다. 그러나 19세기 유럽의 공연계에는 이런 문제가 매우 불투명하고 불합리했던 것으로 보입니다. 특히 작곡가의 경우 흔히 작곡을 하고 이를 무대에 올리기 위한 모든 음악적인 작업을 도맡아 하는 것이 관례였습니다. 그러나 그 작업에 대한 별도의 수고비를 받는 일은 없었습니다. 로시니의 경우 매니지먼트 사의 책임자였던 '도메니코 바르바이아'라는 존재를 알게 된 것은 운명적인 것이었습니다. 그를 만남으로 오페라의 최고 흥행지였던 나폴리에서 외지의 이름 없는 작곡가가 일약 유럽 최고의 오페라 작곡가로 성장할 수 있었습니다.

## 1. 나폴리에서 최고가 되다

나폴리는 이탈리아 최고의 음악 도시이자 오페라에 있어서만큼은 가장 선진화된 도시였습니다. 누구나 오페라 작곡가로 인정받기 위해서는 나폴리 시민의 인정이 필요할 만큼 자긍심이 컸던 도시입니다. 그런데 이 도시가 이렇게 음악 중에서도 가장 고비용의 화려한 구성과 스태프가 필요한 분야에서 독보적인 위치를 차지하게 된 것은 이곳 나폴리의 지정학적 역할을 무시하고는 말할 수 없을 것입니다.

18~19세기 항해 시대를 맞은 유럽의 각 도시들은 동서양의 무역을 중심으로 경제적 활기를 찾게 되었습니다. 스페인이나 포르투갈, 그리고 프랑스와 영국과 같이 바다를 연해 있는 대국들이 대륙을 오가는 범선을 만들어 중국이나 인도 등지의 지역 특산물을 유럽으로 들여오기 시작했습니다. 당연히 이곳을 지나는 많은 무역선들은 중간 기착지로 나폴리나 콘스탄티노플 같은 항구 도시를 경유했습니다. 그곳에서 상품을 교환하거나 판매하면서 무역상들은 많은 돈을 풀어놓기 시작했던 것입니다. 돈이 있는 곳에 음악이 있음은 우리가 음악이 중세로부터 현대에 이르기까지 발달해 간 도시나 국가를 연필로 그려 보면 잘 알 수 있을 것입니다. 나폴리는 그러한 무역항으로 이탈리아 최고의 경제적 도시가 된 것이지요.

이러한 도시에 바르바이아 같은 흥행사가 여러 작곡가들에게 오페라 작곡과 그 제작 전반에 대한 관리를 의뢰한 것은 결과적으로 매우 효과적이었습니다. 다만 오늘날처럼 저작권법이나 작품에 대한 독점 사용에 대한 협약 같은 제도가 없던 시대였기 때문에 상대적으로 작곡가들은 많은 불합리한 대접을 받을 수밖에 없었습니다. 1815년까지 로시니는 이탈리아 전 지역의 극장에서 공연되었지만 나폴리는 도시 특유의 분위기로 타 지역 작곡가의 활동을 용인하지 않았습니다. 그 다리 역할을 한 사람이 도메니코 바르바이아였습니다. 그는 1778년 밀라노 태생의 가난한 심부름꾼이었지만 천성적으로 부지런하고 사업에 대한 안목이 깊어 당시 이탈리아를 비롯한 유럽 전역에서 공연 기획자로 명성을 날리고 있었습니다. 그런 그가 로시니의 재능을 몰라볼 리 없었습니다. 그는 나폴리의 성 카를로 극장, 누보 극장, 빈의 케른트너토어 극장, 안데어 빈 극장, 밀라노의 스칼라좌, 카노비아나 극장 등의 예술 감독으로 활동하면서 많은 음악가들의 공연 활동에 중요한 역할을 했던 사람입니다.

로시니의 오페라게 등장은 사실 이 바르바이아의 눈에 띄었기 때문으로, 인간 사회에서 만남의 중요성은 이렇게 설명되어지기도 합니다. 1815년부터 22년까지 바르바이아는 자신이 경영하던 극장의 감독으로 로시니를 임용했습니다. 로시니는 음악적 자존심이 강한 나폴리 시민들의 질시와 야유를 잠재우고 차츰 자신의 영역을 넓혀 나갔습니다.

## 2. 〈세빌리아의 이발사〉

나폴리 극장에서 바르바이아와 맺은 로시니의 계약 조건은 오늘날과는 많은 차이가 있습니다. 이 당시는 작곡하고 배우를 선정하며 그들을 훈련시키고 관현악단을 연습시켜 흥행사의 입맛에 맞는 작품을 무대에 올리는 모든 작업을 작곡가 스스로 해 내야 했던 것입니다. 작업에 대한 분담이 요즘처럼 체계화되지 못한 것도 원인이지만 작곡에 대한 저작권법이 없었던 때문입니다.

로시니는 여러 곳에서 자신의 작품이 동시에 공연되고 있었지만 그에 대한 작품 사용료는 전혀 받지 못했습니다. 로시니의 오페라 중 오늘날까지 많은 인기를 얻고 있는 것은 〈세빌리아의 이발사〉일 것입니다. 이 오페라는 1816년 로시니가 24세 때의 작품으로 전통적인 오페라 부파의 대표적인 것입니다.

작곡 배경을 보면, 1816년 로마의 아르젠티나 극장장인 체잘리니의 작곡 의뢰에 따라 만들어졌습니다. 프랑스 작가 보마르세의 풍자극 3부작 『세빌리아의 이발사』, 『피가로의 결혼』, 『죄 있는 어머니』 중 첫 번째 것을 이탈리아 작가 스테르비니가 대본으로 만든 것입니다. 로시니는 이 대본을 받아 불과 13일 만에 전곡을 완성했다고 합니다. 매우 게으름뱅이여서 작곡을 미루다 약속한 날이 닥치면 급히 써 내려가는 스타일이라는 그에게는 매우 특이한 작품입니다. 그러나 그것은 로시니의 순진하고 태평스러운 작곡 스타일일 뿐 책임을 회피하거나 작품을 소홀히 하지는 않는 성격입니다. 이 작품의 줄거리를 보면 프랑스 혁명이 왜 일어나게 되었는지 그 당시 귀족 계층의 일탈과 비윤리적 성향이 어떻게 이루어지는지가 잘 드러나 있습니다.

줄거리는 이렇습니다. 스페인 귀족 알마비바 백작이 꾀가 많은 피가로의 도움으로 우여곡절 끝에 젊은 여자 상속자인 로지나와 결혼을 하게 된다는 이야기입니다.

1막에서는 젊은 백작 알마비바가 상속녀 로지나를 좋아하지만 그녀는 이미 바르트로라는 다른 백작의 사랑을 받고 있습니다. 꾀 많은 세빌리아의 이발사 피가로가 우연히 이 광경을 보게 되고 알마비바를 돕기로 합니다. 알마비바는 로지나의 창가에서 사랑의 노래를 부르며 로지나의 사랑을 구합니다. 그녀는 바르트로가 자신의 재산 때문에 접근해 오는 것을 탐탁지 않게 생각하고 있었는데 젊고 잘생긴 알마비바가 등장하자 마음이 변하게 된 것입니다. 여기에 피가로의 재치가 일을 재미있게 만들어 갑니다. 피가로는 알마비바가 변장해 바르트로의 집에 하룻밤 묵어가게 해 달라고 한 뒤 기회를 보아 로지나와 만나 사랑을 고백하는 내용의 계획을 짭니다. 이러한 분위기를 알아챈 바르트로는 빨리 로지나와 결혼식을 올리는 것이 해결책이라고 생각합니다. 피가로의 기지로 바르트로의 집에 들어온 백작 알마비바는 로지나에게 접근해 자신의 신분을 밝히고 사랑을 고백합니다. 로지나는 다른 사람으로 신분을 숨기고 있던 사람이 알마비바 백작인 것을 알고 서로 사랑을 확인합니다.

이 오페라에는 두 가지 팩트가 있습니다. 하나는 돈 많은 상류 계층의 여인을 두고 두 사람의 엘리트 계층의 남자가 벌이는 사랑싸움을 당시 부유층에 대한 비난의 성격으로 해석할 수 있다는 점입니다. 당시 귀족 계층의 행동이나 부에 대한 탐욕은 사회적으로 그리 큰 문제가 되는 것은 아니지만 지도층의 엘리트 사이에서는 이것이 부패와 부도덕의 일반적인 형태로 지탄받을 만한 이야기임을 내심 인정하고 있었다는 사실입니다. 둘째는 하층민도 얼마든지 자신의 능력과 정의감만으로 사회적인 공헌을 감당할 수 있다는 모범을 보여 주고 있다는 것입니다.

이것은 바로 18세기 계몽주의 사조의 한 흐름이었고 결국 근대적 민주주의 정치 형태를 지향하는 하나의 정신적 일깨움이었다고 말할 수 있습니다.


## 3. 파리에서의 삶과 죽음

로시니는 이탈리아 베네치아, 볼로냐를 떠나 파리와 런던, 그리고 빈으로 연주 무대를 넓힙니다. 그곳에서 호평을 받고, 많은 작품을 남겨 이름을 날렸지만 스스로 독립 기회를 엿보던 로시니는 사업가 바르바이아와 관계를 청산하게 됩니다. 그리고 32세에 파리에 정착하고 이탈리아 극장의 감독이 되어 정착합니다. 나폴리에서 그러했듯이 로시니는 이탈리아 출신의 가수와 작품을 파리에 소개하면서 직접 오케스트라를 지휘했습니다. 파리 시민을 위해 불어 대사의 〈오리 백작〉을, 실러의 극 〈기욤 텔〉 등을 발표해 호응을 얻었습니다. 로시니의 인기는 점점 더해져서 37세에는 가장 이름난 오페라 작곡가로 알려졌습니다.

그러나 그 이후의 삶은 매우 이해하기 어려운 생활입니다. 요즘은 60~70대에도 정력적인 활동을 하는 시대지만 당시 로시니는 그렇지 않았습니다. 천재는 단명하는 것인가? 아니면 음악적 샘물이 모두 소진된 것인가? 그는 76세의 짧지 않은 나이로 세상을 떠났지만 실제로 작곡 활동은 거의 40 이전에 멈춰 버렸습니다. 거의 작곡의 샘물이 말라 버린 40년입니다. 많은 팬들이 그를 다시 보려고 했지만 그는 연금을 받으며 생활을 영위했습니다.

물론 1833년 〈소아레 뮤지컬(Soirees Musicales)〉의 소품집이 있고 친구 작곡가인 마이어베어의 죽음을 위해 작곡한 〈장송곡(Chant funebre)〉 등을 쓰기도 했지만 창작에 대한 열정은 식어 버렸습니다. 그런 이유에 대해 여러 설이 있지만 평소 가진 지병과 예술 풍토가 다른 데서 오는 소외감, 이사벨라와의 파혼, 연금으로 받는 경제적인 안정들이 그를 움직일 필요가 없는 사람으로 묶어 버렸지 않았나 합니다.

은둔자의 삶, 그것이 로시니의 만년이었습니다. 그는 후기에 몇 편의 가곡과 피아노곡, 등 세련되고 감성적인 작품을 남기고 1868년 11월 13일 파리 근교의 별장에서 숨졌습니다. 그의 유해는 이듬해 1887년 이탈리아 피렌체의 산타 크로체 교회에 매장되었습니다.

# 빈첸초 벨리니 I

필자는 가끔 안내와 함께 시설이 좋은 영화관에 팝콘과 콜라를 사 들고 입장해 웅장한 사운드트랙의 음향과 입체 영상을 감상하곤 합니다. 이 영화관의 의자는 인체공학적으로 푹신하게 잘 만들어져 있어 흔히 젊은이들 말로 '불금(불타는 금요일)'의 해방감과 함께 10달러의 호강을 분에 넘치게 누리고 있습니다. 그런데 이렇게 편하고 재미있는 영화관에 결혼 후 30년 동안 한 번도 가 보지 않고 살았다는 게 스스로 놀라웠습니다. "먹고살기 바빠서"라는 표현은 너무 무기력한 것 같고, 습관이 안 되어 그렇다는 말도 너무 군색한 표현인 것 같습니다. 다만 진실에 가장 가까운 대답이라면 현대화된 영화의 엄청난 스케일과 예술성을 미처 의식하지 못하고 살았다는 것이라고 말할 수 있을 것 같습니다.

벨리니(Vincenzo Bellini, 1801~1835)가 태어날 무렵의 이탈리아는

이미 오페라라고 하는 종합 예술의 인기와 재미가 오늘날의 영화나 드라마에 버금가는 즐거움이었습니다.

## 1. 천재 소년 벨리니

벨리니는 1801년 11월 3일 이탈리아의 시칠리아의 가난한 음악가의 집안에서 태어납니다. 그런데 이 시기는 온 유럽이 계몽주의 사조의 거대한 흐름에 편승해 삶의 여유와 풍요를 누리려는 의식이 확산하고 있었습니다. 귀족들만의 예술이 아닌 대중과 서민들의 음악 말입니다. 벨리니의 할아버지는 작곡과 오르간 연주로 생계를 유지한, 당시 시골 마을의 음악 선생님으로 알려져 있었습니다. 그의 아버지 역시 성악가로 교회에서 노래를 부르는 소박한 사람이었습니다. 이러한 음악적 분위기와 DNA가 벨리니를 음악적 천재로 태어나게 한 것 아닐까요?

벨리니는 이미 어린 시절부터 음악적 재능을 나타내 보여 아버지의 노래를 따라 부르거나 피아노를 제법 치기도 했습니다. 음악가들의 생애를 보면 흔히 교회의 성가대나 오케스트라 활동을 통해 키워지게 되는데 벨리니 역시 시칠리아의 작은 마을에 있는 교회에서 음악을 접하게 되었습니다. 그러나 그곳은 음악을 배우고 익히기에는 너무 부족했습니다. 그의 천재성을 알아본 가족과 주민들의 추천으로 1819년, 그의 나이 19세에 나폴리로 유학을 갑니다.

당시 나폴리는 50만의 인구가 사는 남이탈리아의 수도였고 음악적으로도 매우 번성하는 곳이었습니다. 그가 고향에서 이곳 나폴리 음악원으로 유학을 오게 된 것은 남이탈리아의 음악 교육에 있어 중심권이기 때문이기도 했지만, 오페라와 같은 당시 음악의 흐름을 가장 잘 반영한 교육적 환경이 잘 갖춰진 곳이기 때문입니다.

이곳 나폴리 음악원에서 만난 그의 스승은 나폴리 대성당의 콘서트마스터였던 오페라 작곡가 징가렐리(N. Zingarelli)였습니다. 징가렐리는 당시 이탈리아의 많은 오페라 작곡가를 길러 낸 사람으로 독일 고전주의 작곡가들의 화성과 대위법에 능통했습니다. 벨리니 역시 그의 이런 기초적인 작곡 기법을 이어받아 탄탄한 화성적 어법을 전수하였습니다.

학창 시절의 벨리니는 어느 작곡가의 생애처럼 아름다운 소녀와의 첫사랑으로 시작합니다. 벨리니는 어느 귀족 가문의 막달레나라고 하는 어린 소녀에게 성악을 지도하게 되었는데 그만 그녀와 사랑에 빠지고 맙니다. 당연히 그 소녀의 부모는 둘 사이를 갈라놓기 위해 레슨을 금지하고 만남도 방해합니다. 이런 만남은 지금도 '이루어질 수 없는 사랑이니……' 하면서 대중가요의 가사에 자주 등장합니다. 남녀 간의 사랑이 부모의 반대로 무산되는 경우를 보면 대체로 사회적 신분의 차이를 이유로 대는 것이 다수입니다. 그러나 아이러니하게도 벨리니가 오페라 작곡가로 성공을 거두고 국제적인 칭송을 받게 되자 그녀의 부모는 둘 사이를 맺어 주기 위해 만남을 시도합니다. 하지만 이제 국제적인 인물로 성장한 벨리니에게 옛날의 첫사랑은 기억 속에만 존재할 뿐이었습니다.

## 2. 벨리니와 첫 오페라

벨리니는 34세의 젊은 나이로 세상을 떠났지만 그의 오페라 작품에 대한 열정은 스승인 징가렐리나 로시니의 영향에 기인하고 있습니다. 그가 학창 시절 보았던 로시니의 오페라 〈세미라미데〉는 당시 이탈리아 오페라계의 열정 그 자체였으며 벨리니는 그의 작품 구성이나 화성적 진행, 그리고 크레셴도와 같은 다이내믹의 표현 기법을 통해 많은 영향을 받고 있음을 알 수 있습니다. 이제 음악은 모차르트와 하이든을 넘어 베토벤의 예술 세계를 등에 업고 새로운 시대로 나아가고 있었습니다.

벨리니는 자신의 음악이 이러한 새 시대의 조류를 만들어 가고 있음을 알지 못했지만 시대는 이미 서서히 낭만주의 음악으로 가고 있었습니다. 그가 만든 이 시기의 오페라들은 젊은 작곡가에게 새로운 음악을 실험할 수 있는 무대이자 도전이었습니다. 〈아델손과 살비니〉, 〈비앙카와 제르난도〉, 〈해적〉 등은 벨리니를 이탈리아 최고의 오페라 작곡가로 성장하게 하는 출세작이었습니다. 오페라 〈해적〉은 벨리니가 나폴리에서 자신의 존재를 알리고 탄탄한 오페라 작곡가로의 길은 갈 수 있게 만들어 준 작품입니다. 이 역시 낭만주의 음악의 전형적인 모델로 젊은 남녀 간의 사랑 이야기를 주제로 하고 있습니다. 이 작품이 초연된 1827년은 벨리니의 나이 27세가 되던 해입니다. 인생에서 가장 혈기 왕성하고 남녀 문제에 민감한 시절이기도 합니다. 막달레나와의 첫사랑 실패 이후 그가 국제적으로 유명해지자 그녀와 가족으로부터 애절한 구혼의 메시지가 도착하기도 했습니다. 그때마다 벨리니는 자신의 친구 플로리모에게 이 불편한 가족에게 대신 답장을 써 달라고 부탁합니다. 이 오페라 〈해적〉 역시 남녀 간의 불편한 삼각관계를 그리고 있습니다. 이 무렵 벨리니는 음악의 전통이 가장 풍부한 밀라노에서 자신의 명성을 즐기며 귀족들의 살롱에서 하루하루를 보냈습니다. 아마 그들 귀족들과의 세속적인 즐거움이 첫사랑의 순수함을 잊게 했을지도 모를 일입니다.

## 3. 제노바의 사랑 주디타

밀라노에서의 오페라 〈해적〉이 성공으로 끝나자 벨리니는 제노바로 여행을 떠납니다. 제노바의 흥행을 위해 벨리니는 〈비앙카와 제르난도〉를 수정한 〈비앙카와 페르난도〉를 작곡합니다. 오페라 작곡에서 중요한 요소는 주인공 가수의 특징과 음악적 능력이 첫 번째이고, 다음은 작곡자의 의도를 파악해 선율에 잘 맞는 시나리오를 작성하는 일일 것입니다. 벨리니에게는 다행히도 이 두 가지 요소를 충족시켜 줄 가수와 시나리오 작가가 있었습니다. 그들은 벨리니의 의도에 잘 따라 주었고 벨리니 역시 가수의 음역이나 음성에 어울리는 노래를 썼습니다.

그런데 이러한 잘나가는 벨리니 앞에 혜성처럼 나타난 여인이 주디타였습니다. 그녀는 밀라노 근교의 실크 사업가의 딸이지만 이미 오래전에 결혼을 한 사람이었습니다. 그러함에도 그녀와 가까워진 것은 남편과의 불편한 결혼 생활, 그리고 벨리니의 음악에 대한 애정 때문입니다. 주디타의 남편은 벨리니의 음악적 재능을 높이 사서 그에게 많은 기부를 하게 됩니다. 공교롭게도 주디타의 남편 입장에서 보면 은혜를 원수로 갚은 셈이지요. 그러나 벨리니는 아랑곳하지 않고 주디타와의 사랑을 이어 갔습니다. 그는 친구 플로리모에게 쓴 편지에서 주디타가 보내온 편지 일부를 소개하고 있습니다.

"벨리니, 저를 언제까지나 사랑하겠지요? 더욱 사랑해 주세요!"

더구나 벨리니는 자신의 마음이 완전히 그녀에게 빠져 있음을 친구 플로리모에게 쓰고 있습니다.

"지금은 어떤 초대에도 응하지 않고 파티에도 얼굴을 비추지 않게 되었어. 그녀의 유일한 즐거움은 나와 함께 있는 일임을 알기 때문이지. 내 마음은 평화로워. 우리는 아주 행복한 연인이야. 이 여자 저 여자로 옮겨 다니는 일을 더 이상 할 필요가 없어."

사실 이런 고백을 친구에게 할 수 있다는 사실은 벨리니로서는 매우 다행한 일일 것입니다. 자신의 마음속에 불타오르는 욕정과 애정의 욕구는 자칫 불행으로 빠져들 수 있지만 친구에게 이런 사실을 고백함으로써 그는 일종의 심리적 해방을 가질 수 있었습니다. 벨리니의 짧은 생애는 이렇게 불타오르고 있었으며 그가 죽은 이후 친구 플로리모는 이런 벨리니의 심정을 글로 남기기도 합니다.

음악과 사랑, 이 두 가지를 잡을 수 있었던 1828년, 벨리니의 명성은 더욱 높아져 새로운 오페라 작곡 의뢰가 들어옵니다. 벨리니는 자신의 시나리오 작가 로마니와 의기투합해, 네 번째 오페라〈이 국녀(異國女, La Straniera)〉를 밀라노의 스칼라좌에서 공연하기로 계 약을 하게 됩니다.

# 빈첸초 벨리니 II

잠실종합운동장역에서 자전거를 타고 탄천1교 밑으로 내려와 한 강 공원 동쪽으로 자전거 길을 따라 50분쯤 달리면 강동대교에 이릅 니다. 그 사이에는 잠실대교, 잠실철교, 올림픽대교, 천호대교, 암사 대교 등 대여섯 개의 다리를 통과하게 됩니다. 그 다리 옆에는 작은 벤치가 놓여 있어 오가는 라이더들이 쉬어 갈 수 있는 공간이 있습 니다. 요즘 그곳 강동대교까지 자전거를 타고 가는 일이 습관이 되 었습니다. 집에서 그곳까지 다녀오면 족히 두 시간이 걸리는 거리임 에도 이젠 하루라도 거르면 몸이 답답함을 느낄 정도가 되었습니다. 나이가 들어가면서 허리나 관절이 자주 아파 오는 것이 자전거를 타 기로 작심한 계기가 되었습니다. 벌써 3년째가 됩니다.

또 한 해가 지나고 1월이 되었습니다. 1월은 내년에 또 오겠지만 올해의 1월은 우리 일생에 이번 한 번뿐임을 생각하면 하루의 의미 그리고 1년의 의미는 남다를 수밖에 없을 것 같습니다. 많은 일들이 생겼다가 마무리되고 또 사라지기도 하는 시간의 연속은 인생의 의미가 무엇인지를 깨닫게 하는 성찰의 기회를 주기도 합니다.


## 1. 벨리니의 연인 주디타와 〈이국녀〉

1827년 벨리니가 연주 기획자 바르톨로메오를 만나 제노바의 카를로 극장에서 오페라를 공연하기로 했을 때 그가 사랑에 빠졌던 여인은 '주디타'라는 유부녀였습니다. 의류 사업가 아버지를 둔 주디타는 원래 '페르디난도'라는 젊은이와 이미 결혼한 상태였지만 성격적으로 맞지 않아 별거 상태에 있었습니다. 벨리니는 극진한 감정을 갖고 그녀에게 다가갔습니다. 남편이 있는 부인을 사랑한다는 것은 당시로서도 매우 위험한 관계였음에도 이를 극복하고 사랑에 빠졌다는 것은 벨리니가 얼마나 순진하고 감상적인 사람이었나를 알게 해 줍니다.

그가 30세에 만든 오페라 〈노르마〉의 작곡에 심혈을 기울일 수 있었던 것도 그의 이러한 성격과 무관치 않을 것입니다. 당시 벨리니는 5년이 넘도록 남편 주디타의 법적 남편 페르디난도를 사이에 두고 열렬히 사랑했다고 문헌에 기록되어 있습니다. 벨리니의 오페라 〈이국녀〉는 인기 대본 작가 펠리체 로마니와의 토론을 통해 더욱 극적으로 만들어졌습니다. 사실상 벨리니의 출세작이라고 할 수 있는 〈이국녀〉는 그의 오페라 작품 중 〈해적〉에 이어 네 번째로, 이탈리아 국민들로 하여금 그의 존재감을 나타내게 하는 중요한 작품으로 기록되고 있습니다. 그러나 비평계에서의 음악적 평가는 아직 로시니나 베르디에 비해 수준이 낮게 평가되고 있었는데 이는 아직 그들이 아직 눈여겨볼 만한 역작이 없었기 때문입니다.

그러나 〈이국녀〉 이후 벨리니의 재능은 대중과 비평가들의 주목을 받게 됩니다. 대중들은 젊고 상상력이 뛰어난 벨리니의 음악을 미래 지향적인 음악으로 인정했고, 그의 작품은 로시니의 오페라와 달리 장쾌하고 환상적인 매력으로 다가왔습니다. 어떤 비평가는 "세상 모두 로시니 일색이지만 이렇게 한 젊은 작곡가가 새로운 장르를 개척하려고 일생의 1보를 내디딘 사실은 매우 중요하다."라고 그의 존재를 크게 평하고 있습니다. 요즘은 이렇게 만들어진 오페라 〈이국녀〉가 잘 공연되지 않고 있지만 당시 이탈리아의 정서는 벨리니의 섬세하고 상상력이 풍부한 오페라에 매력을 느꼈던 것 같습니다. 말하자면 벨리니는 명확한 성격이나 스토리보다는 작품의 큰 스케일이나 극적이고 환상적인 효과를 중요시했습니다. 이는 벨리니의 작곡 스타일이 주인공의 다양한 감정적 변화를 하나의 멜로디에 담아내기 좋아했음에서 알 수 있는데 예를 들면 이 작품의 마지막 아리아 〈이제는 평안, 오 무서운 하늘이여!〉에서 특히 볼 수 있습니다.

## 2. 오페라 〈몽유병의 여자(La Sonnambula)〉에 얽힌 이야기

오페라 〈몽유병의 여자〉는 벨리니의 나이 30세 때인 1831년 작품으로 소박한 스위스 시골 마을을 배경으로 한 사랑 이야기입니다. 요즘은 이렇게 심한 몽유병자가 있는지 모르겠지만 이 작품에 나오는 마을 처녀 '아미나'는 심한 몽유병 증세를 갖고 있습니다. 그녀는 '엘비노'라고 하는 동네 청년과 결혼을 앞두고 있었습니다. 두 사람은 반지를 주고받으며 결혼식을 기다리고 있었는데 한 남자(로돌프 백작)가 동네에 들어와 말의 먹이와 물을 구하고 여관에서 묵어가게 됩니다. 이 여관의 주인은 '리자'라는 젊은 여자로서 평소 엘비노에게 마음이 있었지만 그는 아미나에게 마음을 두고 있었기 때문에 그를 포기한 상태였습니다. 어느 날 잠이 든 아미나는 몽유병으로 마을 주변을 돌아다니게 되고, 여관에 묵고 있는 로돌프 백작의 방에서 쓰러져 잠이 들었습니다. 이튿날 이를 발견한 동네 사람들과 애인 엘비노는 믿을 수 없는 상황에 분노하면서 약혼녀인 아미나를 비난합니다. 누가 봐도 두 사람은 함께 밤을 보냈다고 생각할 수밖에 없었고 약혼자 엘비노는 분노에 차서 결혼 약속을 파기합니다. 이에 아미나는 슬픔과 억울함에 몸을 떨지만 해명할 방법이 없습니다. 어느 날 아미나가 다시 몽유병의 발작으로 지붕 위로 걸어 다니며 사랑하는 엘비노를 위해 기도를 하고 빼앗긴 반지를 돌려주길 바라는 말로 중얼거립니다. 마을 사람들이 이런 모습을 우연히 보게 되고 엘비노 역시 자기가 잘못 판단했음을 알고 다시 결합하게 되는 내용입니다.

이 오페라가 나타내려는 의미는 믿음에 대한 불확실성을 배격하려는 것입니다. 우리는 흔히 가장 사랑하는 사람과의 믿음 안에서조차 보이지 않는 불신과 이로 인한 분노를 쉽게 표출하게 됩니다. 이는 가정과 사회에서 외면당하거나 조롱당하는 원인이 되기도 합니다. 크게는 사회의 단절과 고립을 가져오게 된다는 것입니다. 그러나 흔히 거기에는 사소한 오해나 자기중심적 사고의 결과가 문제를 야기하기도 한다는 뜻입니다. 이 오페라의 줄거리는 외젠 스크리브라는 작가가 쓴 것을 통해 벨리니의 동료이자 시나리오 작가인 로마니에 의해 짧은 시간에 만들어졌습니다. 그러나 그 공상적이고 순수한 줄거리와 멜로디의 아름다움으로 많은 사랑과 칭송을 받은 작품입니다. 더구나 목가적이고 자연적인 아름다움을 추구하던 당시 밀라노의 청중들에게 이런 오페라의 무대는 신선한 충격이자 새로운 방향 제시였습니다.

### 3. 오페라 〈노르마(Norma)〉의 음악사적 의미

벨리니의 오페라 〈노르마〉는 초기 낭만주의 오페라의 전형적인 형식을 띤 것으로 베르디나 바그너와 같은 오페라 작곡가에게 많은 영감을 전해 준 작품이었습니다. 원래 벨리니 스스로 음악적인 순수함과 선율의 청순함으로 이름나 있었지만 〈노르마〉의 성품과 음악적 구성은 그의 작곡 스타일과 매우 정교하게 들어맞는 작품이었습니다. 여기에 등장하는 여주인공 노르마는 드루이드 교도(갈리아 지역에 산재한 민족)를 대표하는 오르베소의 딸로서 그들의 여신으로 등장합니다. 그러나 사실 노르마는 그들의 적인 로마 점령군의 총독인 폴리오네를 사랑해 그의 아이를 둘이나 낳았습니다. 문제는 폴리오네가 드루이드 교도의 여신인 노르마를 버리고 아달지자라는 젊은 여인을 사랑하게 된 것에서 출발합니다. 이 무렵 드루이드 교도이며 갈리아족의 수장이자 노르마의 부친인 오르베소는 그의 부하들과 함께 그들을 지배하고 있는 로마군을 처부수기로 계획을 세웁니다. 이를 안 노르마는 자신이 사랑하는 로마군의 총독 폴리오네를 살리기 위해 민중들에게 "전쟁 없이 그들은 내부에서 괴멸될 것"이라고 민중을 설득하고 그들을 평화롭게 안정시킵니다.

그러나 폴리오네는 젊은 여신 아달지자를 사랑하며 그녀를 버리지 못하고 몰래 드루이드 교도의 거처로 숨어들어 그녀를 납치하려다가 발각됩니다. 노르마와 오르베소 앞에 끌려온 폴리오네에게 자신에게 돌아오도록 설득하지만 가망이 없자 전쟁을 선포합니다. 노르마는 여신으로 신의 계시를 받아 전쟁을 선포하면 이를 백성들은 따르게 되어 있습니다. 노르마는 백성들 앞에서 "신성을 범한 한 여승을 신의 희생물로 바치겠다."라고 선포하고 자신이 신의 성을 범한 당사자라고 선포하고 화형을 당합니다. 이것은 사랑하는 사람 앞에서 자신의 진정성을 알리는 최고의 행위로서 폴리오네조차 이에 감동해 그녀와 함께 화형을 당하겠다고 자처합니다.

이러한 줄거리는 이를 작곡한 벨리니에게 사랑의 순수함과 열정이 얼마나 숭고하고 아름다운 것인지를 알게 한 작품이었습니다.

벨리니는 이 작품에 등장하는 노르마의 아름다운 사랑과 희생이 당시 전쟁과 폭력 앞에서 무너진 인간애를 다시금 일깨우는 데 큰 역할을 할 것임을 알고 있었습니다. 그 자신도 이러한 숭고한 여성의 사랑에 큰 감동을 받고 있었음을 다음과 같은 말로 표현했습니다.

"모든 것을 버리고서라도 노르마를 살리고 싶다."

# 빈첸초 벨리니 III

지난주에는 경기도 일영에 있는 ○○○요양원을 찾았습니다. 서울에서 가져온 이불 한 채와 옷가지 몇 개 그리고 살림 도구 몇 점이 전부였던 시절이 있었습니다. 필자는 공주대 백 모 교수의 권유로 한인 유학생 몇 명이 함께 성경 공부를 한다는 가정 교회에 초대되었습니다. 그곳에서 우리 가족에게는 은인인 한 분을 만났는데 50대 후반의 장로님이었습니다. 그분은 현지 교포로 자신의 조그만 텃밭에 온갖 야채와 과일나무를 심어 놓고 시시때때로 우리 가족은 물론 참석한 유학생에게 나눠 주었습니다. 3년이 넘게 그분의 사랑과 도움을 받아 무사히 졸업을 할 수 있었음을 생각하면 그 고마움을 잊을 수 없습니다.

그런 그분이 이젠 연로하시어 부인과 함께 요양원에 누워 계셨습니다. 그런데 두 분이 얼마나 서로 사랑하며 아껴 주는지. 평생을 공주님처럼 부인을 위해 헌신하는 장로님을 보면서 우리 부부는 형언할 수 없는 감동을 받고, 사랑을 확인할 수 있었습니다.


## 1. 오페라 〈베아트리체 디 텐다(Beatrice di Tenda)〉의 배경

〈베아트리체 디 텐다〉는 1832년 〈노르마〉의 성공으로 한층 마음의 여유가 생긴 벨리니가 모처럼 고향 마을 카타니아를 방문한 이후에 만들어집니다. 이미 고향에서의 벨리니는 유명 인사가 되어 금의환향하고 있었습니다. 1년여 동안의 휴식을 통해 몸과 마음을 추스른 벨리니가 작곡을 시작한 것이 바로 베네치아 극장에서 요청한 〈베아트리체 디 텐다〉입니다.

그러나 대본이 문제였습니다. 벨리니와 단짝을 이루어 6개의 오페라 작업을 함께했던 로마니는 이전의 대본 문제로 조금은 소원한 관계였지만 그래도 그에게 부탁할 수밖에 없었겠지요. 그러나 로마니의 입장은 달랐습니다. 그 또한 여러 가지 다른 일을 맡아 나름대로 바쁜 일과를 보내고 있었습니다. 여기에 벨리니가 일방적으로 대본을 요구하는 상황이니까 로마니 입장에서는 난감하기도 했고 불쾌하기까지 했습니다. 그럼에도 벨리니는 어쩔 수 없이 벨리니의 요청을 들어줄 수밖에 없었습니다. 로마니의 대본 작업은 스스로도 그리 마음에 내키지 않는 일이었습니다. 역사적인 사건을 오페라화한다는 것은 자칫 역사의 판단을 그르칠 수도 있을 뿐 아니라 역사란 단순한 인간관계와 복잡한 정치적 상황이 얽혀 있기 때문입니다. 그래서 역사적 사실에 기초한 이 작품은 약간의 단순화 작업을 거쳐 줄거리를 바꾸게 되었습니다.

4개월여의 작곡 기간을 거쳐 1833년 3월 처음으로 베네치아 페니체 극장에서 초연되었을 때의 상황은 무척 심각한 것이었습니다. 청중들은 이 오페라가 시작되었음에도 비난과 냉소로 일관했습니다. 오히려 지난번에 작곡된 오페라 〈노르마〉의 제목을 외치며 야유를 보냈습니다. 그럼 왜 이 작품이 이렇게 비난의 대상이 되었을까요. 그리고 이들이 나타낸 불쾌감이 어느 정도 공정한 판단이었을까요. 중요한 것은 벨리니의 작품이 구조적으로 원숙하고 짜임새 있는 것이라고 할 수 없을 정도로 내용이 단순하다는 것입니다. 청중들이 생각했던 것은 오페라 〈노르마〉에서 볼 수 있었던 주인공의 헌신과 구조의 변화에 따른 극적 전개 양식을 이 작품에서는 볼 수 없다는 것입니다. 단순함! 전개의 평이함! 이 두 가지 요소가 청충들이 이 오페라를 외면하게 된 이유입니다.

## 2. 마지막 오페라 〈청교도(I Puritani)〉

이 오페라에 대한 역사적 배경은 벨리니의 런던 방문 이후에 작곡되었다는 사실에서 어느 정도 알 수 있습니다. 사실 16세기 말 영국은 개신교를 국교로 인정하게 되었고 가톨릭의 흔적은 없애기 위한 대대적인 개혁이 일어납니다. 이 개혁은 순수한 종교 개혁의 의미를 지키고 이를 전승하기 위한 작업들이었습니다. 그들은 칼뱅의 청교도적인 이상을 따르고 지켜나가려 했지만 왕권을 지키기 위한 제임스 1세에 의해 위협을 받게 됩니다. 17세기 초 의회가 왕에 대해 시민의 기본적 인권과 의회의 권위를 인정해 달라는 요구를 왕이 거절하게 된 것이 사태를 더욱 크게 만들었습니다.

의회와 왕의 힘겨루기는 그 후 11년이나 지속되다가 스코틀랜드에서의 전비 마련을 위한 소집을 계기로 다시 격화됩니다. 여기서 신흥 중산 계층이라 할 수 있는 청교도들이 크롬웰(1599~1658)을 중심으로 의회파를 형성하게 됩니다. 크롬웰은 1645년 지주와 승려가 중심이 된 왕당파를 제압하고 공화 정부를 수립했습니다. 그러나 크롬웰은 철저한 청교도적인 순수한 신앙관을 요구했고 엄격한 시민 의식을 강조해 오히려 시민들로부터 반감을 사게 됩니다. 크롬웰의 사망과 함께 공화 정치는 무너지고 1660년 찰스 2세는 다시 왕정복고를 선언하게 됩니다. 이러한 정치적 변화에 따라 신교의 순수한 교리를 지키고자 했던 시민들이 자신들만의 신앙을 지키고 새로운 세상을 만들기 위해 메이플라워호를 타고 아메리카로 이주하게 됩니다. 이러한 역사적 사실을 배경으로 만든 오페라가 〈청교도〉입니다. 이 오페라의 줄거리를 간단히 소개하면 다음과 같습니다.

때는 1600년대 초, 영국의 청교도이자 귀족인 괄티에로 발톤(B)의 딸 엘비라(S)는 스튜어트 왕당파인 기사 아르투로 탈보(T)를 사랑합니다. 그러나 귀족 괄티에로는 딸을 친구 아들인 리카르도(Br)

와 결혼시키려 하고 있었습니다. 그런데 아르투로는 자신이 속한 왕당파이자 괄티에로의 성안에 갇혀 있는 전 왕비 엔리케타(찰스 1세 미망인)를 탈옥시킵니다. 이를 안 엘비라는 아르투로가 자기를 배신한 줄 알고 정신적인 발작을 일으킵니다. 이에 자신이 짝사랑한 엘비라가 미쳐 버린 것이 왕당파 아르투로 때문이란 것에 분노한 발톤의 친구 아들이자 청교도인 리카르도 포르트(Br)는 복수를 다짐합니다. 말하자면 종교적으로 적이면서도 자신의 애인을 넘보았고 더구나 자신들이 사형 선고를 내리고 감옥에 가두었던 전 왕비 엔리케타를 탈옥까지 시켰으니까요. 결국 아르투로는 영국에서 떠나려고 했으나 리카르도에 의해 체포되고 사형을 선고받습니다.

사형 집행 직전에 크롬웰의 사자가 달려와 "스튜어트 가문은 멸망했고 이제는 공화 정치의 새로운 세상이 되었다."라고 전합니다. 그러자 발톤 경의 동생 조르조가 나서서 아르투로의 사형을 멈추고 그를 용서하면서 끝을 맺습니다.

결과적으로 이 오페라의 숨겨진 의도는 종교적으로 적대시했던 두 집단 간에 화해를 통해 크롬웰 혁명의 당위성을 나타내려고 했던 의도가 엿보입니다. 어쨌든 크롬웰의 혁명으로 두 젊은 연인이 다시 화합하게 된다는 해피 엔딩의 드라마입니다.

## 3. 오페라 〈청교도〉의 의미와 벨리니의 죽음

오페라 청교도의 극적 효과는 다른 작품에 비해 약하다는 평을 받았습니다. 이는 벨리니가 시간에 쫓겨 그와 그동안 늘 함께해 왔던 극작가 펠리체 로마니가 아닌 페폴리를 기용했던 탓이라는 시각이 일반적이었습니다. 그러나 이 오페라는 17세기 초 크롬웰에 의한 종교 전쟁이 봉건 체제에 대한 도전이었고 실제로 그의 생존 시까지 영국은 일시적이었지만 공화 정치 체제를 이루기도 했습니다. 이러한 역사적 배경을 오페라화했다는 것이 중요합니다. 또한 벨리니는 영국을 방문한 직후 파리에 도착해 그곳에서 이미 활동 중이던 이탈리아 출신 로시니와 만났습니다. 그와의 만남 이후 조언이 함축되어 이 작품에서 음악적으로도 매우 세밀하게 발전했습니다. 파리 시민들에 대한 배려이기도 했지만, 그만큼 이탈리아 청중보다 세련되고 예민했다는 점을 벨리니가 간파한 것이지요.

〈청교도〉가 성공적으로 공연된 후 벨리니는 새 오페라를 구상하고 오랜 단짝 로마니와 협의하고자 했습니다. 그러나 그 와중에 갑작스럽게 콜레라에 걸려 친구들과도 격리된 채 1835년 9월 23일 세상을 떠나게 됩니다. 벨리니의 작품은 1825년부터 10년 동안이었으며 바그너나 로시니, 도니체티, 베르디(Giuseppe Francesco Verdi, 1813~1901) 등에 비해 드물게 공연되었다는 점에서 역사적으로 크게 성공하지는 못했습니다.

그러나 1945년 이후 마리아 칼라스나 존 서덜랜드와 같은 세기적 소프라노의 정열적 가창력에 의해 벨리니의 아리아가 진가를 발휘하게 되었습니다. 물론 벨리니의 짧은 생애 속에서 예술적 가치가 있는 오페라의 출현을 기대하는 것은 무리일 수도 있습니다. 그러나 그의 서정적이고 아름다운 멜로디는 당시 낭만주의 작곡가들에게 장르를 떠나 일종의 신비로운 감성을 안겨 주었으며 이는 오페라의 발전에 또 다른 창조적 의미를 부여하게 됩니다.

1835년 벨리니가 타계한 이후 이탈리아 정부는 그들의 자랑스러운 작곡가 벨리니의 유골을 그의 사후 41년이 지난 1876년에 그의 고향 카타니아의 대성당으로 옮겨 추모하고 있습니다.

# 주세페 프란체스코 베르디 I

한 음악가가 태어나 역사 속의 인물로 성장하는 과정을 보면 그 재능의 비범함과 부모의 사랑, 본인의 노력, 그리고 그를 가르친 교사의 공헌이 절대적임을 알 수 있습니다. 그러나 무엇보다도 중요한 것은 이 모든 과정이 사회적 지지와 관심의 결과로 이루어진다는 점입니다. 위대한 음악가는 스스로의 음악에 대한 열정과 진실한 사랑의 결과물이며, 이러한 사실은 의도되지 않은 삶의 과정을 통해서 흔적으로 세상에 남게 됩니다. 그 음악가의 삶 속에서 부모는 아이가 무엇에 관심을 갖고 있는지를 세밀하고 정확하게 판단해야 합니다. 그것이 놀이를 통해서건 배움을 통해서건 무의식적인 행동에서건 분명 남다른 행동의 차이를 느끼게 될 것입니다. 그 작은 차이를 발견하고 이를 유의미한 행동으로 전환시켜 주는 일이야말로 부모의 가장 큰 역할이자 책임인 것입니다.

요즘은 이러한 유아기의 행동 패턴을 분석하고 판별해 주는 심리학자들이나 유아 교육 전문가들이 부모의 자녀 교육에 매우 소중한 역할을 하지만 19세기 유럽에서의 음악 교육은 그리 전문적이지 못했습니다.


## 1. 소년 베르디와 오르간

한 어린아이가 피아노 연습에 몰입한 나머지 건반이 변색되고 해머가 부풀어 액션이 무뎌진 줄도 모르고 있었습니다. 부모는 수리공을 불렀습니다. 수리공은 피아노의 상태를 보고 나서 어린아이의 음악에 대한 열정과 사랑을 알았습니다. 가난했던 부모에게 수리공은 비용을 받지 않았습니다. 이렇게 재능 있는 아이가 부모의 가난으로 연습을 계속할 수 없다면 이는 비용을 받지 못한 아픔보다 더 크다고 생각했습니다. 이 수리공은 고장 난 곳을 모두 고친 후 "이 피아노를 배우려는 소년 베르디의 열심을 본 것으로 비용을 충당함."이라는 글을 남겼습니다. 베르디의 후손들이 베르디의 피아노 내부에서 그러한 수리 비용 청구서를 발견한 것입니다. 그 수리공은 분명히 베르디의 재능과 사랑을 알아본 것입니다.

그는 일찌감치 고향 마을이었던 레 론콜레의 교회에서 오르간을 연주하던 피에트로 바이스트로키에게 사사했고 9세의 나이로 그의 직을 이어받을 만큼 재능을 인정받았습니다. 이런 베르디의 고향

레 론콜레는 숙박업을 하는 아버지와 손뜨개질로 생활비를 보태는 어머니의 아들로 태어납니다. 당시 부친의 직업은 그리 원활하지는 않았지만 아들 베르디에게 오르간을 사 주고 가르칠 정도의 능력은 되었습니다. 오르간 연주 재능이 밝혀지고 그를 지도한 바이스트로키의 능력을 뛰어넘게 되자 인근의 부세토에 있는 음악 학교로 진학을 하게 됩니다. 거기에서 교장이자 오르간 주자였던 페르디난도 프로베시를 만나 4년간 오르간 수업을 받게 됩니다.

한편 경제적 도움을 주었던 부세토의 상인 안토니오 바레치라는 사람을 만나 아버지가 주지 못했던 등록금이나 생활비를 도와주었습니다. 바레치는 부세토에서 얻은 경제적 이득을 베르디와 같은 천재에게 투자하면서 자신의 음악에 대한 열정을 조금이나마 표현하려 했던 것입니다. 급기야 바레치는 베르디를 자신의 집으로 숙소를 옮기게 하고 거기서 자신의 딸 마르게리타에게 오르간 수업을 맡겼습니다.

1826년부터 부세토를 떠나 밀라노의 음악 학교로 입학하기 위해 출향하기까지 약 5년 동안 베르디에게는 음악도로서 여러 가지 음악 형식에 접근하는 시기였습니다. 작은 밴드 음악을 비롯해 습작이긴 하지만 정확한 형식의 교향곡과 협주곡들이 있었고, 세레나데와 칸타타 등이 만들어졌습니다. 오르간 연주 능력과 작곡에 대한 정규적인 지식이 없었음에도 그는 많은 작품을 이미 남기고 있었습니다.

## 2. 출세의 땅 밀라노

베르디가 18세가 되자 그를 지원했던 부세토의 상인 바레치로부터 밀라노의 음악 학교로 진학할 것을 권유받게 됩니다. 밀라노 음악원으로의 진학은 그에게 있어 매우 중요한 계기가 될 수 있었지만 삶은 그리 계획대로만 되는 것은 아니었습니다. 입학시험을 치렀지만 입학은 거절되었습니다. 이유는 나름대로 타당했습니다. 젊은 베르디의 작곡 능력은 완벽했지만 그는 일반적인 입학 연령 14세를 네 살이나 초과하고 있었습니다. 더구나 밀라노 음악원은 입학생이 모두 채워진 상태로 더 이상 받을 입장이 되지 않았습니다.

이런 사정을 알 수 없었던 베르디는 매우 실망한 나머지 정규 학교를 포기하고 개인 지도를 받는 방식으로 음악 수업을 받게 됩니다. 밀라노에서의 개인 지도는 당시 오페라계의 유명한 작곡가였던 빈첸초 라비냐에게 받게 됩니다. 베르디는 그로부터 약 3년간 푸가와 카논과 음악 이론 등 주로 대위법적인 작곡법을 익히게 됩니다. 그로서는 이미 다양한 작품에 대한 지식과 실제적인 기법을 익혔기 때문에 이러한 연습 방법은 매우 지루하고 불필요한 시간으로 인식되었습니다.

그러나 그 시기 동안 여러 가지 실전적인 음악, 말하자면 스칼라좌나 카노비아나 극장에서 공연되는 오페라의 실제로 볼 수 있는 기회는 그에게 있어 매우 중요한 의미를 갖게 됩니다.

그 첫 번째 기회는 하이든의 오라토리오 〈천지창조〉를 대신 지휘하게 된 것이었습니다. 1834년 4월이었습니다. 그는 이 대역에서 전임 지휘자들보다도 훨씬 정확하고 전문적인 지휘로 합창단과 오케스트라의 단원들을 압도했고, 베르디의 재능을 경험한 그들은 이후 전적으로 신뢰하게 되었습니다. 이 공연은 대성공이었고 그를 인정하는 많은 귀족들과 일자리들이 기다리고 있었습니다. 무엇보다도 밀라노 필하모닉 협회 지휘자의 역할이 주어졌고 카지노 데 노빌리 광장에서 재공연이 이루어졌습니다.

이 앙코르 공연은 베르디에게 있어 매우 중요한 계기가 됩니다. 하나는 밀라노의 귀족 사회에 베르디라는 음악 천재의 출현을 알리는 계기가 되었고 또 하나는 밀라노 필하모닉 지휘자 피에트로 마시니와 관계가 신뢰 속에 형성되었던 일입니다. 귀족 사회와의 연결은 이 당시로서는 매우 중요한 일입니다. 그들의 관심과 사랑이 없다면 음악가로서는 사실상 설 땅이 없는 것과 마찬가지였습니다. 그들의 음악에 대한 사랑은 매우 적극적이어서 음악가의 삶을 좌우할 수 있는 목줄과도 같은 것이었습니다. 음악계의 거장이었던 마시니와의 관계가 정립되었음은 베르디가 그들 최정상의 음악가들 무리 속에서 자리하고 있음을 알게 하는 지표이기도 했습니다. 그러나 중요한 것은 마시니로 하여금 밀라노에서의 음악 활동을 보장받는 것이었습니다. 마시니는 자신의 일거리 중 상당수를 베르디에게 할애했고 결국 베르디는 적지 않은 수입을 밀라노에서 올릴 수 있었습니다. 그러나 밀라노에서의 성공은 베르디에게 있어 그리 오래가지 못했습니다. 자신을 후원해 준 바레치의 권유로 인해 고향인 부세토로 돌아가야 했던 것입니다. 바레치는 베르디를 자신의 딸 마르게리타와 결혼시킬 것을 이미 오래전부터 생각하고 있었기 때문입니다.

## 3. 밀라노에서의 슬픔

고향 마을 부세토에서의 3년은 베르디에게 있어서는 매우 평안하고 행복한 시기였습니다. 1836년 그는 바레치의 딸 마르게리타와 결혼했고 몇몇 작품을 통해 조용한 고향 마을 악장으로서의 역할을 수행했습니다. 그러나 밀라노에서의 즐거운 음악 활동을 잊을 수 없었습니다. 밀라노에서 함께 일했던 지휘자 마시니와 정보를 교환하면서 기회를 엿보고 있었습니다.

결국 마시니는 베르디의 오페라 〈산 보니파치오(San Bonifacio) 백작 오베르토(Oberto)〉를 스칼라좌에서 초연하기에 이르렀습니다. 이때가 1839년으로 베르디의 나이 26세 때였습니다. 그러나 이 오페라는 초연된 이후 이렇다 할 공연을 다시 올리지 못했습니다. 이유는 이 오페라의 내용이 정치적 이슈를 담고 있었기 때문인 것으로 알려져 있습니다. 인간의 삶에서 가장 관심이 많은 이성 간의 사랑, 그중에서도 삼각관계는 특히 오페라의 줄거리로 인기가 있었던 주제였습니다. 베르디가 자신의 선배이자 오페라계의 거장이었던 로시니와 도니체티, 벨리니가 선점하고 있던 밀라노에서 자신의 색깔로 승부를 건다는 것은 일종의 모험이었습니다.

그래도 베르디는 자신만의 음색으로 새로운 청중을 만들었습니다. 호사다마(好事多魔)란 말이 있듯이 베르디에게 있어서 스칼라좌에서의 첫 성공적인 오페라 공연 이후 가정의 비운이 끊임없이 일어난 것은 참으로 큰 아픔이었습니다. 1838년 딸 비르지니아가 갑자기 죽었고 이듬해에는 아들이 죽었으며 그 후 3개월 뒤에는 아내 마르게리타마저 사망했습니다. 2년 사이에 온 가족을 잃게 되었으니 베르디의 충격은 이루 말할 수 없게 된 것입니다. 이런 상황에서 베르디는 제대로 작품에 몰입하기가 쉽지 않았겠지요. 이런 가운데 1840년 벨리니와 오랫동안 대본을 만들었던 작가 펠리체 로마니의 대본으로 〈하루 만의 임금님(Un giorno di regno)〉라는 코믹 오페라를 완성했지만 반응은 싸늘했습니다. 아마 로시니의 매끄러운 선율과 풍부한 화성, 그리고 벨리니의 순진하면서 소박한 화성적 스타일에 젖어 있던 밀라노 시민들의 공감을 끌어내기에는 너무 조급했던 것 같습니다. 그의 개인적인 어려움이 연이어 터져 나오는 시점에서 코믹 오페라를 작곡하기에는 정서적 어려움이 있었을 것입니다.

# 주세페 프란체스코 베르디 II

성남에서 남한산성으로 올라가는 꼬불꼬불 자동차 길은 좁은 2 차선으로 차들이 교차할 때는 서로 부딪히지 않게 조심해야 합니다. 더구나 오른쪽 산 아래는 해발 200~300미터의 낭떠러지로 현기증이 날 정도입니다. 이윽고 남문을 지나 산성 로터리를 돌아 조금 더 내려가면 동문이 보이고, 그 100미터쯤 앞에서 급히 좌회전을 하면 또 급경사의 좁은 산길이 나옵니다.

위태위태한 그 길을 따라 조금 올라가면 장경사라는 아늑한 절이 나옵니다. 인조 16년, 서기 1628년에 창건한 이 사찰은 인근 망월사 등과 함께 왜군에 대항하는 승군들의 숙소와 훈련장으로 사용되었습니다. 그 절 아래에 있는 주차장에 차를 대고 산성을 따라 30분쯤 가파른 길을 따라가면 정상 부근에 성벽을 뚫고 작은 암문이 나 있는데 이문을 지나면 참나무와 소나무가 우거진 숲길을 만납니다. 그 오솔길을 천천히 걷다 보면 프랜시스 버넷의 동화 『비밀의 화원(The secret garden)』을 연상케 하는 아름다운 숲이 나타납니다.

## 1. 베르디의 출세작 〈나부코〉

베르디가 오페라 작곡가로 알려지기 시작한 것은 로시니와 도니체티 그리고 벨리니의 작품 스타일에서 벗어나 극의 줄거리와 전체적인 흐름을 중시하면서부터였습니다. 그 첫 번째 성공적인 작품이 오페라 〈나부코〉입니다. 이 작품의 이름은 구약성서 열왕기서와 다니엘서, 그리고 예레미아에 나오는 내용을 극화한 것으로 당시 극작가로 유명했던 솔레라에 의해 대본으로 만들어졌습니다.

사실 베르디는 바로 직전 1839년에 작곡한 〈하루 만의 임금님〉이란 오페라가 흥행에 실패해 매우 위축되어 있었으며 더구나 자신의 두 아이와 아내 마르게리타마저 뇌염으로 사망합니다. 그런 와중에 제작자 메렐리는 스칼라좌 소속 작가인 솔레라의 대본을 들고와 베르디를 압박하고 작곡을 회유합니다. 베르디는 그러나 그의제의를 거절하면서 커다란 심적 고통을 느낍니다. 아내와 두 아이를 잃은 베르디가 아무 일도 없었다는 듯이 바로 작품을 쓴다는 것이 아직은 너무 큰 고통이었을지 모릅니다.

아무튼 베르디는 이 대본을 집에 가져와 책상에 던져 놓고 마지 못해 조금씩 읽어 나갑니다. 그중 "가라, 내 마음이여, 금빛 날개를 타고(Va, pensiero, sull'ali dorate)."라는 구절에 마음을 뺏깁니다. 이 곡은 '히브리 포로들의 합창'으로 유명한데 나라를 빼앗긴 히브리 노예들이 유프라테스 강변에 모여 조국을 그리워하며 부르는 합창입니다.

베르디는 이 대본을 천천히 읽어 가면서 구약성경 예레미야, 열왕기하, 다니엘서의 장엄한 내용과 역사적 대서사시에 근거한 작품의 매력에 빠져들게 됩니다. 그 자신이 처음부터 그리 탐탁하게 생각하지 않았던 이 대본은 작곡 과정에서도 매우 어려움을 주었습니다. 하루에 한 절 혹은 하루에 한 음밖에 쓰지 못할 정도로 집중이 안 되었는데 그것은 가족에 대한 사랑과 슬픔 때문이었습니다.

오히려 이러한 산고를 겪고 태어난 〈나부코〉는 그 후 하반기가 시작될 때까지 무려 57회나 스칼라좌에서 공연되었습니다. 베르디의 성공은 여러 가지 이유가 있지만 그중에도 극 중 인물들이 부르는 노래를 합창의 형식을 통해 부르게 함으로써 장중함과 극적 효과를 부각시킬 수 있었던 것입니다. 또 하나는 장중한 성경의 내용을 가수들의 역량이나 음색보다 줄거리의 극적인 전달에 중심을 두고 있어서 극으로서의 완성도를 더욱 높였다는 점입니다. 이 오페라의 제목이 된 〈나부코〉는 바빌론의 왕 네부카드네자르 2세의 이탈리아식 이름에서 유래되었습니다. 원제목은 〈나부코도노소르(Nabucodonosor)〉인데 1842년 3월 스칼라좌에서 초연되었습니다. 이 작품의 초연 이후 베르디는 밀라노의 음악계에서 자신의 영향력이 점차 커지는 것을 느낄 수 있었습니다. 특히 작가인 안드레아 마페이의 살롱은 당시 저명한 예술가들이 모여 정치 사회는 물론 예술 작품에 대한 비판과 의견 교환이 이루어지던 공간이었습니다. 그 후 안드레아의 부인 클라리나와는 오랫동안 우호적인 관계를 유지하며 지냈습니다.


## 2. 오페라 〈나부코〉와 〈십자군의 롬바르디아인〉

오페라 나부코가 1842년 3월 9일 밀라노 스칼라좌에서 초연된 이후 67회나 장기 공연에 들어감으로써 베르디는 이제 본격적인 오페라 작곡가로서의 명성과 부를 얻게 됩니다. 베르디의 오페라가 큰 인기를 끌게 된 것은 지금까지 몇 명의 주연 가수들에게 주어졌던 아리아를 합창이라는 거대한 음의 결합체를 이용해 극적으로 활용하게 된 것입니다. 이 합창의 극적 효과는 오페라가 가지고 있는 긴장감이나 음향 효과를 더욱 증폭시키는 역할을 하게 되었습니다. 우리가 잘 아는 히브리 노예들의 합창 〈가라, 내 마음이여, 금빛 날개를 타고〉는 그 대표적인 예가 됩니다. 노예가 된 히브리인들이 강제 노동에 시달리며 고향에 대한 그리움을 간절하게 표현한 이 곡은 합창이 어떻게 오페라에서 극적 장면을 표현할 수 있는가에 대한 전형적인 모델이 됩니다. 이러한 베르디의 합창은 이탈리아인의 국민적 의식을 높이는 데도 일조를 했다는 설이 있을 만큼 국민적 인기를 끌었던 곡입니다.

한편 〈나부코〉의 성공은 당시 스칼라좌의 감독이었던 메렐리에 의해 다음 시즌에 사용할 작품을 위촉받는 계기가 됩니다. 그 작품은 이탈리아 애국 시인이자 극작가인 토마소 그로시에 의한 〈십자군의 롬바르디아인〉이었습니다. 여기서 베르디는 초기 작품의 유형을 통해 그의 음악적 관심을 알 수 있는데, 그것은 당시 오페라가 극장의 규모와 청중의 취향에 알맞은 로맨틱 서정시를 극화하는 경우에서 벗어나 장대하고 영웅적인 서사시를 채택하고 있다는 점입니다. 이는 이탈리아인들에게 제1차 십자군의 원정을 통해 피폐화된 민심에 민족적 자부심과 용기를 주려는 베르디의 음악가적 배려였다고 볼 수 있을 것입니다. 실제로 이 십자군의 롬바르디아인의 제4막에 나오는 힘찬 합창 〈오! 주여, 고향의 집들을(Signore dal tetto natio)〉은 나부코의 〈히브리 노예들의 합창〉과 함께 이탈리아인들에게 큰 용기를 주었습니다. 십자군의 롬바르디아인의 원작은 북이탈리아 출신의 민족 시인이었던 토마소 그로시라는 사람이 쓴 장편 시였습니다. 당시 북이탈리아는 오스트리아 대주교 가이스루크가 추기경의 관할하에 있었습니다. 이 오페라의 내용 중에는 개종과 세례 의식이 행해지는 것을 마땅치 않게 생각한 추기경에 의해 공연 금지를 요청받는 해프닝도 있었습니다.

### 3. 오페라 〈맥베스〉

오페라 〈십자군의 롬바르디아인〉이 성공한 이후 베르디는 이탈리아 최고의 오페라 작곡가로 인식되고 많은 팬들이 그의 차기 작품에 대해 호기심과 기대를 갖고 있었습니다. 이런 상황을 모를 리 없는 베르디는 시간을 쪼개어 극장 규모에 맞는 오페라를 만들고 연습 상황을 체크하는 등 초인적인 시간과의 싸움을 견디어야 했습니다.

1844년 겨울 시즌에 접어든 베르디의 일정을 보면 이러한 상황을 잘 알게 해 줍니다. 1844년 12월부터 45년 2월까지 오페라 〈조반나 다르코〉 연습 및 초연, 3월에는 오페라 〈두 사람의 포스카리〉 베네치아 초연, 4월 2일에는 밀라노로 돌아온 후 병이 나서 고생했고, 5월 20일에는 오페라 〈알지라〉를 작곡하기 시작했습니다. 6월 20일에는 나폴리로 가서 오페라 〈아틸라〉를 완성합니다. 7월에는 오페라 〈알지라〉를 완성하고 8월 12일에는 이를 초연합니다.

이렇게 초인적인 작곡 스케줄을 수용하면서 베르디의 건강은 매우 나빠지기 시작합니다. 두통과 열병에 시달린 것을 보면 요즘 독감이나 몸살 정도가 아니었을까 생각합니다. 이후 얼마간의 요양을 가진 후 1846년 베르디는 평소 좋아했던 셰익스피어의 작품 〈맥베스〉를 오페라로 만들게 됩니다. 이 오페라는 4막 10장의 비교적 길고 복잡한 구성을 갖고 있습니다. 베르디는 자신이 이 작품을 번역하고 막과 장을 나눈 후 친구인 마리아 피아베에게 가사를 의뢰했습니다.

1847년 2월 작곡을 마친 베르디는 이후 피렌체에서 이를 초연하게 됩니다. 이 작품의 줄거리의 대강은 다음과 같습니다. 스코틀랜드 코다 지방의 영주가 된 맥베스는 부인의 꾐에 빠져 왕 던칸을 살해합니다. 그 후 맥베스는 왕으로 추대되어 왕위에 오르지만 마녀들의 예언대로 친구 반코가 왕의 아버지가 될 것을 걱정한 나머지 그를 역시 살해하기로 마음먹게 됩니다. 자객을 시켜 어두운 밤길에서 반코는 살해했지만 아들 말콤은 도망을 칩니다.

한편 성안에서는 맥베스의 국왕 취임을 축하하기 위한 파티가 열립니다. 맥베스가 반코의 의자에 앉으려 하는데 그 자리에는 피 묻은 반코 유령이 앉아 있었습니다. 이를 쫓기 위해 맥베스는 칼을 휘두르며 소리를 지릅니다. 참석했던 여러 기사들은 놀라 일어나 나가려 합니다. 파티가 끝난 후 맥베스는 자신의 미래에 대한 불안감을 해소하려고 마녀들이 사는 동굴로 가서 그들의 예언을 듣게 됩니다. 다행히 맥베스의 신상에는 별문제가 없는 것으로 나타나지만 도망친 반코의 아들을 찾아 죽여야 후환이 없겠다고 생각한 맥베스는 부인과 함께 결의를 다집니다. 그러나 반코의 아들 말콤과 추방된 망명자들이 힘을 합쳐 다시 맥베스에게 대항해 그를 처형하고 반코의 아들 말콤을 왕으로 추대합니다.

# 주세페 프란체스코 베르디 III

19세기 이탈리아는 프랑스와 오스트리아의 각축장으로 변해 전쟁과 분열이 이어지고 있었습니다. 이에 이탈리아 지오베르티를 중심으로 한 국민들은 피우스 9세를 앞세워 로마를 공화 정치 체제로 통일하려고 했습니다. 그렇게 해서 외부로부터의 공격에 대비하면서 봉건 체제를 무너뜨리려고 했던 것이지요. 그러나 이 계획은 1848년 일어난 로마 폭동으로 인해 실패로 끝납니다. 한편 마치니는 '청년 이탈리아'라는 혁명 단체를 만들어 통일을 시도했으나 역시 찻잔 속의 폭풍으로 끝나고 말았습니다. 그런데 피에몬테라는 지역을 중심으로 한 통일 방안은 그중 가장 효과적이고 실현성이 높은 시도였습니다. 이러한 봉건 체제에 대한 반발은 유럽 전역에서 동시다발적으로 일어나 정치 경제 문화예술의 모든 분야에 대해 극적인 변화와 모멘텀을 제고하기에 이르렀습니다.

## 1. 베르디와 민족주의

음악가가 정치적 이슈에 자신의 재능을 활용하는 예는 역사상 그리 많지 않지만 베르디는 아주 적극적인 민족주의 성향을 갖춘 인물입니다. 그가 얼마나 애국적 민족주의자인지는 오페라 〈레냐노의 전투(La battaglia di Legnanno)〉의 작품성과 줄거리 그리고 그 작품이 만들어진 시기 등을 고려하면 쉽게 알 수 있습니다.

1848년은 프랑스가 필립 왕을 무너뜨리고 공화국을 선포합니다. 그 이후 유럽 전체가 봉건 체제와 독립이라는 명분을 가지고 혁명에 휩싸인 한 해였습니다. 이탈리아 북부를 점유하고 있던 오스트리아도 재상 메테르니히가 붕괴하면서 밀라노 시민들의 반오스트리아 혁명 정신이 더욱 고조되었습니다. 밀라노 시민들에 의해 오스트리아 주둔군이 패배하면서 독립이 진행되었지만 오스트리아 장군 라테츠키에 의해 5일 만에 재점령당하게 됩니다. 그러나 그 정신만은 모든 밀라노 시민들에게 각인되어 국가 통일 운동의 기본이 되었습니다.

이러한 국민적 정서가 베르디에게 영향을 미친 것은 너무나 당연했습니다. 당시 파리에서 오페라 작곡에 여념이 없었던 베르디는 고국의 독립과 전쟁에 대한 소식을 듣고 급거 밀라노로 돌아옵니다. 밀라노에서 오스트리아 군에 항거하면서 싸우던 청년 시인 마멜리와 마치니를 만난 베르디는 그들에게 용기를 줄 음악을 작곡하겠다는 결심을 하게 됩니다. 다시 파리로 돌아온 베르디는 이러한 애국적 용기를 담아낼 오페라 〈레냐노의 전투〉를 작곡하기 시작합니다. 이 무렵 밀라노는 다시 오스트리아군에 함락당하면서 정적에 휩싸이고 시민군에 앞장섰던 마치니는 스위스로 망명했다는 사실을 알고 큰 실망을 하게 됩니다. 그러나 20세의 젊은 청년이자 독립군의 선봉에 섰던 마멜리와의 만남은 베르디에게 큰 감명을 주었으며 그를 위한 찬가를 작곡하기에 이릅니다. 이 곡은 마멜리가 쓴 시에 붙인 곡으로 〈나팔소리(Suona la tromba)〉라는 이름을 붙여 출판합니다. 물론 이 곡은 이탈리아 북부 통일 운동에 가담하고 있는 애국지사들에게 알려지고 그 용기를 북돋아 주는 역할이지만 크게 효과를 내지는 않았습니다.

아무튼 이러한 정치적 상황 속에서 시작된 오페라는 5개월여에 걸쳐 완성되었고 1849년 1월 로마의 아르젠티나 극장에서 베르디의 지휘로 초연하게 됩니다. 곡의 의미와 내용이 매우 애국적이었고 당시 상황이 독립에 대한 열망으로 가득한 때였으므로 이 오페라는 대성공을 이루었습니다. 사람들은 연주가 끝난 후 "베르디 만세!"를 외치면서 베르디를 20여 차례나 불러 세웠다고 합니다.


## 2. 오페라 〈레냐노의 전투〉

이 작품의 역사적 배경은 12세기 중엽 독일 국왕 프리드리히 1세가 이탈리아의 지배권을 확보하기 위해 이탈리아를 침공했던 시대의 이야기를 다룸으로써 이탈리아 국민의 애국 정신을 고취하려한 의도를 알 수 있습니다. 이 오페라의 줄거리를 보면 다음과 같습니다.

베로나 군을 이끄는 젊은 지휘관 아리고는 밀라노군의 지휘관 롤란도와 친한 전우입니다. 두 사람은 밀라노의 집정관에게 맹세하고 전장으로 함께 떠납니다.

제2막에서 롤란도의 아내 리다는 아버지와 형제를 전쟁으로 잃은 데다 남편까지 전장으로 가는 시국을 괴로워합니다. 더구나 리다는 롤란도와 결혼하기 전 그의 친구인 아리고와 오래전부터 결혼을 맹세한 관계였습니다. 그러나 아리고는 자기의 동료 롤란도와 애인이었던 리다가 결혼했다는 말을 듣고 배신감에 떨며 떠나 버립니다.

제3막에서 롤란도는 출전을 앞두고 아내 리다와 자녀들을 꼭 껴안으며 작별을 고합니다. 롤란도는 출전하기 전 친구 아리고에게 베로나 군과 남아 있다가 내가 전사하면 뒤에 남은 처자를 잘 부탁한다고 말합니다. 아리고는 롤란도의 믿음에 감격해 그렇게 하겠다고 대답합니다. 그러나 이 우정을 시기하는 마르코발도가 리다와 아리고와의 관계를 고해바칩니다. 예전에 두 사람은 연인 관계였으며 그 이후에도 두 사람은 자주 만났음을 말합니다. 롤란도는 이 사실을 알고 배신감과 분노를 참을 수 없게 됩니다. 여기서 이 오페라는 극적 클라이맥스에 도달하는 것이지요. 롤란도가 두 사람 사이를 추궁하면서 칼을 들이대자 아리고는 자기와 리다는 결백하다고 주장하면서 자신의 가슴을 열어 보입니다. 롤란도는 그런 아리고를 죽이지 못하고 대신 방문을 걸어 잠그고 출전 대열에 나섭니다. 아리고가 전투에 참여하지 못하게 함이지요. 비열한 군인으로 낙인을 찍게 하고 싶었던 것이지요. 그러나 아리고는 창문을 열고 성 밖으로 뛰어내려 일행과 합류한 후 롤란도와 함께 적을 무찌릅니다. 리다는 두 사람이 무사히 전투에서 돌아오기만을 기도합니다.

그 후 집정관들은 레냐노의 전투에서 아리고가 독일의 황제 군을 무찌르고 두 동맹군이 승리했음을 알립니다. 이 전투에서 아리고는 심한 부상을 입고 기사들의 부축을 받으며 귀환합니다. 아리고는 괴로운 숨을 내쉬면서 롤란도에게 리다의 결백을 알리고 밀라노 군기에 입을 맞춘 후 숨을 거둡니다.

## 3. 베르디의 2기, 그 시작 〈리골레토〉

오페라 〈레냐노의 전투〉를 완성하고 나서 베르디의 관심은 점점 스케일이 큰 애국적 오페라로 향했습니다. 이는 물론 베르디의 음악 세계가 점차 확대된다는 것일 수도 있겠지만 오페라에 대한 극적 효과를 증대시키고 덩달아 음악을 통한 이탈리아의 국가적 위상에 대한 자부심 때문이었습니다. 그중에서도 〈리골레토〉는 이탈리아에 대한 민족적 자긍심과 음악의 아름다움으로 인해 베르디를 더욱 위대한 오페라 작곡가로 알려지게 했습니다. 그것은 귀족계급의 횡포와 서민 생활의 억울함을 당시의 엄격한 검열과 사회적 관습을 뚫고 공연에 성공했다는 점에서 공화 정치 체제에 대한 국민적 열망을 그려 냈다고 볼 수도 있기 때문입니다. 또 하나 〈리골레토〉가 베르디의 작곡 형태에 새로운 전기를 마련했다는 주장도 있는데 그것은 이 오페라가 내용 면에서 비교적 가볍고 쉽게 대중들에게 접근했다는 점입니다.

이러한 변화는 획일적이고 대규모적인 무대 장치에서 벗어나 권력 계층에 대한 대중적 비판이 적나라하게 표현되었다는 점입니다. 이 〈리골레토〉의 줄거리를 보면 이 점을 더 명확하게 알 수 있습니다.

〈리골레토〉의 무대는 16세기 이탈리아 만토바입니다. 주인공 리골레토는 귀족인 만토바 공작의 시종으로 척수 장애자였습니다. 그는 가문에서 일어나는 다양한 접대와 공연을 준비하고 자신이 출연도 하는 광대였습니다. 그러나 그의 딸 질다는 예쁜 용모에 정상적인 지각을 지닌 여성으로 모든 이들에게 관심을 받고 있었습니다. 당연히 아버지 리골레토는 딸 질다의 장래를 크게 걱정하면서 그녀를 보호하는 일에 열심이었습니다.그러나 귀족인 만토바는 아름다운 하인의 딸을 그냥 두지 못했습니다. 공작의 꼬임에 빠진 질다는 결국 그의 거짓 사랑에 빠져 아버지의 당부를 거부합니다. 이 사실을 참을 수 없었던 아버지 리골레토는 만토바 공작을 죽이려 했으나 오히려 딸 질다가 모함으로 죽게 됩니다. 이 플롯은 매우 단순한 연애극으로 짜여 있지만 사실 그 출연자의 신분이 귀족과 천민이라는 점과 이들 두 사람의 부적절한 애정 관계였다는 것이 문제가 됩니다. 그리고 척수 장애자, 일명 꼽추가 오페라의 주인공으로 설정되었다는 점과 시체를 포대에 담아 아버지에게 전달한다는 설정도 부도덕한 사회를 부추긴다고 해서 당시 사회적으로 많은 물의를 일으켰습니다.

이와 같이 예술 작품은 한 시대의 산물로서 사회적 공감대를 형성하는 데 큰 기여를 하고 있습니다. 이 오페라 역시 지체 높은 공작의 신분과 낮은 천민의 신분을 가진 젊은 남녀의 이야기를 주제로 하고 있는데 이는 서민의 신분이 점차 높아져 그들이 사회의 정의와 질서를 좌우할 수 있는 계층으로 상승되어 감을 의미합니다. 이런 구성은 오페라의 포커스를 대중에게 두어 그들로 하여금 음악 예술을 소비하고 즐길 수 있는 시대로 만들었습니다.

# 주세페 프란체스코 베르디 III

현대 사회에서 어떤 예술 작품이 대중에게 인기를 얻으려면 기존의 방식이나 형식에서 과감하게 탈피해야 된다는 것을 우리는 경험적으로 압니다. 그러한 파격성은 예술 행위가 갖는 대표적 특성이기도 한데 흔히 이는 천재성이나 예술성의 특징과 동일시됩니다. 예술이라는 행위는 상상과 아이디어 그리고 실패와 도전이라는 행동이 반복되는 시간의 연속선입니다. 자신이 상상하는 어떤 불가측의 세계, 또는 도저히 납득되지 않는 형상이나 기능, 이런 엉뚱한 환상을 어떤 과학적 인문학적 틀에 맞추어 대중의 심리적 안정과 기쁨을 주거나 유용하고 편리한 삶을 만들어 갈 수 있도록 연구하고 고심하는 모습을 우리는 역사를 통해 보게 됩니다. 그래서 과학은 시간의 연속성 안에서 새로운 도전과 시도를 끊임없이 반복하며 인류가 안정과 편리를 함께 누릴 수 있도록 발전해 왔습니다. 예술 역시 이러한 과학의 발전과 함께 끊임없이 발전을 거듭했고 오늘날 수많은 예술적 음악들 그리고 아름다운 서정적 가요들이 만들어져 왔습니다.


## 1. 오페라 〈춘희〉와 그 배경

베르디의 중기 작품으로 걸작에 속하는 〈춘희〉는 당시 유럽에서의 자유주의 물결과 함께 베르디 개인의 사생활의 일단을 알 수 있게 합니다. 뒤마의 희곡 "La dame aux camelias"는 우리말로 〈춘희〉라고 번역하지만 실제로는 거리의 여자를 말합니다. 이러한 주제를 당시의 점잖은 파리 사교계에 내놓는다는 것은 당시로서도 매우 파격적인 사건이라 할 것입니다. 그러나 베르디의 나이 40이 된 즈음에서 그는 파리의 대중들로부터 적잖은 지지를 받고 있었습니다. 이제 이러한 과감한 현대적 여성관을 선보인 것은 물론 사회 변화를 염두에 두었기 때문입니다. 당시 베르디가 친구에게 보낸 편지에서 이러한 시대 감각을 잘 알 수 있습니다. 그에게는 〈춘희〉가 의상의 파격성과 윤리적 완고성 그리고 음악이 지향하는 고급함 등으로 사회적 비난을 받아 인기를 얻지 못할 것이라는 생각이 있었습니다.

1840년경 베르디의 삶은 첫 번째 부인의 사망으로 매우 우울하고 조용한 시간을 보냈으나, 런던과 파리에서의 오페라 공연이 성공적으로 진행되면서 다시 활기를 찾게 됩니다. 특히 파리에서 만난 두 번째 부인인 소프라노 주세피나 스트레포니와의 사랑이 그의 삶을 바꿔 놓게 됩니다. 1848년 이후 두 사람은 서로 간의 아픔을 딛고 동거하게 됩니다. 베르디가 벌어 놓은 얼마간의 돈으로 두 사람이 살기 위해 집을 마련하기도 합니다. 베르디의 이러한 정식 혼인 외 동거에 대해 파리와 달리 그의 고향에서는 이를 허락하는 분위기가 아니었습니다. 그는 부친에게 이러한 자신의 고충을 편지로 설득하려고 노력했습니다. 베르디는 그 편지에서 스트렙포니의 적극적이고 독립적인 삶의 열정을 칭찬하고 자신과 같이 홀로된 자의 슬픔을 간직하고 있으며, 어느 정도 부를 축적한 여인임을 강조하고 있습니다. 그러한 그의 변명과 설득은 그 후 50년 동안 결혼 생활이 비교적 순탄했음을 볼 때 매우 타당한 논리였습니다. 이러한 아픔과 복잡한 사생활의 갈등을 빚고 작곡된 것이 〈춘희〉입니다.

## 2. 가슴 아픈 사랑 이야기

사실 〈춘희〉의 사랑 이야기와 같은 컨셉은 시대를 뛰어넘어 많은 사람들에게 공감을 주고 지지를 보내기도 합니다. 그것은 이와 같은 이성 간의 사랑이 얼마든지 주변에서 일어날 수 있는 개연성이 있기 때문입니다. 베르디는 사회적 약자이면서 법의 보호를 받지 못하는 주변 사람들에 대한 공감과 연대 의식이 강한 사람이었습니다. 이 오페라에는 그러한 베르디의 인간적인 면모가 잘 그려졌으며 또한 많은 사람들의 공감을 살 수 있었습니다. 오페라 〈춘희〉는 이러한 인간적인 내용과 순수한 사랑을 모티브로 하고 있다는 점이 인기를 얻게 된 동력이었습니다. 이 오페라의 줄거리를 요약해 보면 다음과 같습니다.

비올레타는 늘 파리의 고급 사교장에서 남자들과 함께 여흥을 즐기며 인생의 즐거움을 노래합니다. 어느 날 그녀는 청년 알프레도를 만나 첫눈에 반해 함께 분위기에 빠져듭니다. 그런데 알프레도는 지방 귀족인 제르몽의 아들로서 영지와 성을 물려받고 아버지의 뒤를 이어받아 권력과 부를 지켜 가야 할 지체 높은 청년이었습니다. 아버지 제르몽은 아들의 이러한 방탕한 생활이 자신과 가문에 해를 끼칠 것으로 알고 어느 날 비올레타를 찾아와 아들과의 애정 관계를 청산해 주기를 요구합니다. 아버지와 이를 약속한 비올레타는 애인 알프레도에게 냉정하게 대하고 오히려 다른 남자에게 접근하는 등 알프레도의 미움을 사기 위해 노력합니다. 처음에 알프레도는 그러한 비올레타의 행동에 실망을 하기도 했지만 자신의 아버지 제르몽의 약속 때문이라는 것을 알고 오히려 더욱 그녀에게 접근합니다. 그러나 오랫동안 건강을 지키지 못했던 비올레타는 자신이 폐병에 걸려 곧 죽을 것임을 알고 알프레도의 사랑을 진정으로 받아들이게 됩니다. 그러나 그녀가 결국 죽음을 맞이하면서 두 사람 간의 사랑은 함께 비운으로 끝나게 됩니다.

이 오페라에서 인간에게 던지는 메시지는 쾌락이 주는 허망함과 시간의 낭비가 가져오는 자기 파탄이라는 단순한 명제입니다. 쾌락과 즐거움이 늘 함께할 줄 알았던 젊은 남녀가 시간은 기다려주지 않는다는 현실을 깨닫게 되면서 당시 젊은이들의 방종과 무절제에 대해 일침을 가했고 여기에 베르디의 예술적 표현이 가미되면서 이 곡은 더욱 유명해졌습니다.


## 3. 그랜드 오페라 〈아이다〉의 탄생

베르디의 오페라가 이탈리아와 파리에서 인기를 끌자 많은 작가들이 자신의 대본에 베르디의 음악을 입히기 위해 끊임없이 접근을 시도합니다. 그중에서도 베르디의 관심을 끌 수 있는 대본은 카미유 뒤 로클의 〈아이다〉였습니다. 이 작품의 배경을 보면, 1870년 베르디는 이집트 카이로에 새로운 대형 오페라 극장이 건축되어 이를 기념하기 위해 아이다를 의뢰받게 됩니다. 그러나 그해 7월 보불전쟁으로 인해 파리가 포위되었고 시민들은 한가롭게 오페라를 관람할 상황이 아니었습니다. 1871년 파리를 포위하던 프로이센의 군대가 철수하자 베르디는 주최 측으로부터 거액의 착수금을 받고 작곡에 임합니다.

아이다의 작곡 내용을 보면 베르디의 음악어법이 얼마나 유연해졌고 창조적인 요소를 가지게 되었는지를 알 수 있습니다. 그것은 당시의 비평가들이 지적했던 음악의 화성과 극적인 내면은 물론 그 스케일과 무대의 장대함에서 그가 이미 최고의 오페라 작곡가로 등극했음을 알게 합니다. 그러나 비평가들은 베르디가 이미 자신의 음악 세계에서 멀리 빠져나와 새로운 세계를 꿈꾸고 있지만 정작 청중의 마음속에 깊숙이 자리하지는 못하고 있다고 혹평하기도 했습니다. 그것은 달리 말하면 이미 50대를 지나 60대를 바라보고 있는 베르디의 음악 세계가 더욱 폭넓게 변화되고 있음을 말해 줍니다. 예를 들면 제2막에 나오는 개선의 장면에서는 떼를 지어 모여 있는 군중들, 전쟁에서 승리하고 돌아온 용사들에 대한 환대, 그리고 종교 의식과 승려들의 모습 등을 하나의 악상 안에서 다양하게 표현하고 있다는 점을 들 수 있습니다. 하나의 음악 안에 다양한 군상의 모습과 스케일이 큰 무대를 위한 음량 등은 사실 대단한 시도였습니다. 이는 이 오페라의 줄거리 자체가 워낙 대규모이기도 하지만 이집트의 역사적 자긍심을 일깨우고 15년간 이루어왔던 수에즈 운하의 완공을 기념하기 위한 큰 의미가 있었기 때문입니다. 〈아이다〉의 줄거리를 간단히 소개하면 다음과 같습니다.

이집트의 멤피스 왕궁의 여러 신하들 앞에서 제사장 람피스는 에티오피아 정벌이 신의 명령이라고 알린 후 퇴장합니다. 이를 들은 젊은 장군 라다메스는 평소 사랑하는 노예이자 에티오피아의 공주인 아이다를 상으로 받고 그녀와 결혼하리라고 계획합니다. 그러나 이집트의 공주 암네리스는 라다메스를 짝사랑하고 있었지만 그는 다른 곳에 마음이 가 있었던 것이지요. 라다메스가 자기가 아닌 아이다를 사랑하고 있다는 사실은 암네리스에겐 치욕이자 증오의 대상이었습니다. 마침내 에티오피아가 이집트를 침공합니다. 왕은 라다메스로 하여금 토벌을 명합니다. 2막에서는 라다메스가 에티오피아에 이기고 저 유명한 개선행진곡과 함께 돌아옵니다. 라다메스는 전리품과 함께 에티오피아의 왕이자 아이다의 부친 아모나스로가 포로로 잡혀왔습니다. 아이다는 자신의 부친이 포로로 잡혀 온 사실을 알고 놀랍니다. 그리고 부친의 간청으로 라다메스에게 이집트군의 배치 상황을 알아내라고 요구합니다. 아이다는 사랑하는 라다메스를 곤경에 빠뜨리고 싶지 않았지만 조국의 위태로움과 모친의 망령이 나타나 설득하는 바람에 병력의 배치 상황을 알아냅니다. 라다메스는 아이다와 그녀의 부친 아모나스로를 탈출시키고 자신은 스스로 잡혀들어가 생매장당합니다. 이 지하 묘지에서 아이다는 먼저 도착해 라다메스와 사랑을 확인합니다. 저승에 가서 함께 평화롭게 살기로 약속합니다.

# 주세페 프란체스코 베르디 IV

베르디가 〈아이다〉를 작곡한 1871년 이후 16년간 다른 오페라 작곡을 하지 않았다는 사실은 매우 특이합니다. 물론 그사이에 그가 작품 활동을 하지 않았다는 것은 아니지만 오페라 작곡가로서의 명성과 능력을 생각하면 매우 이례적인 일이었습니다. 왜 그랬을까요.

첫 번째 이유는 〈아이다〉에 쏟은 열정, 그 이후 받은 허탈감 때문입니다. 두 번째는 〈아이다〉 작곡 이후 15만 리라라고 하는 파격적인 수입이 그로 하여금 작품 활동에 여유를 갖게 했을 것입니다. 세 번째 이유는 그의 건강 상태일 것입니다. 이미 60대에 접어든 그는 스스로 자신의 건강 상태를 파악하고 늘 관리하는 습관을 가졌습니다. 그는 과로하지 않고 평정을 유지하려는 자기 관리가 철저했습니다. 누군가 그의 재능을 안타깝게 생각해 작품 활동을 권유하면 자신의 체력과 나이를 말하면서 사양하곤 했습니다. 네 번째는 노년기로 접어들면서 친구들이 타계하면서 삶에 대한 외로움과 무의미함을 느끼기 시작했을 것입니다. 그러나 그러한 그에게 작곡을 거부할 수 없는 사건이 일어납니다. 바로 이웃 나라 독일에서 큰 반향을 불러일으키는 바그너의 오페라가 인기를 끌고 있었기 때문입니다. 쉽게 말해 오페라에 대해서만은 최고라고 생각했던 베르디에게 새로운 영감을 가진 경쟁자가 등장한 것입니다.

## 1. 레퀴엠과 오페라 〈오텔로〉

오페라만을 고집스럽게 작곡해 왔던 베르디에게 레퀴엠을 작곡하게 만든 요인은 그가 평소 존경해 왔던 이탈리아 소설가 알렉산드로 만초니의 죽음과 관련이 있습니다. 특별히 그와 친분이 있던 것은 아니었지만 그의 작품을 읽고 오페라의 소재를 찾고자 했던 것이 그의 문학 세계에 빠져들게 된 동기였습니다. 이미 60대에 접어든 베르디에게 죽음에 대한 생각은 점차 현실적인 것으로 다가왔으며 그럴 때마다 전능자에 대한 믿음이 커져만 갔습니다. 이러한 생각이 레퀴엠을 작곡하게 한 동기 중 하나입니다. 사실 세기의 대규모 오페라 〈아이다〉를 완성하고 자신의 음악 세계를 완성했다고 생각했던 베르디에게는 주변 환경의 변화가 실감 나게 다가왔습니다. 아니 그렇게 느꼈습니다. 이런 정신적 외로움 속에서 그는 작은 위로와 신에 대한 감사를 표현하기 위함도 있었습니다.

오페라 〈오텔로〉의 작곡 동기는 작은 우연에서 시작됩니다. 당시 파리와 런던 그리고 독일 지역을 순회하면서 국제적인 인맥을 쌓아 가던 아리고 보이토의 권유 때문입니다. 보이토는 작곡가로 활동을 했지만 사실 그는 작곡가라기보다는 음악을 연구하고 작곡의 패턴이나 유형을 분석하기 좋아하는 음악 학자에 더 가깝습니다. 그러던 그가 당시 독일의 새로운 오페라 형식을 주도하고 있는 바그너에 심취했던 것은 당연했습니다. 흥미와 재밋거리를 중심으로 쌓아 가는 이탈리아 오페라와 달리 독일의 오페라는 민족적이고 영웅적이었으며, 스토리 중심의 무게감을 가진 점이 그를 매혹했던 것입니다. 더구나 영국의 문호 셰익스피어에 대한 관심과 놀라움은 그를 완전히 영국 문학에 경도되게 했습니다.

이 오페라 〈오텔로〉는 이러한 보이토의 강력한 권유를 베르디가 못 이기는 척 수용해서 이루어진 작품입니다. 사실 보이토는 이 작품의 성공을 예견하고 있었습니다. 원작자인 셰익스피어의 명성도 있었지만 보이토 역시 작곡가로서 또 대본 작가로서의 안목이 이를 가능하게 했습니다. 결국 보이토와의 타협으로 1884년 작곡이 시작되어 3년 후인 1887년 밀라노 스칼라좌에서 초연되었고 예상대로 성공하게 됩니다. 로시니 이후 이탈리아 오페라의 새로운 장을 열었다고 보는 이 작품의 특징은 관현악 반주 부분의 획기적 변화인데 그것은 바이올린의 선율이 독창이나 합창 선율을 따라가는 것이 아닌 독립적인 형식을 갖추기 시작하는 것입니다. 다시 말해 관현악 반주 부분이 부수적이거나 효과음을 위한 것이 아니라 성악 부분과의 화성적 일체를 강조했다고 볼 수 있습니다. 이러한 변화는 베르디가 자신의 젊은 시절 만든 오페라의 유형을 보다 예술적으로 완전함을 추구하는 노력을 기울였다고 말할 수 있을 것입니다. 이러한 시도 때문에 베르디는 매우 세밀하게 연습의 전 과정을 감독했습니다.

## 2. 오페라 〈오텔로〉의 줄거리

베르디가 오페라 〈오텔로〉의 내용은 사실 전형적인 귀족 출신의 사랑 이야기를 담고 있습니다. 지중해 동쪽의 작은 섬 키프로스는 15세기경 베네치아 공국의 영지로 본국의 총독이 파견되어 다스리고 있었습니다. 오텔로는 원래 아프리카 무어(Moors)인으로 베네치아의 군인이 되어 공을 세운 후 장군으로 임명되었고, 이후 키프로스 영지에 침입한 터키 군을 몰아내어 그곳의 총독으로 취임하게 됩니다. 제1막에서 키프로스 주민들은 승전 장군인 오텔로를 축하합니다. 이런 장면을 지켜보는 사람 가운데 베네치아의 귀족 로데리고가 있었습니다. 그는 오텔로의 부인이 된 데스데모나를 사랑하고 있었습니다. 그러나 소위 잘나가는 장군의 애인을 빼앗아 올 수는 없었겠지요. 이러한 로데리고의 고민을 친구인 이아고는 오텔로의 부관 카시오를 증오하고 있었습니다. 카시오 때문에 자신의 출세가 막혔다고 보는 것이지요.

제2막은 이 오페라의 전개 부분입니다. 1막에서 술에 취한 카시오가 전임 총독과의 마찰로 인해 해임되자 원래 흑심이 있었던 이아고는 총독의 부인 데스데모나에게 청원해 보기를 권합니다. 그리고 총독 오텔로에게 부인과 카시오 간의 부정을 의심케 꾸며 말을 합니다. 마침 데스데모나의 손수건을 습득한 이아고는 데스데모나와 카시오의 부정을 의심해 왔던 오텔로에게 이 손수건을 보여주며 카시오가 어젯밤 이 손수건을 가지고 있는 것을 보았다고 말해 두 사람의 부정을 더욱 확신하게 합니다. 오텔로는 이아고의 계략으로 자기 부인과 부정한 관계를 맺었다고 확신한 카시오를 죽이기로 결심합니다. 여기서 이아고가 계략을 꾸며서 얻을 수 있는 이득은 무엇일까요. 제3막은 이 오페라의 절정으로 치닫는 무서운 음모가 진행됩니다. 데스데모나가 카시오의 잘못을 용서해 주자고 말하지만 오텔로는 대답 대신 자신이 준 손수건의 행방을 물어봅니다. 이미 이아고가 꾸민 대로 카시오의 주머니에 손수건을 넣어 두었지만 그것을 알지 못하는 데스데모나는 그저 자신의 결백만을 주장합니다. 카시오가 등장했고 오텔로는 이아고의 권유대로 숨어서 카시오를 관찰합니다. 카시오는 자신도 모르게 이아고가 찔러 넣어 둔 데스데모나의 손수건을 꺼내 땀을 닦습니다. 이 장면을 본 오텔로는 두 사람의 관계를 확신하고 증오심이 불타오릅니다. 이에 베네치아 본국에서 파견한 사절단이 도착해 카시오를 오텔로의 후임으로 정하고 오텔로는 본국으로 소환한다는 명령서를 전달합니다. 오텔로는 극도로 흥분해 졸도를 하고 이아고는 이를 보고 기뻐합니다.

제4막은 이 모든 음모들이 고통과 억울함으로 귀결되는 비극을 보게 됩니다. 데스데모나는 자신의 남편 오텔로가 자신의 부정을 의심하는 마음을 알고 괴로워합니다. 성당 안에서 기도하는 데스데모나에게 오텔로가 다가와 손수건의 출처를 추궁합니다. 카시오와의 대질을 요구하는 데스데모나에게 오텔로는 목을 졸라 살해합니다. 그러나 그녀가 부정하지 않았으며, 오히려 이아고가 흉계를 꾸민 일 등이 밝혀지면서 오텔로는 극도의 자괴감에 빠집니다. 그러나 이미 사랑하는 데스데모나는 숨이 끊어진 상태. 자신의 잘못으로 숨진 데스데모나를 자책하면서 오텔로 역시 자결하고 맙니다.

## 3. 베르디가 오페라에 미친 영향

이 작품의 특징은 물론 셰익스피어의 문학적 가치를 음악으로 한 차원 높였다는 점에서 찾을 수 있습니다. 사실 베르디는 노년에 들어 자신의 작은 농가에서 편하게 쉬면서 전원생활을 원했습니다. 그러나 젊은 작곡가 보이토의 끈질긴 권유와 세기적 문호의 작품성에 대한 호기심으로 천천히 그러나 완벽하게 새로운 오페라를 만들어 갔습니다. 이 작품은 그 구상과 구체적 계획, 그리고 작곡 과정 전반을 계산하면 약 7년의 시간이 소요되었습니다. 자신의 오페라에 대한 자부심과 이탈리아 음악에 대한 긍지로 자신감에 차 있던 베르디는 새롭게 떠오르는 독일의 민족주의적 오페라 형식에 많은 자극을 받은 것 같습니다. 이 작품 역시 그러한 자극의 결과로 보는 이들도 있습니다. 그러면서도 그는 작곡 과정이 노년 생활의 즐거움을 찾기 위함이라고 동료들에게 이야기하곤 했습니다. 베르디는 이탈리아 오페라의 전성기를 이끌었던 최고의 작곡가로 역사에 기록되고 있습니다. 특히 그가 즐겨 사용했던 음악을 통한 성격 묘사 방법은 그 이후 많은 작곡가들에게 영감을 주었으며 음악이 단순한 배경이 아닌 스토리의 전개와 묘사에 적극적인 역할자로 사용되도록 했습니다. 또한 관현악 반주 음악이 주제와 전개 그리고 이에 상응하는 부주제를 부각함으로써 오페라에 있어 그 활용성을 높이고 극적인 전개를 더욱 부추기는 역할을 했습니다. 다시 말해 관현악의 발전에 걸맞은 악극의 주요 역할을 오케스트라에게 요구하고 있었던 것입니다. 이러한 기법은 물론 이후 바그너나 푸치니 같은 작곡가들에게 큰 영향을 미친 것이 틀림없습니다.

베르디의 나이가 점차 기력을 상실해 감에 따라 그는 동료 음악가들의 복지와 건강에 대해서도 관심을 갖게 됩니다. 그들을 위한 양로원(카사 디 리포소)의 건축에 힘을 쏟았던 것은 이름 없는 음악가들의 삶에 대한 대작곡가의 배려였습니다. 그러던 그는 1901년 뇌손상으로 쓰러졌고 일주일 후 타계했습니다. 그의 유산 역시 양로원에 많이 돌아갔습니다. 그러나 무엇보다도 그가 남긴 가장 큰 유산은 온 인류의 행복과 삶에 주어졌다고 할 수 있을 것입니다. 지금도 그의 작품은 세계 곳곳에서 연주되고 행복을 주고 있기 때문입니다.

# 빌헬름 리하르트 바그너 I

　'바그너(Wilhelm Richard Wagner; 1813~1883)' 하면 사람들은 베레모를 비스듬히 쓰고 긴 파이프를 물고 있는 강한 주걱턱의 모습을 먼저 떠올릴 것입니다. 매우 이지적이고 날카로운 눈매, 날이 선 매부리코와 턱 밑을 휘감고 있는 사자 갈기 같은 머리 모양은 예술가로서 자신의 외관도 매우 철저하게 관리하고 있다는 느낌을 줍니다. 사실 많은 오페라 작곡가들이 그러했듯이 바그너 역시 셰익스피어의 연극을 매우 좋아했습니다. 어린 시절부터 그는 셰익스피어의 연극을 가장 즐겨 보았고 자신의 미래를 꿈꾸기도 했습니다. 고집스럽게 자신의 생각을 밀고 나가기를 좋아했던 바그너는 극작가로서의 역할과 작곡가로서의 자기 세계에 도취되어 다른 사람의 조언을 바라지 않았던 인물로 유명합니다. 이 장에서는 독일 낭만주의 음악의 대부인 리하르트 바그너의 생애를 알아보고 그의 음악 속에 담긴 역사적 의미와 예술성을 조금씩 접근해 보도록 하겠습니다.


## 1. 성장과 교육

바그너의 출생 중에도 역사는 매우 긴박하게 진행되고 있었습니다. 물론 어느 때든지 시간의 흐름은 한 작은 생명의 탄생에 관심을 둘 만큼 여유롭지 않은 것이 인생이기도 합니다. 1813년 바그너가 라이프치히에서 태어날 때 나폴레옹의 군대는 러시아의 침공에서 대패하고 자신의 입지를 강화하기 위한 또 다른 전쟁을 계획하고 있었습니다.

그가 태어나던 1813년에도 그의 친부인 프리드리히 바그너는 아들에게 특별한 교육과 유산도 남겨 주지 못한 채 세상을 떠났습니다. 그러나 친부의 동생이었던 삼촌은 학문에 조예가 깊었고 리하르트는 이러한 숙부의 영향을 많이 받은 것 같았습니다. 그가 일생을 통해 셰익스피어의 문학 세계에 심취할 수 있었던 것도, 고대 그리스어를 익혀 직접 호메로스의『오디세이』를 읽고 감명을 받았던 것도 숙부의 영향이라고 할 수 있습니다.

한편 모친 요한나 로지네 페츠는 신앙심이 깊고 매우 가정적이었지만 리하르트의 천재성을 키워 줄 교육적 안목은 부족했습니다. 그보다도 바그너에게 깊은 영향을 미친 환경은 연극의 세계입니다. 바그너는 본인 스스로 현실적이고 실제적인 이야기보다는 추상적이고 공상적인 허구의 세계를 표현하기를 좋아했습니다. 더구나 당대의 소설이나 극본보다는 옛날이야기 혹은 민족적 자존심을 일깨우는 민속 이야기 등에서 소재를 얻고는 했습니다.

그가 13세에 세익스피어 희곡을 읽고 심취한 후 습작을 남겼지만 남아 있지 않습니다. 그러나 2년 후 〈탄호이저〉를 읽고 난 후 〈로이발트와 아델라이데〉를 작곡해 보았으나 그리 성공적이지는 못했습니다. 이 시도는 결국 그가 작곡에 대한 필요와 가치를 깨닫게 되는 최초의 계기가 되면서 본격적인 음악 수업에 임하게 됩니다. 나이도 1831년 그는 라이프치히 대학 작곡과에 입학합니다. 거기서 테오도르 바인리히 교수에게 대위법과 작곡법을 사사했습니다. 바인리히 교수는 바그너의 독창성과 작곡에 대한 집념을 높이 여겨 적극적으로 그를 지도했고 여러 극장의 감독에게 추천도 해 주었습니다. 바인리히 교수는 요한 세바스찬 바흐의 수제자로서 대위법에 관한한 뛰어난 스승의 역할을 해 주었습니다. 그의 지도로 라이프치히 대학에서의 학창 생활은 매우 중요한 배움의 과정을 남겨 주었습니다.


## 2. 청년기

1833년부터 1839년까지 작은 시골 극장의 오케스트라를 맡고 있으면서 오페라에 대한 꿈을 키워 갔습니다. 결혼도 하면서 그에게는 적지 않은 경제력이 필요했는데 여기에는 오페라의 성공만이 가능하다고 믿었습니다. 더구나 바그너는 오페라에 대한 열정과 문학적 재능도 갖추어져 있었습니다. 이 작은 오케스트라는 이러한 바그너의 오페라 수업을 발전시키는 좋은 기회였습니다. 1836년 그의 나이 23세에 민나 플라너라는 이혼녀와 결혼합니다. 그녀에게는 전남편에게서 낳은 딸이 하나 있었지만 그는 크게 개의치 않았습니다. 그에게는 현실적으로 돈이 필요했습니다.

이를 위해 그는 오페라를 구상합니다. 그의 첫 번째 성공적인 오페라 〈리엔지〉는 1837년 구상을 시작해 1840년에 완성됩니다. 그러나 사업은 실패를 거듭해 그는 발칸반도의 작은 도시 리가에서 빚쟁이들을 따돌리고 우여곡절 끝에 파리에 안착하게 됩니다. 이 당시 파리는 정치적으로 공화제가 완성되어 가는 도시로 독일이나 여타 지역보다 경제적으로나 예술적으로 훨씬 발전된 곳이었습니다. 전반적으로 19세기는 유럽의 낭만주의 문학이 꽃피우는 시기였으며 이는 봉건 체제에 대한 강렬한 도전과 서민 대중의 정치 참여 그리고 자유와 평등 사상에 대한 정신적인 지지자 역할을 했습니다.

이 오페라 〈리엔지〉 역시 이러한 평등사상이 극 중에 녹아 있는 내용입니다. 주인공 리엔지는 가난을 딛고 부패한 로마 귀족을 추방하는 어려운 일을 수행해 로마의 영웅으로 부상하지만 자신도 귀족들의 미움을 받아 시민권을 박탈당하고 추방된다는 내용입니다. 이 작품은 그다지 음악적으로 성공하지 못한 바그너의 초기 작품이지만 내용의 다양성과 극적 반전 등으로 여러 가지 작곡 기법을 시험해 볼 만한 중요한 시도였습니다. 파리에서의 결혼 생활은 빈곤과 고통의 연속이었습니다. 이미 음악계는 피아노에 리스트, 작곡가로는 베토벤의 명성이 지배하고 있었습니다. 파리 오페라좌는 〈리엔지〉를 외면했고, 다른 작품을 공연하기로 되어 있던 르네상스 극장은 도산되어 공연이 취소되었습니다. 결국 바그너는 잡다한 허드렛일로 생명을 유지할 수밖에 없었습니다.

## 3. 〈방황하는 네덜란드인〉

19세기 낭만주의 오페라에서 큰 전환점을 만들어 준 〈방황하는 네덜란드인〉은 사실 작곡가 자신의 매우 다양한 경험과 문학적 영감을 통해 얻은 소재를 갖고 출발합니다. 1824년 베토벤의 만년에 작곡된 9번 〈합창〉 교향곡은 당시 유럽인들의 감정을 송두리째 흔들어 놓을 정도로 혁명적인 것이었습니다. 그것은 비단 음악의 경이로움만이 아니었습니다. 음악을 통한 강렬한 의미의 전달이 가능했고 그 의미는 인류의 전쟁 없는 평화와 차별 없는 평등 사회 구현이었으며 이는 모든 인류에게 커다란 메시지를 전달했습니다.

바그너는 이러한 베토벤의 사상을 존경했고 그의 오페라 〈파우스트〉를 쓰게 된 동기를 제공합니다. 베버와 베를리오즈, 리스트 등의 음악은 바그너에게 오페라의 존재를 새삼스럽게 다시 생각하는 계기를 만들었고 자신의 방랑 생활과 도피 생활 그 가운데에서 얻은 새로운 경험 등을 공상적으로 엮어 낸 것이 〈방황하는 네덜란드인〉입니다. 또한 당시 낭만주의 시인이자 소설가였던 하인리히 하이네의 소설과 중세의 전설들이 바그너 특유의 공상과 상상을 자극하고 확대되어 만들어졌습니다. 이 오페라는 1841년 바그너가 방황 끝에 파리로 정착을 한 뒤 새로운 생활을 시작하기 위한 정착금 정도를 받기 원했지만 음산하고 공상적인 배경이 파리 시민들의 취향에는 맞지 않았습니다. 앞서 서술한바와 같이 파리에서의 삶은 바그너에게 있어 그리 녹녹한 형편으로 만들어 주지 못했습니다.

1842년 바그너는 성장의 발판이 되었던 라이프치히 공연을 추진했으나 이 역시 거절되었습니다. 마지막으로 자신의 멘토와도 같았던 작곡가 마이어베어의 추천에 의해 베를린 공연이 허락되었으나 차례는 쉽게 오지 않았습니다. 그 후 1843년 1월이 되어 그것도 베를린이 아닌 드레스덴에서 공연이 가능했습니다. 이 오페라의 줄거리는 다음과 같습니다. 폭풍우가 사납게 몰아치는 노르웨이의 피오르 절벽 해안에 선장 달란트가 피곤한 몸으로 조타수에게 키를 부탁하고 잠을 청합니다. 조타수가 키를 잡고 조는 사이 새카만 돛을 단 음산한 배가 지나가다가 이 해안에 도착해 닻을 내립니다. 창백한 얼굴에 긴 수염을 기른 사내가 신세 한탄을 하면서 배에서 내립니다. 그는 7년이 지나면 육지에 상륙해 자신을 위해 결혼해 줄 여인을 찾을 기회를 갖는 네덜란드인입니다. 잠에서 일어난 선장 달란트는 네덜란드인을 만나 그가 갖고 있는 수많은 보석과 패물을 보고 부러워합니다. 그는 네덜란드인이 결혼할 처녀를 찾는 것을 알고 자기의 딸을 만나게 해 줄 생각으로 네덜란드인에게 약속을 하고 고향으로 출발합니다.

한편 고향에 있는 딸 젠타는 벽에 걸려 있는 〈방황하는 네덜란드인〉 그림을 보며 그림에 나오는 불행한 청년을 구제하겠다고 상상을 합니다. 그러나 젠타에게는 그녀를 짝사랑하고 있는 에리크라는 동네 사냥꾼이 있었습니다. 그는 꿈속에서 이상한 남자를 아버지가 데려왔고 젠타가 그와 함께 바다로 떠나 버렸다는 이야기를 젠타에게 걱정스럽게 들려줍니다. 그러나 젠타는 그 이야기를 듣고 신비로운 청년의 출현과 미지의 세계에 대한 공상으로 오히려 감동을 받게 됩니다. 마침내 아버지가 귀환하게 되고 젠타는 함께 온 네덜란드인을 아버지로부터 소개받습니다. 그녀를 뒤쫓아 온 에리크는 그녀에게 버림받은 슬픔을 노래하면서 자신에게 사랑을 맹세했던 일을 상기시킵니다. 이것을 숨어서 듣고 있던 네덜란드인이 젠타에게 자신이 방황하는 네덜란드인이라는 것을 상기시키고 자신은 저주받아 떠돌아다녀야 하는 신세임을 고백합니다. 그리고 젠타에게 그런 자신을 잊고 에리크와 아름답게 살라고 하면서 젠타의 손을 뿌리치며 출항합니다.

# 빌헬름 리하르트 바그너 Ⅱ

이탈리아 오페라는 낙천적이고 쾌활한 민족성을 닮아 주로 유쾌하고 현실적이며 로맨틱한 주제를 다루는 흥미와 흥행을 우선시했습니다. 반면 독일은 공상적이고 현학적이며 민족주의적 성향을 강하게 보이고 있다는 것을 바그너나 베버와 같은 작곡가의 작품 성향을 통해 알 수 있습니다. 그러한 게르만 민족의 특성을 가장 적극적으로 표현한 작곡가가 바그너입니다. 특히 초기 작품인 〈요정〉이나 〈연애 금지〉 같은 단편에서 이러한 특징의 싹이 나타납니다. 그 후 바그너는 〈탄호이저〉나 〈방황하는 네덜란드인〉 그리고 〈리엔치〉 등에서 볼 수 있듯이 늘 독일적인 공상과 기괴함을 극적으로 표현하기를 좋아했습니다.

이것은 19세기 낭만주의 문학가들의 영향에서 자극받은 경향도 있는데 그중 가장 대표적인 인물이 마이어베어입니다. 그는 당시 파리 오페라계의 큰손으로 젊은 바그너의 재능을 알아보고 그를 위해 필요한 추천서를 써 주었고 바그너 역시 그의 작품을 오페라로 만들기도 했습니다.


## 1. 낭만주의자 바그너


　마이어베어와 바그너의 협력 관계는 두 사람의 예술적 공통 관심이 맞았기 때문입니다. 그는 바그너가 파리를 떠나 베를린으로 돌아갈 때까지 공연과 관련한 많은 도움을 주었습니다. 특히 드레스덴에서의 리엔치 20회 공연에 마이어베어가 참석해 용기를 주었고 이에 바그너는 파리에서부터 도움을 준 것에 대해 깊은 감사를 느끼고 있었습니다.

　바그너의 낭만주의적 성향이 가장 강하게 나타나 있는 작품으로 〈탄호이저〉를 들 수 있습니다. 이 오페라의 특징은 전통적인 전설과 궁정에서 일어나는 사랑 이야기를 상상의 과정을 통해 작품으로 완성했다는 점입니다. 오늘날로 말하면 SF 영화 같은 환상과 현실이 교묘히 결합된 퓨전 음악이랄까요. 고대 사랑의 여신 베누스가 기독교에 귀의해 독일 헤르젤베르크(산)에서 은신하고 있다는 전설과 13세기 튀링겐 지방의 백작 궁정에서 기사들의 노래 대회가 열렸는데 음유시인이자 기사였던 탄호이저 역시 이 대회에 참여하게 된다는 두 가지 상황이 교묘하게 결합된 오페라입니다. 물론 이런 설정은 바그너 특유의 공상적인 또는 낭만적인 감각이 접목되어 만들어진 것이지요. 이 오페라에서 알 수 있듯이 바그너는 당시까지 이탈리아의 오페라 형식이 주도되었던 흐름에서 탈피하고자 했다는 점을 들 수 있습니다. 특히 '반전의 기술(Kunst des Überganges)'이라는 기법을 통해 상황의 급격한 반전을 적절하게 활용하고 있습니다. 이 기법은 상황의 급변이나 긴장이 필요한 시점에 기분이나 분위기를 음악적으로 유연성 있게 표현하고 있음이 특징입니다. 물론 이런 극적 표현은 오늘날 TV 드라마나 영화 등에서 액션의 긴장감이나 흥분을 유도하는 배경 음악의 차원으로 이해해도 될 것입니다.

이 오페라에서 바그너는 인간의 본능적인 욕망을 이 베누스 여신과의 관능적인 사랑을 통해 표현합니다. 즉 인간의 내면세계는 육욕적인 사랑을 추구하는 일면과 순수하게 사랑했던 영주의 조카딸 엘리자베트와의 사랑에 대한 일면으로 분리되어 있음을 상황으로 설정합니다. 인간에게는 순수함과 진실함을 품은 헌신적인 사랑을 추구하나 또 육욕적이고 관능적인 매혹적 사랑으로 분해된 심리적 갈등을 소유하고 있다는 상황을 말합니다. 이것은 20세기 독일 심리학자 프로이트에 의해 오이디푸스 콤플렉스라는 개념으로 정의되고 있습니다. 아무튼 이러한 심리적 갈등은 그의 어린 시절 아버지로부터 받지 못한 부성애와 모친의 지나친 종교적 헌신으로부터의 영향이 아닌가 생각됩니다. 연극을 유달리 좋아했던 친부는 그가 태어나던 해 갑자기 세상을 떴고 어머니는 의부를 들였지만 그 역시 8세 때에 갑자기 죽고 맙니다. 이러한 심리적 불안과 극도의 종교적 헌신에 매달렸던 모친의 영향은 중년 이후 그의 종교적 작품 구상에 많은 영향을 미칩니다. 결국 바그너의 오페라가 독일의 민족주의적 성향 낭만주의 조류와 결합하면서 독특한 탈이탈리아 오페라로 발전했습니다. 그중 29세에 만들어진 〈탄호이저〉와 〈로엔그린〉은 이러한 공상적 인간 심리 묘사에 적극적인 작품 성향을 만들었습니다.


## 2. 바그너의 정치적 신념

예술가에 있어서 정치적 신념이란 그리 크게 부각되는 사안은 아닙니다. 그러나 시나 소설처럼 어떤 구체적 상황이 전개되고 이를 독자들에게 감동으로 발전시키기 위해서는 전체적인 잘 짜인 구성과 세밀한 정황 설명 등이 기술되어야 합니다. 그러나 이러한 구성의 배경 저편에는 언제나 인간의 보편적 삶과 행복을 보장해 주는 정치적 평등과 정의가 살아 움직여야 합니다. 이것은 음악에서도 간혹 증명되는데 그것은 작곡가의 정치적 신념에 대한 언급이나 행동이 연구를 통해 후세에 알려지곤 합니다. 바그너에 있어서 정치적 신념은 그의 문학적 재능과 음악적 영감의 결합이라고 할 수 있겠습니다. 물론 청년기 파리에서의 음악 활동이 거의 무명에 가까운 음악가에게 참담한 생활로 이어지게 했다는 점이나 오페라 제작에 소요되는 자금 마련이 매우 궁색해진 원인으로 정치·사회적 불공정 때문이라고 믿었던 그는 극장을 개혁해 순수한 음악가들이 대우받고 작곡이나 연주에 전념할 수 있도록 해야 한다고 공언했습니다. 특히 극장의 행정이 부패와 제약의 원인이라는 언급이 자신의 작품 공연에 지장을 초래하기도 했습니다. 오페라 〈로엔그린〉은 이러한 바그너 자신의 정치적 신념이 반영된 작품입니다. 〈로엔그린〉은 독일 왕가의 음모와 부패에 대한 신의 결단이라는 주제로 이루어져 사실상 당시 독일 귀족 가문의 일단을 보여 주고 있다는 점에서 쉽게 공연이 허락되지 않았던 것입니다.

이러한 문화적 환경에 대한 부정적 흐름이 바그너로 하여금 점차 개혁적 생각을 하게 했습니다. 드레스덴 가극장 지휘자와 작곡가로서 자신의 의지대로 작품을 공연하고 싶었지만 행정가들의 생각은 늘 바그너의 행동을 제지하고 반대했습니다. 바그너는 이러한 활동이 결국 자신의 음악 활동에 지장을 초래한다는 것을 잘 알고 있었습니다. 그러나 그는 이러한 자신의 신념이 음악의 자유로운 창작과 공연 활동을 위한 것으로 자신은 개혁주의자로서 낡은 것을 추방하고 새로운 사회를 만들어야 한다는 신념으로 승화됩니다. 1849년 그가 쓴 개혁의 당위성에 대한 논문은 당시 음악가들에게도 많은 공감을 주기도 했습니다.

## 3, 오페라 〈니벨룽겐의 반지〉

　1850년 무렵 바그너는 모험적이고 도전적인 오페라를 구상하고 있었습니다. 그것은 독일 민족의 웅대한 서사시를 음악으로 표현하는 일이었습니다. 바그너에게 있어 오페라의 이상과 가치는 민족의 설화 혹은 신격화된 인간들의 이야기를 사실적으로 그려 내는 일이었습니다. 그것은 바그너 스스로 그리스와 이집트의 고대 신화를 능가할 만한 설화가 독일 민족에게 존재했고 이것을 이상화하는 일은 음악가들의 역할이라고 믿었습니다. 물론 연극이라는 장르를 통해 이를 현실화할 수도 있지만 언어의 전달이 연극이라는 예술적 형식의 틀에 억지로 구겨 넣는 일은 적절한 표현이 아니라고 믿었습니다. 결론은 오페라입니다. 게르만 민족이 가지고 있는 고상하고 영웅적인 설화를 바탕으로 그의 꿈과 포부를 실현할 대상을 찾았습니다. 바그너는 '지그프리드(Siegfried)'가 그 설화에 적합한 인물이라고 생각했습니다. 그는 인간세계와 신들의 세계를 오페라라고 하는 구체적이고 형상적인 틀로 구현하고 궁극적으로 독일 민족의 긍지와 자존감을 그려 내려고 했습니다. 그 외에도 독일 민족의 사랑 이야기, 무용담, 기사도 정신, 신앙적 구원 등이 자세하게 그려지고 있기 때문에 그 전개 과정은 복잡하고 광대할 수밖에 없었습니다. 〈니벨룽겐의 반지〉는 서곡을 비롯해 제1곡 〈발퀴레〉, 제2곡 〈지그프리드〉 제3곡 〈신들의 황혼〉으로 구성된 장대한 오페라입니다. 사실 1848년 구상 단계에서 바그너는 지그프리드라는 신화적 인물만을 중심으로 그의 활략상을 그리려 했지만 그의 출현을 전후한 배경에 대해서 그려 내지 않을 수 없었습니다. 결국 지그프리드 이전 영웅의 탄생과 그 역사적 배경을 그린 〈발퀴레〉를 작곡할 수밖에 없었습니다.

제1곡인 〈발퀴레(Die Walkure)〉는 보탄(Wotan)과 지혜의 여신인 에르다(Erda)와의 사이에 난 아홉 명의 딸들로 이들은 날개가 있는 말을 타고 전쟁터에서 부상당한 전사들을 발할 성으로 데리고 와서 간호해 주는 역할을 합니다. 그녀들 중 브륀힐데는 보탄이 가장 사랑하는 딸로서 주인공 지그문트의 생명을 구하려고 노력하는 장면이 인상적입니다. 이 역시 하나의 영웅적 스토리이기 때문에 이의 서곡에 해당하는 〈라인의 황금〉이 별도로 만들어져야했습니다. 바그너의 〈니벨룽겐의 반지〉는 이렇게 해서 점점 규모와 길이가 장대해졌습니다.

'Nibelungen'이란 단어는 독일 북쪽 지방의 고대어로 'Nilfheim'에서 유래되었고 이는 '죽은 자들의 고향'이라는 의미를 가졌습니다. 이곳에는 소위 '니벨룽의 보물'이 있어서 황금을 탐내는 기사들은 이를 가지려다가 죽음을 맞게 된다는 전설이 있습니다. 이 황금을 보탄 신에게 빼앗긴 니벨룽의 소인 알베리히는 이를 도로 빼앗기 위해 하겐이라는 아들을 낳습니다. 이 아들을 통해 신의 전능한 힘인 반지를 도로 찾고 신들을 몰락시키려는 계획을 세웁니다.

# 빌헬름 리하르트 바그너 Ⅲ

얼마 전 브라이언 싱어 감독의 〈작전명 발키리〉라는 영화를 본 적이 있습니다. 톰 크루즈 주연의 이 영화는 2차 세계대전 중 히틀러가 권력을 잡아가는 과정과 전쟁을 일으켜 장군들을 독려하고 유대인을 추방하고 학살하는 등 크고 작은 사건의 전후 배경을 나치 정권의 시각으로 다루었다는 점에서 흥미를 끌었습니다. 큰 줄거리는 주인공 슈타우펜버그 대령을 중심으로 한 히틀러의 암살 계획이 실패로 돌아가고 역사는 더욱 광포한 독재자를 용인하게 된다는 안타까운 사실입니다. 히틀러가 태어나기 전에 이미 독일의 민족주의적 자부심을 음악과 오페라로 극대화시킨 바그너에 대해 그는 광적인 호감을 가졌습니다. 히틀러의 생애를 보면 그는 청년 시절부터 회화에 재능을 보였고 실제로 빈 음악 미술 아카데미에 응시하기도 했으나 번번이 낙방했습니다. 만약 그가 빈 아카데미에 합격했다면 역사는 어쩌면 전혀 다른 흐름을 가져왔을지 모릅니다. 그러나 그는 바그너의 오페라 〈방황하는 네덜란드인〉과 〈지그프리드〉를 30회 이상이나 관람하면서 바그너의 음악에 심취하면서 독일의 민족주의 사상을 받아들입니다. 어쩌면 그는 바그너의 오페라를 통해 독일적 민족의식을 키웠을지도 모릅니다.

## 1. 시도동기(Leitmotiv)의 출현

바그너가 40세가 되던 1853년은 그의 역작 〈니벨룽겐의 반지〉의 멜로디와 화성이 샘솟듯 흘러나오던 시기였습니다. 그는 이탈리아를 여행하면서 자신의 오페라를 손수 지휘하기도 했고 자신의 스폰서인 베젠동크 부인에게도 피아노 음악을 헌정하기도 했습니다. 그런 일이 모두 바그너에게 사소한 음악적 활동이었지만 그의 마음은 반지에서와 같이 독일적 선율과 설화에 빼앗기고 있었습니다. 문제는 반지에 나오는 수많은 신과 인간의 성격을 어떻게 구별할 것인가였습니다. 다시 말해 연극이나 소설처럼 언어를 매개로 하는 극적 인물의 특성과 성격을 어떻게 음악으로 구현할 것인가에 대한 딜레마에 빠져 있었습니다. 물론 당시 유럽의 음악계는 고전주의로 대변되는 음악 형식이 주를 이루고 있었으며 작곡가들은 이 고착화된 틀에서 크게 벗어나지 못하고 있었습니다. 그래서 음악 형식은 작곡가들에게 있어 기본적인 뼈대가 되었고 그들 나름대로의 새로운 색깔을 덧입히는 게 일반적인 방식이었습니다. 결국 바그너는 연극에서의 대사처럼 한 인물의 특성을 담아 간단한 화성과 선율 덩어리를 지어냈습니다. 그 덩어리는 마치 등장인물의 모습처럼 독특하고 특징적으로 만들어져 그의 연기 실력과 함께 노래의 의미를 더욱 쉽고 분명하게 전달할 수 있었습니다. 이 음악적 덩어리를 사람들은 시도동기(示導動機) 혹은 지도동기(指導動機)라고 부르게 됩니다. 이 시도동기를 오페라에 도입함으로써 바그너의 음악은 더욱 구성이 치밀해지고 등장인물의 특성과 대화 내용이 구체화되었습니다. 그는 마치 관현악기를 통해 성악이 가지는 언어의 구체성과 직접성을 실현하려 했던 것입니다. 바그너는 〈니벨룽겐의 반지〉처럼 3일 동안 이루어지는 장대한 오페라 작곡에서 수백 개의 시도동기를 구사하면서 연극의 효과를 음악으로 재현하려 했습니다. 그것은 성공적이었고 그의 사후 많은 오페라 작곡가들은 그의 이러한 기법을 교과서처럼 활용하기 시작했습니다.

## 2. 마틸데와 오페라 〈트리스탄과 이졸데〉

1857년 이후 바그너의 인생에서 우리는 마틸데 베젠동크라는 여성을 기억할 필요가 있습니다. 사실 베젠동크 부부는 실크 무역으로 큰돈을 벌어 오페라를 공연하는 제작자로 혹은 스폰서로 작곡가들에게 많은 도움을 주는 애호가였습니다. 바그너 역시 오랫동안 도움을 준 이들 부부에게 마음으로 감사와 존경심을 갖고 있었습니다. 특히 마틸데 베젠동크 부인은 지적이고 포용적인 여성으로 작곡가의 깊은 내면세계를 이해하고 존경했습니다. 바그너는 이러한 마틸데의 지성미에 끌려 점차 감사와 존경심으로 변했습니다. 더구나 당시 부인 민나와의 불화에 시달렸던 바그너는 마틸데에 대한 연심으로 변했습니다. 그러나 문제는 마틸데 역시 훌륭한 남편 베젠동크와 결혼 생활에 전혀 문제가 없었을뿐더러 바그너에 대한 생각도 평범한 스폰서 이상이 아니었다는 점입니다. 바그너는 두 가정의 이혼까지 생각해 보았지만 이는 전혀 현실성이 없는 꿈이었습니다. 바그너는 이러한 현실에 대한 안타까움과 두려움을 음악으로 완전하게 그려 내고 싶었습니다. 바그너 자신 중세의 수행자와 같은 마음으로 돌아가 마음을 평정하고 마틸데에 대한 연정을 아가페적인 사랑으로 승화시키고자 했습니다. 오페라 〈트리스탄과 이졸데〉는 중세 독일의 시인 슈트라스부르크의 서사시였지만 금욕과 사회적 규범이 엄격했던 그 시대의 분위기가 바그너에게 있어 자신의 삶과도 매우 어울리는 모습이었습니다. 이 오페라가 만들어진 곳은 스위스 취리히 인근의 산기슭으로 베젠동크 부부가 건축 중인 별장으로 평소 친교가 있었던 바그너에게 작곡을 위해 임시로 빌려준 건물입니다. 이곳에 여름이 왔습니다. 많은 손님들이 바그너의 작업장을 찾아 교류했는데 그중에는 나중에 부인이 된 코지마도 있었습니다. 코지마에게 있어 바그너의 첫인상은 그리 좋지 않았습니다. 그는 매우 건방지고 무례했으며 사치스런 의상이나 가구들에도 별로 관심이 없었지만, 그의 음악 특히 오페라 〈트리스탄과 이졸데〉의 선율을 듣고는 크게 감동했고 그 이후부터 그를 존경하게 되었습니다. 어쨌든 그해 여름 바그너는 이 오페라의 1막을 완성했고 후원자이자 연정의 대상이었던 마틸데에게 작품의 일부를 선보이기도 합니다. 그리고 오스트리아 속국이었던 베네치아로 여행을 떠납니다. 타국에서의 외로움은 바그너에게 마틸데에 대한 그리움이 되어 돌아왔습니다. 2막에서 바그너는 이러한 연정을 이렇게 표현합니다.

"몸과 마음을 던져 마침내 신들과 같은 죽음을 기다린다."

그는 이룰 수 없는 사랑을 이 오페라를 통해 전에 없던 새로운 기법으로 정신세계의 미묘함을 그려 내고 있습니다.


## 3. 〈트리스탄과 이졸데〉

이 오페라의 출현은 바그너 개인에게는 자신의 영적 세계를 미묘한 화성의 움직임을 통해 그려 내려 했지만 음악사에서는 매우 획기적인 변화의 시발점으로 기록하고 있습니다. 즉 이 1857년의 오페라 〈트리스탄과 이졸데〉의 화성적 어법과 체계는 음악이 낭만주의를 넘어 표현주의로 옮아감을 뜻했습니다. 내용적으로 이 작품은 이루지 못한 여인에 대한 성적 자기만족을 표현하는 많은 의미심장한 시도동기들로 이루어져 복잡하고 미묘한 인간의 애정을 그려 내고 있습니다. 이 곡의 특성을 보면 슈트라스부르크의 시를 압축해 자신의 감정이 가장 잘 농축되어 있는 사랑의 감정만을 중점적으로 압축해 도출해 냈습니다. 특히 이졸데가 트리스탄과 함께 마신 미약(媚藥)은 하녀 브란게네가 이졸데를 살리기 위해 건네 사랑의 약 즉 성애(性愛)를 자극하는 약이었던 것입니다. 이 약을 마시고 죽으려 했던 두 사람은 오히려 성적으로 자극됩니다.

이 오페라의 줄거리는 1막에서 코른발(왕국)의 기사이자 마르케왕의 조카인 트리스탄과 아일랜드의 공주 이졸데의 만남, 두 사람이 우연히 갖는 사랑의 감정을 묘사합니다. 그러나 이졸데는 코른발의 왕 마르케와 결혼하기로 약속되어 있어 배를 타고 코른발로 향합니다. 그 배의 키를 쥔 사람은 트리스탄입니다. 코른발이 가까워지면서 이졸데는 자신의 트리스탄에 대한 사랑의 감정과 원치 않는 왕 마르케와의 결혼 사이에서 고민합니다. 이졸데는 트리스탄을 죽이고 자신도 자살하기로 결심합니다. 하녀 브란게네에게 독주를 가져오라고 합니다. 하녀에게 두 사람이 함께 죽을 수 있도록 도와 달라고 합니다. 트리스탄이 이졸데에게 자신을 죽여 달라고 합니다. 이졸데는 왕의 충직한 부하인 트리스탄을 죽일 수 없다고 합니다. 트리스탄은 독주 잔을 빼앗아 마십니다. 이졸데는 그런 그의 잔을 다시 빼앗아 마십니다. 이 잔은 조금 전에 말했던 독주가 아닌 미주였습니다. 이 장면을 두고 많은 평론가들은 바그너가 이 작품을 통해 욕망과 성적 만족을 대신했다고 평하고 있습니다. 코른발의 마르케 왕의 성에 도착했지만 왕의 감시와 위험 속에서도 두 사람은 더욱 사랑의 밀회를 나눕니다. 어느 날 마르케 왕이 두 사람의 관계를 알게 되고 배신감으로 분노합니다. 트리스탄은 왕의 신하 멜로트에게 결투를 허용합니다. 그 싸움에서 트리스탄은 상처를 입고 쓰러집니다. 3막에서 트리스탄은 몽롱한 아픔에서 깨어나 이졸데에 대한 사랑의 마음을 하인 쿠르베날에게 전합니다. 이졸데가 도착해 상처 입은 트리스탄의 모습을 보고 가슴 아파합니다. 트리스탄이 입은 상처로 인해 죽어 갑니다. 이졸데는 그런 트리스탄의 모습을 보며 자신도 함께 목숨을 끊습니다. 이 두 사람의 처절한 사랑 이야기는 어쩌면 바그너 개인의 감정일 수 있겠다는 생각이 듭니다. 바그너 역시 마틸데에 대한 처절한 그리움으로 죽음과 같은 고통을 느끼고 있었으니까요.

# 빌헬름 리하르트 바그너 Ⅳ

니체는 19세기 독일의 관념주의 사상가이자 아마추어 작곡가이기도 합니다. 그는 정치 및 철학적 신념에서 매우 극단적인 의견을 제시함으로써 많은 사상가들로 하여금 퇴폐적이거나 비관적인 철학자로 규정되어 오곤 했습니다. 그런 그가 바그너의 오페라 〈트리스탄과 이졸데〉에 심취해 이를 최고의 음악으로 규정했으나, 점차 음악의 가치를 음악 외적 감성에서 찾게 됨으로써 바그너로부터 멀어지게 됩니다. 오히려 베토벤의 교향곡처럼 음악의 본질적 가치, 특히 기악 음악의 특성인 교향곡이나 관현악곡을 선호하게 되었으니 매우 아이러니한 일이기도 합니다. 단어와 문장의 의미로 사물과 인식의 세계를 논해야 할 철학자로서는 비언어적인 음악의 특성에 더 무게를 두고 절대적인 음악의 표현 가치를 중시했던 것은 어찌 보면 당연한 시각이라 할 것입니다. 다만 바그너에 대한 니체의 감동은 트리스탄에서 보이는 신비로운 선율과 비화성 그리고 반음계주의 등에 있습니다. 또 그는 〈마이스터징거〉에서 보여 주듯 민속적이고 전통적인 선율과 음계를 통한 독일적인 것에 대한 믿음과 자부심은 매우 큰 것이었습니다.


## 1. 바그너와 루트비히 2세

1864년쯤 바그너는 니체의 절대주의적 음악관과는 다르게 스토리와 가사 중심의 악극에 대한 열정으로 가득 차 있었습니다. 특히 〈트리스탄과 이졸데〉 작곡 이후 이렇다 할 수입이 없었던 바그너에게 아내 민나와의 불화는 정신적으로 많은 방황과 갈등을 가져왔습니다. 그런 그에게 여행은 자그마한 위로이자 새로운 세계로의 도전이었습니다. 빈에서 탈출한 바그너는 스위스의 지인 집에서 한동안 머물며 마음을 정리하려 했으나 마땅치 않아 다시 독일의 슈투트가르트로 갑니다.

이곳은 이미 모차르트의 오페라가 인기를 끌며 공연에 성공을 거두고 있었습니다. 이태리적인 화려함과 오스트리아의 단아함이 매력이었습니다. 그러나 그해 3월 바이에른 국왕에 오른 루트비히 2세는 독일적 정서와 자부심을 일깨워 줄 바그너를 좋아하고 있었습니다. 마침 바그너가 슈투트가르트에 있다는 소문을 듣고 그를 왕궁으로 초청했습니다. 루트비히 2세는 음악적 천재이자 독일의 궁지였던 천재 작곡가 바그너의 존재를 매우 귀하게 여겼습니다. 그는 바그너를 하늘이 내린 천재라고 부르며 "그에게 사랑과 존경을 표하는 것은 당연한 것"이라고 공언할 정도였습니다. 그런 국왕의 관심이 바그너에게는 부담스러운 일이기도 했지만 한편으로는 그의 경제적 어려움을 해소할 수 있는 유일한 통로이기도 했습니다. 국왕과의 친소관계는 다소 이례적이라 할 만큼 각별한 것이어서 두 사람의 신뢰는 점점 더해 갔습니다. 어찌 보면 국왕의 바그너에 대한 관심은 군신의 관계라기보다는 동성 간의 사랑과도 같은 세심한 것이라고 세간에는 수군거렸습니다. 이러한 절대적인 관심 속에서도 바그너의 관심은 아내 민나로부터의 탈출과 새로운 여자 코지마에 대한 관심이었습니다. 리스트의 딸이자 피아니스트 한스 뷜로의 아내이기도 한 코지마는 바그너의 사랑을 점차 현실로 인식하게 됩니다. 그러나 리스트의 반대는 여전했습니다. 리스트의 딸이 누구와 이혼하고 누구와 살림을 차렸다는 세간의 구설을 원치 않았던 것이죠. 나이 어린 국왕에게는 이성적 관계는 아니지만 그렇다고 바그너와 뷜로 그리고 코지마와의 관계를 알릴 필요는 없었습니다. 오히려 국왕을 위해 바그너는 〈충성 행진곡〉을 작곡하고 국왕이 원했던 〈니벨룽겐의 반지〉를 완성해 그의 신임을 얻기 위해 노력을 기울였습니다.

## 2. 가장 독일적인 것

이러한 바그너의 국왕에 대한 충성과 독일인에 대한 우월 의식은 특히 프랑스 음악과 오페라와 비교해 막연한 피해 의식을 갖고 있는 당시 민중들을 일깨우고 민족적 자긍심을 부추기는 중요한 계기가 되었습니다. 그는 독일인들의 성품이 본래 창의적이고 사려가 깊으며 예술성이 뛰어난 민족임을 강조하고 있었습니다. 나아가 인류의 문화적 예술적 전통은 독일적인 것으로 채워질 것이라고 그는 확신했습니다. 그것은 루트비히 국왕에게는 매우 기분 좋은 평가였고 긍지였습니다. 그 일을 바그너가 하고 있다는 것이 루트비히 2세에게는 매우 긍정적인 방향이라고 생각했습니다. 그러나 니체는 바그너의 독일 예찬이나 독일인의 융성과 같은 정치적 평론에 대해 그리 좋은 평가를 내리지는 않았습니다. 니체는 독일적인 예술 특히 독일음악의 특성은 사색적이고 진중하며 비언어적 표현 방식에 있다고 믿었기 때문입니다. 그런 평가와 달리 바그너는 그의 독일적인 민족의식과 국왕의 총애 덕분에 많은 경제적 이익과 기회를 얻을 수 있었으며 정치적으로도 상당한 권위를 인정받고 있었습니다.

그러나 그의 한계는 음악가이며 평탄하지 못한 부부관계에서 비롯됩니다. 바그너에게 어질고 순박했던 민나를 멀리하고 피아니스트 뷜로의 아내인 코지마를 사랑하게 된 문제만 해도 뮌헨의 시민들은 이해하기 어려웠는데, 국왕의 총애를 바탕으로 매우 보수적인 정치가들을 등에 업은 음악가의 신중하지 못한 처신에 그들은 분노하기 시작했습니다. 바그너가 얼마나 국왕의 총애를 받았던지 그는 왕의 측근 정치인들에 대한 개인적인 평가도 내리고 때로는 특정 정치인의 면직을 요청하기도 했습니다. 더구나 바그너의 개인적인 생활은 보통 시민의 정도가 아니었습니다. 비단으로 만든 셔츠를 입고 실내 가운과 실크 이불 등으로 치장했으며 벨벳으로 만든 커튼과 의자 등을 실내에 놓았습니다. 이러한 개인적인 사치는 그의 평소 독일적인 가치관과 어울리는 일이 아니었습니다. 서민적이고 사색을 즐기며 절대적인 음악(음악의 질적 가치를 중시하는 음악)을 좋아하는 그들에게 있어 바그너의 사치 생활은 곱게 보이지 않았던 것입니다. 이러한 여론을 이기지 못한 바그너는 급기야 루트비히 2세의 보호 아래 있던 뮌헨에서의 삶을 청산하고 스위스 루체른으로 망명하기에 이릅니다. 루체른은 3000미터급의 필라테스 산과 아름다운 호수가 도시 중간에 위치한 휴양지입니다. 지금도 이곳은 많은 등산객과 스키어들이 모여드는 관광의 명소입니다.

### 3. 〈파르지팔〉에 담긴 바그너의 철학

'동정(同情)'이라는 단어는 사전에서는 '상대방의 어려움을 자기 일처럼 딱하고 가엽게 여김'이라고 설명하고 있습니다. 바그너에 있어 동정은 예술의 기본이 되는 가치로 파악하고 있었습니다. 그러한 가치관의 저변에는 불교의 윤회설에 기인한 동물이나 곤충 같은 생명체에 대한 소중함을 이해하는 데서 출발했습니다. 이러한 심경의 변화에는 노년으로 접어든 그가 인생의 무상함과 생명에 대한 소중함을 다시 알게 했던 것이 아닌가 합니다. 기독교 사상의 중요한 덕목인 사랑과 베풂이라는 덕목도 그러한 사상을 굳히는 역할을 한 것으로 보입니다. 그러나 이러한 바그너의 기독교에 대한 나름대로의 해석은 불교의 교리와 혼합되어 그 근본적인 가치관을 혼란스럽게 할 뿐이었습니다. 동정을 예술의 근간으로 생각했던 그가 게르만 민족의 인종 우월주의를 주장했고 스스로 거대한 예술적 환상에 빠져 많은 권력과 부에 대한 집착을 낳게 했다는 사실이 어리둥절하게 할 뿐이었습니다. 그는 게르만 민족의 순수한 혈통만이 우수한 문화와 예술을 만들 수 있고 세계를 지배할 수 있다는 일종의 게르만 민족 우월주의를 서슴없이 언론에 기고함으로써 자신의 예술적 가치관을 민중들에게 전파하려 애썼다는 것도 이러한 주장을 뒷받침하는 것입니다. 오페라 〈파르지팔〉의 탄생은 이러한 생각들의 결과로 만들어졌습니다.

　어리석고 출생 신분도 모르는 파르지팔이라는 순수한 기독교적 인물을 통해 세속적인 욕망과 정욕만을 탐하는 인간에 대한 연민과 사랑을 비판하려 했음을 알 수 있습니다. 여기에 불교의 열반(涅槃) 세계에 대한 정신을 가미했고 동양적인 겸양의 미덕을 아울러 그려내려 했음은 그의 구도자적 만년의 삶에 대한 번민을 알 수 있게 합니다. 〈파르지팔〉은 기독교의 예수처럼 출신 성분도 모르고 교육도 받지 못해 지식이 부족한 힘없는 사람으로 세상의 많은 어려움을 스스로 겪어 내고 인내함으로써 지성의 세계를 알게 됩니다. 물론 이 지성적 세계를 성배로 섬기는 시녀 쿤드리의 유혹과 이를 극복함으로써 암포르타스의 고통을 이해하는 소위 '동정'을 이해하게 됩니다.

암포르타스는 이전에 어부들의 지도자였으나 파르지팔을 만나 성배 수호를 위한 기사들의 우두머리로 나중에 예수의 옆구리를 창으로 찌른 로마 병사처럼 오페라에서도 창에 의해 상처를 입게 됩니다. 파르지팔은 암포르타스의 고통을 자신이 공감하면서 동정을 느끼며 자신을 이기고 사랑도 거부하는 힘을 얻게 됩니다.

결국, 바그너의 음악은 오페라의 모든 장르와 형식을 뛰어넘는 새로운 양식을 만들어 내고 싶어 했다는 것입니다. 그의 오페라 작업은 기존의 이태리적 흥미와 세속성에서 벗어나 음악 예술의 궁극적 가치와 이성적 접근을 시도했다는데 큰 의미가 있습니다. 오페라의 구성 요소를 하나하나 음미하고 이를 적극적인 개혁의 동기로 삼았으며 진정한 의미의 인간 승리를 찾아 나가려는 노력이 전 일생을 통해 감지되고 있습니다. 그는 1883년 2월 13일 심장마비로 험난했던 삶을 마감합니다.

# 지아코모 푸치니 Ⅰ

1972년 가을 어느 날이었습니다. 을지로 6가 평화시장으로 둘러싸인 3층짜리 빨간 벽돌 기역자 건물은 한때 젊은 청년들이 음악에 대한 꿈을 불태웠던 작은 둥지였습니다. 그 빨간 건물 맞은편 작은 길을 사이에 두고 국립 간호학교 기숙사가 있었습니다. 청년들은 3층 연습실에서 건너편 창문 너머 기숙사 내부를 훔쳐볼 기회가 있었습니다. 그 여학생들은 옷을 갈아입기도 하고 친구들끼리 무슨 말인가 토론도 했습니다. 청년들은 그런 모습을 키득거리며 재미있어했습니다. 연습의 무료함과 고단함을 잊게 해 주는 매일의 사건이었습니다. 그 빨간 건물 건너편에 400석쯤 되는 연주 홀이 있었습니다. 아니 그것은 연주 홀이라기보다 강당이 어울렸습니다. 음향도 난방도 미관도 시설도 전혀 고려 대상이 아니었으니까요. 그래도 청년들은 우리나라 유일의 오페라 전용 하우스라고 비아냥

거렸습니다. 당시 시민회관이나 명동 국립극장은 클래식 음악뿐 아니라 대중가수나 연극, 발레, 정부 행사장으로도 자주 사용됐으니까 그런 말이 나오는 것이 무리는 아니었습니다. 그해 가을 음악회를 위해 베이스 이인영 교수의 연출로 베르디의 〈라 트라비아타〉를 연습 중이었습니다. 그때는 〈라 트라비아타〉가 보여 준 귀족 사회, 비올레타의 슬픔, 그녀를 죄악시하는 사회가 청년들의 가슴을 참으로 분노케 했습니다.

## 1. 푸치니와 음악

누구나 어느 분야에서 전문가가 된다는 것은 특별한 노력과 재능을 필요로 하는 것 같습니다. 더구나 음악사에 등장하는 많은 음악가들 특히 작곡가들의 삶을 돌아보면 그들은 하나같이 음악을 좋아하는 가정이거나 대대로 음악을 업으로 삼아온 소위 음악적 가풍을 지니고 있음을 알게 됩니다. 음악은 어린 시절부터 습관적으로 익혀야 하는 특성상 부모의 관심과 가풍이 매우 중요한 요소가 됩니다. 푸치니의 경우 이탈리아 토스카나 지방의 루카라는 작은 도시에서 태어납니다. 푸치니의 음악적 재능은 역시 당시 이탈리아 전역에서 불고 있었던 오페라에 대한 인기와 무관한 것은 아니지만 몇 대째 내려오는 음악에 대한 사랑과 관심이 큰 영향을 미친 것 같습니다. 이미 이탈리아는 유럽 전역에 불고 있는 계몽주의 사조의 물결 속에서 문학과 예술의 낭만주의적 경향이 지배하고 있던 시기였습니다. 음악가로서는 독일의 리하르트 슈트라우스, 프랑스의 클로드 드뷔시, 러시아의 무소륵스키와 같은 인상주의 작곡가들뿐만 아니라 스트라빈스키, 쇤베르크와 같은 현대적 기법이 민주화와 자유화의 물결과 함께 대두되었고 푸치니는 이에 대한 연구도 소홀히 하지 않았습니다. 아마도 푸치니의 음악적 특징은 이러한 다양한 작곡가들에 대한 철저한 연구와 그 기법들을 소화해서 자신만의 특색 있는 음향을 만들어 낸 것이 아닌가 합니다. 물론 이 모든 특징이 그 시대의 문화적 환경 안에서 만들어진 산물이라면 그것은 당연히 음악사적 과정으로 이해할 수 있을 것입니다. 그러나 푸치니의 음악은 이러한 이탈리아 특유의 오페라에 대한 인식과 흐름, 즉 오락적이고 유희적인 내용과는 다르게 서정적이고 감성적인 경향을 보이고 있습니다. 이는 물론 푸치니가 문학 작품을 대본으로 구성함에 있어 오락적이거나 상업적이지 않고 현실의 정치·사회 문제를 강조하고 있다는 점에서 낭만적 작곡가라고 부를 수 없게 됩니다. 이러한 작곡의 방향은 이전 사조의 비현실적이고 몽환적인 오페라 특히 바그너와 같은 전통적이고 공상적인 오페라에 반발하면서 등장합니다. 이러한 오페라의 유형을 음악사에서는 베리스모 오페라(Verismo Opera)라고 기술합니다.

## 2. 베리스모 오페라

베리스모 오페라란 19세기 중반 이후 계몽주의 사조가 만들어 낸 사실주의 혹은 자연주의 오페라 운동의 결과로 나타납니다. 이 운동은 사실 콩트의 실증주의 철학에서 유래하는데 이전까지 고전이나 낭만주의적인 요소 즉 허구적이고 과장되며 영웅적인 주인공을 배격하고 가난하고 소박한 사회의 어두운 구석에서 일어나는 극히 현실적이고 실제적인 이야기를 줄거리로 하고 있다는 것이 특징입니다. 이들은 먹고살기 위해 혹은 욕망을 찾기 위해 치정에 따른 살인과 음모를 꾸미며 약하고 가난한 자들을 이용하고 배신하며 살인까지 저지른다는 것입니다, 이 모든 일들이 무대 위에서 일어나도록 설정함으로써 당시 로마와 파리의 여러 극장들은 상당히 곤혹스러워했다고 합니다. 그런 일들이 극장이라는 좁은 공간에서 적나라하게 이루어진다는 것은 당시 중산층 이상의 시민들에게는 매우 충격적이었기 때문입니다. 이러한 극장과 작곡가와의 시각 차이를 극복하지 못하고 자신의 음악적 재능이 예술적 가치에 못 미친다고 믿었던 비제는 일찍이 삶을 마감하고 마는 비극도 일어나고 있었습니다. 조르주 비제가 〈카르멘〉을 작곡해 무대에 올렸을 때 이런 일들이 실제로 프랑스 오페라 극장은 영업 손실을 가져올 것이라고 믿어 공연을 허락하지 않았다고 합니다. 그러다가 베리스모 오페라는 마스카니에 와서 예술성과 상업성에서 성공을 거두게 됩니다. 그 첫 번째 음악이 〈카발레리아 루스티카나〉입니다. 이 오페라는 시칠리아의 투박한 기사들의 애정과 질투를 그린 작품입니다.

그러나 이 오페라는 당시 이탈리아 중산층 청중들에게는 어울리지 않는 소재였습니다. 젊은 남녀의 사교장의 기회로 애용되던 오페라 극장에서 집시나 걸인, 밀수업자와 매춘, 가난한 공장 인부들의 일상을 그린 베리스모 오페라는 보기 좋은 장면이 아니었습니다. 이러한 장면을 연출하기 위한 푸치니 스타일의 발성법은 격정적이고 드라마틱한 열정을 소유한 음성이어야 했습니다. 이전까지 유행했던 벨칸토 즉 아름답고 유려한 발성은 예술성 표현에서는 매우 적합한 것이었지만 베리스모 유형의 극적 장면을 표현하는 데는 적합하지 않았던 것이지요. 〈카발렐리아 루스티카나〉에서와 같이 시골 기사들의 투박하고 억센 시칠리아 사투리를 표현하는 것은 쉽지 않았습니다. 이와 반대로 기악적 요소는 크게 확대되어 가사가 필요한 아리아나 합창보다는 관현악을 이용한 극적 분위기를 선호했습니다. 자연히 악기들의 다양한 음색과 기교를 중시했고 가수들도 노래보다 극적 장면과 관현악을 중시하는 등, 베리스모 오페라의 새로운 스타일이 인기를 얻었습니다.

## 3. 푸치니와 베리스모 스타일

로마와 파리에서의 베리스모 오페라 운동은 마스카니와 마스네를 비롯한 자연주의 작곡가들에게 공통적인 감동을 불러일으켰습니다. 푸치니가 이러한 운동에 동참하게 된 것은 오페라 〈마농 레스코〉를 발표한 이후였습니다. 오페라 〈마농 레스코〉의 원작자 프레보는 수도사와 예수회 성직자 등을 지냈으나 나중에 소설가로 생애를 보내게 된 사람으로 18세기 계몽주의의 영향을 받은 작가입니다. 오페라 〈마농〉은 프레보의 소설 『한 귀부인의 회상과 모험』 20권 중 7권에 나오는 것으로 마스네에 의해 1883년 5막 오페라로 작곡되었습니다. 이 오페라는 당시 파리의 사회 실상을 적나라하게 보여 주는 것으로 진정한 사랑과 부유한 삶의 유혹을 통해 인간의 갈등을 섬세하게 그려 낸 작품으로 큰 인기를 끌었습니다. 흔히 '미인박명(美人薄命)'이라는 속담이 있듯이 이 작품의 주인공 마농은 남다른 미모로 주위의 돈 많은 남자와 잘생긴 젊은 남자, 그리고 이런 불안정한 상황을 이용하려는 남자들의 틈에서 흔들리는 여인의 마음을 표현함으로써 현실적인 고통과 갈등 그리고 애증 관계를 극복하지 못하고 요절합니다. 누구나 이 작품 속의 주인공이 될 수도 있고 그렇게 되기를 꿈꿀 수도 있는 내용입니다. 그러니 많은 남녀 청중들은 이러한 내용에 쉽게 감동도 하고 안타까워하기도 했을 것입니다. 이러한 상황 설정이 베리스모 유형의 오페라입니다. 그런데 푸치니는 마스네가 〈마농〉을 발표한 10년 후인 1893년, 똑같은 원작의 〈마농 레스코〉를 발표합니다. 푸치니가 마스네의 〈마농〉을 다시 리메이크한 이유는 무엇일까요? 그것은 푸치니가 로마음악원 학생 시절부터 금전적인 후원을 받아왔던 출판업자 리코르디사로부터의 강요 때문이었습니다. 사실 당시 출판업자들은 유망한 작곡가들에게 후원과 생활비를 대면서 다양한 요구를 일삼아 왔는데 이는 물론 미래에 대한 투자 목적 때문입니다.

리코르디사 입장에서 보면 이 작품 이전의 2개의 작은 오페라 〈요정 빌리〉와 〈에드가르〉가 여러 가지 문제가 있어 공연에 실패했던 것과 이에 따른 손해를 만회하기 위한 고육지책이기도 했습니다. 그래서 리코르디사는 당시 이미 오페라 계에서 유명했던 베르디의 작품 〈팔스타프〉와 이 작품을 동시에 공연한다고 홍보했습니다. 베르디의 명성을 이용해 최대한 홍행을 성공시키기 위함이겠지요. 그리고 또 다른 이유는 마스네의 〈마농〉이 당시 이탈리아에서도 매우 큰 인기를 끌고 있었고 이에 대한 공연권도 리코르디사가 갖고 있었으니 굳이 푸치니의 〈마농 레스코〉를 서둘러 발표할 이유가 없었던 것입니다. 어차피 마스네의 〈마농〉이 성공적으로 공연되고 있었기 때문입니다. 그래도 리코르디사는 푸치니가 마스네와 전혀 다른 음악성과 재능을 가지고 있기 때문에 그의 작품이 서서히 완성되어 또 다른 색다른 〈마농〉이 나올 수 있을 것으로 확신하고 있었습니다. 이후 리코르디사는 오페라 대본 작가 루이지 일리카의 협업으로 푸치니가 원하는 가사를 성공적으로 다듬어 나갔습니다. 이리하여 푸치니의 최초 성공적인 오페라가 탄생하게 되었고 이 오페라를 통해 그는 유럽 오페라계에 이름을 알리는 유명한 작곡가로 인정받게 됩니다.

# 지아코모 푸치니 II

몇 해 전 필자는 세계음악교육협회(ISME) 총회에 참석하기 위해 이탈리아의 고도 볼로냐를 방문한 적이 있었습니다. 볼로냐는 마치 중세로 돌아간 듯 도시환경이 우리 모두를 경탄케 했습니다. 시내 중심 도로가 모두 1차선 편도이고 인도마저 겨우 한 사람이 지나다닐 수 있는 크기였습니다. 물론 길옆 건물들은 얼핏 보아 두께가 1미터쯤 되어 보이는 육중한 로마네스크 양식으로 지어져 있어 시내는 박물관을 연상케 했습니다. 일정을 마치고 베로나를 방문했는데 그곳에는 로마의 콜로세움 경기장과 비슷한 규모의 반쯤 무너진 아레나(Arena) 경기장이 아직도 오페라극장으로 사용되고 있었습니다. 이 경기장은 모두 3만 명 정도가 스탠드에 앉을 수 있고 운동장에는 비닐을 깔아 간이 의자를 퍼놓고 5000여 명을 특석이라며 간이의자에 앉도록 했습니다. 도착한 날은 8월이었는데 마침 푸치니의 오페라 〈토스카〉를 공연하고 있었습니다. 일행은 오후 3시부터 판매하는 입장권을 구입하여 5시경에 입장을 했습니다. 그리고 어두워지기 시작하는 오후 9시경에 경기장에 입장한 청중들이 촛불을 켜면서 시작되었습니다. 어두워지면서 그 촛불은 밤하늘의 별빛과 어울려 경기장 전체를 아름다운 자연의 무대로 만들어주었습니다.


## 1. 푸치니와 베리스모 형식

지난 장에서 우리는 이탈리아 오페라의 베리스모 트렌드에 대해서 잠시 알아보았습니다. 모두 알다시피 18세기 유럽에 불어온 계몽주의 사상이나 자연주의 문학 들은 대중의 가슴에 자유와 사랑이라는 열정을 불러일으켰습니다. 인간의 존재와 아이덴티티에 대한 깊은 성찰의 기회를 만들어 주었던 것이지요. 누구나 이제 소중한 자연인으로서의 삶이 가장 기본적인 권리이고 다른 것은 모두 부수적이고 이차적인 대상일 뿐이라는 현실을 깨닫게 된 것이지요. 이것이 예술 창작 분야로 들어와 베리스모라는 현실주의적 트렌드를 형성하게 했고 아름다움이나 예술적 가치는 모두 인간의 존엄을 위해 허락되었습니다. 이러한 경향의 대표적 사례가 〈마농 레스코〉, 〈라 보엠〉, 〈토스카〉입니다. 〈마농 레스코〉는 마스네에 의해 이미 1883년 〈마농〉이라는 이름으로 발표되어 선풍적인 인기를 끌었습니다. 그럼에도 리메이크된 것은 푸치니의 모험이었습니다. 이런 모험을 강행했던 것은 그만큼 파리를 중심으로 한 유럽의 사회가 이미 자유와 개성을 존중하는 시대로 접어들었음에 대한 믿음이었 습니다. 소위 베리스모 트렌드에 대한 이미지를 간파했던 마스네, 베르디, 푸치니와 같은 당시 이탈리아 작곡가들은 젊은이들의 현실 인식에 대한 공감을 통해 그들이 관심을 갖고 있는 현실 즉 죽음과 질병, 군 복무와 전쟁, 사랑과 배신, 권력과 정의에 대한 인식을 보 다 정확하게 그리고 사실대로 느끼고 싶어 했던 것입니다. 즉 종교 적으로 편향되지 않고 감동하지 않으며 가난이나 질병으로 인한 고 통에 동정하는 감성과 관용을 지닌 젊은이로 남기를 바라는 솔직한 젊은이들인 것입니다. 그런 그들은 아름답기를 고집하는 벨칸토 창법이나 기교적인 화려함을 지양하고 출연자의 개성에 어울리는 드라마틱한 발성과 강렬한 대사 형식의 낭송적 기법을 즐겨 사용하 게 됩니다. 이것은 모두 베리스모 형식에서 지향하는 현장감을 중 시하는 19세기 오페라의 단면입니다.


## 2. 오페라 〈라 보엠(La Boheme)〉의 의미

푸치니에게 있어 〈라보엠〉의 의미는 독특합니다. 그 무대의 배경 이 되는 곳 역시 파리의 보헤미안들이 사는 빈민가로서 화가 가수 재봉사 등이 삶의 애환을 노래하면서 일어나는 매우 현실적인 내용입니다. 사실 이전까지 오페라를 듣는 청중들의 대부분은 파리나 로마의 중상층 귀부인과 그 남편들을 중심으로 했으나 이 오페라에서는 고상하고 돈 있는 사람에서 벗어나 현실적인 인간 삶의 한 구석을 비추고 있다는 점에서 파격적이었습니다. 거기에는 푸치니 자신의 가난했던 학생 시절에 대한 추억도 들어 있고 서민들의 어려움과 고통을 이해하고 공감하려는 시도라고 할 수 있습니다. 푸치니는 자신이 무명 음악가 시절에 받았던 경제적 고통에 대해서 잘 알고 있었습니다. 무엇이 인간 삶에 필요한 것인지 눈물과 가난이 주는 의미가 무엇인지에 대해 일찍부터 알고 있었으며 이러한 삶의 면면을 음악으로 그려 내는 데 주저하지 않을 수 있었습니다. 그것은 자신에 대한 정신적 보답이고 젊은 시절에 대한 복수였습니다. 이 오페라가 갖는 또 다른 특징은 현실에서의 삶은 행복도 아니고 슬픔도 아닌 살아 있음 그 자체라는 사실을 강조하고 있다는 것입니다.

1896년 이 오페라가 처음 무대에 오르자 사람들은 이러한 작가의 메시지에 당황했습니다. 서민들, 그것도 예술인들의 가난한 삶은 매우 공감했지만 그것이 사람들에게 중요했던 것은 아닙니다. 누구나 사람들은 가난한 자와 부자가 있고 예술가들의 삶이라고 예외는 아니라는 생각이었죠. 일반적으로 청중은 귀한 시간과 입장료를 들여서 극장에 왔고 그에 상응하는 즐거움이나 행복감을 얻기를 원하고 있기 때문입니다. 그들로 하여금 거대한 문학적 예술적 가치관이나 사상을 연구하고 이를 이해하기 위해 머리를 싸매야 할 이유가 없다고 보는 것이지요. 그것은 현대의 청중에게도 일면 똑

같은 조건으로 이해할 수 있을 것입니다. 더구나 〈라보엠〉이 갖는 서민적 이미지와 선율은 대중들로 하여금 더 친근하고 가깝게 느껴지는 음악이었습니다.


## 3. 오페라 〈토스카〉

푸치니의 3대 명작 중 하나로 꼽히는 〈토스카〉는 그 정치적 배경과 시대적 의식의 변화, 그리고 푸치니의 원숙한 작곡 기법이 하나의 무대에서 표출된 베리스모 오페라의 극치를 이루고 있습니다. 어느 시대나 정치와 권력이란 개인의 삶을 지배하는 중요한 힘이었습니다. 그것이 귀족에게는 부와 명예와 지성의 권좌로 가는 길이며 대중에게는 고난과 인내와 가난의 길로 인도하는 고통의 가시밭길이었습니다. 이 오페라에서 푸치니는 이러한 정치권의 암투와 냉혹함에 대한 실제적인 고발을 하고 있습니다. 누구나 이러한 모함에 휘말릴 수 있고 이를 통해 비참하게 죽음을 맞을 수도 있다는 현실을 적나라하게 표현함으로써 그 비극과 무모함과 야비함을 지적하고 있는 것입니다. 이러한 현실사회의 부도덕성에 대해 작가나 음악가들 역시 공감하고 이를 작품화하려는 시도가 이미 밀라노에서 있었습니다. 푸치니 역시 이 작품을 연극 형식을 통해 처음 접했고 그 작품의 대중적 공감과 예술적 가치를 인정했습니다. 이것이 그로 하여금 오페라로 만들겠다는 다짐을 하게 합니다. 이렇게

〈토스카〉 같은 베리스모 오페라에 대해 베르디 역시 이 작품의 예술성과 흥행성에 대해 인정했고 푸치니가 그와의 대화를 통해 작품화하겠다는 확신에 이릅니다.

이 오페라의 줄거리는 크게 3막으로 구성됩니다. 1막에서 주인공 토스카의 애인 카바라도시는 성당의 성화를 그리는 화가로서 소박하지만 정의로운 사내로 등장합니다. 마침 성당 안에서는 허드렛일을 하는 샤로네가 청소를 합니다. 그는 늘 자신의 처지를 비관하고 불평하며 흔히 그러하듯이 힘이라는 현실에 스스로 비굴해집니다. 샤로네는 현실에 대한 불평과 청소만 해야 하는 자신의 처지를 혼자서 중얼거리면서 저주를 쏟아 냅니다. 여기서 푸치니는 사랑에 빠진 한 청년의 심리상태와 불평에 빠진 샤로네의 빈정거림을 베이스에 깔고 갈등적 이중창을 만듭니다. 즉 사랑에 대한 긍정의 힘과 현실에 대한 부정의 힘이 복합심리로 작용하는 그런 장면을 보여 주는 것이지요. 그는 카바라도시가 먹을 음식 바구니를 놓고 퇴장합니다. 그러나 그는 음식보다 주머니에서 사랑하는 여자인 토스카의 초상을 꺼내 들고 그녀를 그리워하면서 아리아 〈오묘한 조화〉를 부릅니다. 그런 모습을 멀찍이 보고 있던 괴청년이 있었습니다. 바로 로마의 반정부 인사 안젤로티가 정치범 수용소에서 탈옥해 여동생 아타반티의 제의에 따라 이곳 성당에 몰래 잠입했던 것입니다. 그는 바로 이탈리아의 봉건 체제를 무너뜨리고 공화 정치 체제로의 전복을 음모했다 하여 사형 선고를 받고 감옥에 갇혀 있었던 것입니다. 그의 여동생 아타반티는 오빠인 안젤로티에게 전갈을 넣어 성 안젤로 성당의 성모상 밑에 여성용 복장을 숨겨 두었다고 말했기 때문입니다. 그 옷을 찾으러 몰래 숨어들었는데 거기에는 자신의 옛 친구인 카바라도시가 그림을 그리고 있었던 것입니다. 그 모습을 본 안젤로티는 망설이다가 카바라도시에게 다가갑니다. 두 사람은 오랜만에 만나 매우 반갑게 포옹합니다. 그리고 잠시 동안의 대화를 통해 서로 간의 정치적 신념이 같음을 알고 서로를 지켜 주기로 맹세합니다. 이때 성 안젠로 감옥에서 죄수가 탈옥했음을 알리는 대포 소리가 나자 두 사람은 다급해집니다. 그리고 밖으로 나간 뒤 자신의 별장에 있는 우물 속에 당분간 숨어 있으라며 위치를 설명합니다. 이때 성당 문을 두드리며 토스카가 애인 카바라도시를 찾아옵니다. 토스카는 그가 반갑게 달려 나오기를 기대했지만 카바라도시와 안젤로티의 대화가 늦어지면서 문을 바로 열지 못했습니다. 한참이 지나 안젤로티를 내보낸 카바라도시가 천연덕스럽게 성당 문을 열어 줍니다. 토스카는 여성 특유의 질투심과 의심을 내보이며 카바라도시를 다그칩니다. 안젤로티의 망토가 끌리는 소리, 누군가와 속닥이는 소리가 자기 몰래 다른 여자와 사랑을 속삭이는 밀어로 의심했던 것입니다.

# 지아코모 푸치니 III

 

지난 장에서는 오페라 토스카의 제1막에 나오는 주인공 두 남녀 간의 작은 사랑싸움에 대해 말씀드렸습니다. 그 다툼의 발단은 성 안드레아 성당 안으로 숨어들어 온 친구를 연적으로 오해하는 작은 소동 때문이었습니다. 진보 정치인이자 카바라도시의 오랜 절친 안젤로티와의 우연한 만남에서 두 사람은 정치적 신념과 우정을 확인합니다. 카바라도시는 쫓기고 있는 친구를 끝까지 지켜 주겠다고 맹세합니다. 이번 장에는 이어서 이 오페라의 후반부를 소개할까 합니다. 이는 이 토스카의 작품을 말하지 않고서는 푸치니의 음악 세계를 말할 수 없음이며 크게는 19세기 이탈리아 오페라의 흐름을 이야기할 수 없기 때문입니다. 그만큼 이 작품만큼 역사성, 작품성, 예술성이 집약되어 있는 작품은 없다고 볼 수 있기 때문이기도 합니다. 한 문학 작품이 그 예술적 가치와 역사적 가치를 동시에 내포한다는 일은 작곡가의 매우 중요한 가치관과 역사의식이 없으면 불가능한 것입니다. 즉 아무리 훌륭한 문학적 구성을 가진 시나리오라 할지라도 그 안에 인간이 살아가야 할 목적의식과 인간으로서의 소중한 실존적 가치를 지니고 있지 못한다면 그 작품은 한낱 무의미한 단어들의 유희에 불과하기 때문입니다.


## 1. 스카르피아의 야욕

1막 후반에서 정치적 반역자의 누명을 쓴 안젤로티는 카바라도시의 도움으로 자신의 별장의 우물 안에 숨어 있다가 국외로 탈출하라고 조언합니다. 그때 탈옥수가 생겼음을 알리는 대포 소리가 나고 안젤로티는 혼비백산해서 동생이 숨겨 놓은 여장(女裝) 준비물을 들고 서둘러 성당을 빠져나갑니다. 이때 성당지기가 등장해 카바라도시에게 점심으로 먹을 빵과 음료를 바구니에 담아놓고 한마디 거듭니다. 지금 그리고 있는 마리아상이 마리아를 닮지 않고 성당에 기도하려 자주 찾아오는 미모의 한 여인을 닮았다고 빈정댑니다. 성스러운 마리아의 모습은 없고 왠지 여염집 여자 그림을 그려놨다고 중얼거립니다. 이때 어린이 성가대원들이 등장하고 나폴레옹이 마랭고 전투에서 패했다는 뉴스를 전하며 저녁에 이를 축하하는 왕실 파티가 있음을 알립니다. 아이들은 나폴레옹의 패전을 기뻐하면서 이 파티에서 토스카가 노래를 부르게 되었다는 소식 등을 전하며 소란스럽게 뛰어놉니다. 그때 검찰 총장이자 국왕의 심복인 스카르피아가 부하들을 데리고 성당 안으로 들어옵니다. 탈옥수 안젤로티가 이곳 성당으로 침투해 들어왔다는 정보를 얻은 것이지요. 수색을 마친 후 안젤로티가 분명 이곳을 다녀갔음을 파악한 스카르피아는 반드시 그를 잡아 사형을 시킬 것이며 그리하여 국왕으로부터 더욱 깊은 신뢰와 기회를 얻겠다고 다짐합니다. 푸치니는 여기서 그의 천재성을 유감없이 나타내는 음악적 승부수를 던집니다. 음악은 두 가지 무겁고 비장한 선율을 통해 스카르피아의 내면적 야욕을 극적으로 그려 내고 있습니다. 그는 마음속으로 야망에 사로잡혀 있는데 마침 등장하는 추기경의 집례 과정을 배경으로 점점 클라이맥스로 옮겨갑니다. 하나는 아름답고 지적인 토스카, 그러나 신분은 천한 계층일 뿐인 그녀를 탐하고 싶은 욕심이 불타오르고 있음을 숨기지 않고 있다는 점, 그리고 카바라도시를 고문하고 교묘하게 사형시킴으로써 토스카를 쉽게 가질 수 있을 것이라는 가정, 안젤로티를 사형시킴으로써 국왕의 신임을 얻게 될 것에 대한 자신감, 이 두 가지 야망을 성공시키고 말겠다는 각오를 다지는 음악과 함께 막을 내립니다.

## 2. 토스카의 결단

2막이 열리면 파르네제 궁의 스카르피아 방에서 그는 생각에 잠겨 술잔을 들고 있습니다. 아래층에선 여왕 카롤리나가 개선장군 메라스를 맞아 축하연을 벌이고 토스카의 노래가 들려옵니다. 스카르피아는 부관 샤로네에게 토스카의 노래가 끝나면 이곳으로 오라는 전갈을 보냅니다. 스카르피아는 카바라도시를 연행해 고문을 시작합니다. 안젤로티의 거처를 대라는 것이지요. 물론 카바라도시는 알지 못한다고 거부합니다. 그러나 확실한 물증이 있는 스카르피아는 토스카를 데려와서 자백을 유도합니다. 카바라도시의 고문 장면을 보여 주고 마음 약한 토스카를 이용해 안젤로티의 위치를 자백받으려는 심산이지요. 물론 카바라도시는 고문을 당하는 와중에도 토스카에게 절대로 안젤로티의 거처를 발설하지 말라는 소리칩니다. 여기서 음악은 매우 극적으로 치닫게 됩니다. 마치 고문의 현장에서 느껴지는 공포와 분노 그리고 억울함까지 음악은 치밀하게 구성됩니다. 자신의 애인이 죽어가는 현장을 보면서 자백을 거부할 여자가 있겠습니까. 결국 토스카는 스카르피아에게 안젤로티가 숨겨진 장소를 자백하고 괴로워합니다. 이 사실을 안 카바라도시는 좌절과 분노를 표하지만 묶여 있는 자신에게 모든 것은 허탈할 뿐입니다. 그는 이러한 감정을 아리아 〈노래에 살고, 사랑에 살고〉에서 표현합니다. 사랑하는 연인은 목숨이 어렵게 되었고 자신은 스카르피아의 노리개가 될 처지를 생각하면서 신을 원망하는 그런 노래입니다. "나는 노래밖에 아는 것이 없고 단지 마리아에게 꽃을 바치거나 가진 패물로 헌금한 일밖에 없는데 신은 어찌 나에게 이렇게 커다란 시련을 주십니까."라는 엄청난 괴로움과 참을 수 없는 분노를 그려 낸 감동적인 노래입니다. 이런 심정을 듣고 난

스카르피아는 상냥하게 토스카에게 다가갑니다. 스카르피아는 토스카에게 사랑을 말해 보기도 하고 협박을 해 보기도 했지만 그녀는 마음을 줄 의지가 없음을 알게 됩니다. 마침 사형장으로 가는 사형수들의 북소리를 듣고 잠시 후면 카바라도시도 저렇게 처형될 것이라며 협박합니다. 토스카는 그런 스카르피아의 겁박에 그가 원하는 허락의 사인을 보냅니다. 그리고 그 대가로 카바라도시와 함께 멀리 외국으로 출국할 수 있도록 여권을 만들어 달라고 요청합니다. 스카르피아가 여권을 작성하는 동안 토스카는 고민에 빠집니다. 짐승 같은 스카르피아에게 자신의 몸을 더럽히느니 차라리 그를 죽이고 그가 쓴 여권을 가지고 카바라도시와 도망을 가는 것이 좋겠다고 생각한 토스카는 식탁에 놓여 있던 칼로 그를 찔러 죽입니다. 정말 엄청난 결단이며 이 행동이 이 오페라의 리얼리즘적 가치를 최고로 높여놓은 장면이 됩니다.

## 3. 카바라도시와 토스카의 희망과 죽음

3막에서는 감옥에 갇힌 카바라도시에게 토스카가 마차를 타고 달려가는 장면이 나옵니다. 그녀는 이미 스카르피아를 살해하고 그가 만들어 준 여권과 출국 증명을 들고 희망에 차 달려가고 있었습니다. 한편 감옥에서는 카바라도시가 마지막 생명의 아쉬움을 노래로 표현합니다. 〈저 별은 빛나건만〉이라는 테너의 아리아입니다. 이제 곧 죽을 자신이 너무 억울했고 더구나 사랑하는 토스카를 남겨 두고 가야 하는 아쉬움이 밀려와 한에 맺힌 노래를 부릅니다. 이때 마차에서 내린 토스카가 기쁜 마음을 가지고 뛰어옵니다. 그 동안 있었던 애기와 스카르피아가 자신들의 출국 허가증을 써 준 사실, 오늘 사형장에서 죽는 연기를 잘하라는 설명합니다. 사형수가 총을 쏘면 연극배우처럼 리얼하게 쓰러지는 연기를 하라는 말과 군인들이 모두 철수하면 일어나서 해외로 도피해 함께 행복하게 살자는 요지의 밀어를 전합니다. 갑자기 죽음 직전에서 살아난 듯 카바라도시와 토스카는 행복감에 젖어 희망찬 내일을 꿈꾸는 노래를 부릅니다. 그러나 이는 스카르피아가 자신의 심복 샤로네에게 내린 모략이었습니다. 토스카에게는 카바라도시를 총살하는 것처럼 흉내만 내고 죽이지는 않겠다. 그러니 사형 집행은 요식 행위이고 실제는 살려 주겠다는 약속이었습니다. 그러나 실제로 그는 샤로네에게 그를 실탄으로 죽이라고 명령을 내린 상태였지요. 결국 카바라도시는 사형대에 섰습니다. 토스카는 이것이 실제 사형이 아니고 거짓 사형이라고 확신하고 있었지만 마음속으로는 불안과 두려움이 극에 달해 있었습니다. 마침내 총성이 들리고 군인들이 물러가자 토스카는 쓰러져 있는 카바라도시에게 달려갑니다. 일어나라고 흔들어 깨워보았지만 이미 그는 숨을 거둔 상태였습니다. 그제야 스카르피아에게 속은 것을 안 토스카는 원망과 분노에 몸을 가누지 못합니다. 이때 자신의 상관인 스카르피아를 살해한 것이 토스카임을 안 병사들이 그녀를 잡으러 몰려옵니다. 토스카는 이미 모든 희망도 살 가치도 잊어버렸음을 알고 성벽에서 아래로 투신해 자살합니다. 결국 이 오페라에 등장하는 네 명의 주요 인물이 모두 살해되고 자살하는 비극으로 끝납니다. 이 오페라가 오늘날에도 많은 사람들에게 감동을 주고 사랑을 받게 된 데에는 푸치니의 음악적 효과성이 가장 현장감 있게 만들어졌다는 점이 큰 요인이겠고 그 내용은 자유를 갈망하는 모든 세계인들에게 정의와 민주의 가치관을 다지게 했습니다. 무엇보다도 무소불위의 권력 앞에서 굽힐 줄 모르고 자신을 지켜 낸 젊은이들의 용기가 감동을 주었고 두 사람의 진실한 사랑과 정의가 죽음을 이기고 승화될 수 있었다는 점입니다. 이러한 용기는 어느 누구에게나 감명을 주지만 이를 실천할 수 있는 용기는 쉽지 않음을 그들은 잘 표현했고 음악이 이를 극적으로 뒷받침할 수 있었다는 점입니다.

# 지아코모 푸치니 Ⅳ

요즘 젊은이들 사이에는 '불금'이라는 단어가 자연스럽게 오가는 것 같습니다. '불타는 금요일'을 줄여서 은어가 된 것 같습니다. 금요일이 주말이 된 요즘 토요일과 일요일이라는 긴 시간을 앞에 두고 있는 직장인들에게는 아마 해방감이 어느 요일보다 크게 느껴질 것 같습니다. 그래서인지 주말이면 백화점이나 대학가 주변 상가, 그리고 대형 영화관은 젊은이들로 가득찬 모습입니다. 거기에 중고등학생들은 k-팝 공연이나 연극공연장을 찾고, 그들만의 특색있는 의상을 입으며 트랜드를 주도합니다. 대형 영화관에는 최신 개봉작을 비롯 10여 개의 다양한 영화들이 이들을 기다리고 있습니다. 영화 제작 기술의 발전으로 그 영화들의 대부분은 엄청난 스케일과 다양한 기법들이 스크린에서 눈을 뗄 수 없게 합니다. 가장 두드러진 현상은 영상 제작 기술의 발전입니다. 이제 수십만 명이 등장하는 전쟁 장면이나, 엄청난 자연재해, 우주의 신비롭고 불가사의한 장면, 미지 세계의 창의적 재현 등이 엄청난 기술 개발의 현재 모습을 볼 수 있게 합니다. 특히 충격적인 것은 음악이나 장면의 변화가 어지러울 정도로 빠르게 진행된다는 사실입니다. 불과 100여 년 전의 연극이나 오페라가 공연되던 극장의 풍경을 돌아보면 엄청난 변화와 발전이 아닐 수 없습니다.

## 1. 〈나비 부인〉의 시대사적 의미

1900년 푸치니는 오페라 토스카의 공연을 감독하기 위해 런던에 머물고 있었습니다. 거기서 푸치니는 존 루터 롱의 소설 〈나비 부인〉을 연극으로 각색한 1막짜리 공연물을 접하게 됩니다. 당시로선 신비로운 극동지방의 한 순종적인 여인에 대한 유럽인들의 호기심과 어쩌면 약간의 서구적 우월감도 녹아 있는 각본을 보고 푸치니는 자석처럼 끌리게 됩니다. 더구나 18세기 후반 유럽의 전통적인 부국들은 발달된 군함과 상선을 이용해 인도양과 대서양을 건너 미지의 땅을 정복하고 새로운 항로를 개척하면서 소위 대항해 시대를 열어갑니다. 그들은 기독교를 전파하기 위해 선교사를 파송하고 이들의 보호를 빌미로 개방을 강요하기도 합니다. 또한 지역의 자원이나 특산물을 마약이나 담배 등과 교환하는 방식으로 헐값에 사들여 이를 유럽에 가져가 폭리를 취하기도 합니다. 이런 불평등 거래 과정에서 총과 대포의 위력은 힘없는 국가를 식민지화하거나 전쟁을 통해 강제로 착취하기도 합니다. 이러한 서구 유럽과 여타 지역의 문화적 차이를 힘의 차이로 인식하게 된 것도 이 시기의 특징입니다. 이러한 불가측적 정치 사회 인식이 이 오페라의 저변을 흐르고 있으며 이는 또한 감상하는 유럽인들의 자긍심을 올려주는 역할도 내심 가능했다. 이러한 인식의 배경에서 이 작품의 원작자는 동양적 신비감과 순종적 여성상에 대한 호기심을 반영해 상대적으로 여권이 강한 유럽 사회의 청중들에게 충격과 호기심을 충분히 자극할 수 있었던 것입니다. 이러한 인식은 당시 유럽 이외의 국가나 민족에 대한 우월의식을 갖게 했고 실제로 이러한 이국적 요소가 들어간 오페라나 기악 음악들이 유행처럼 등장하기도 했습니다. 예를 들면 모차르트의 오페라 〈후궁으로부터의 도피〉, 베르디의 〈아이다〉, 마이어베어의 〈아프리카 여자〉 등에 등장하는 외국인들에 대해 청중들은 많은 호기심과 흥미를 보였습니다. 푸치니의 마지막 오페라 〈투란도트〉는 이러한 이국적 궁금증을 극대화한 작품이라 하겠습니다. 그러나 문제는 그런 이국적 요소가 서구의 작곡 기법과 어울려 예술 작품으로 재조명될 수 있느냐입니다. 그 외국의 언어나 풍습 그리고 정치 사회적 배경 등이 작곡가에게는 매우 낯선 분야기도 하고 청중들의 거부감도 있을 수 있기 때문에 성공에 대한 예측은 쉽지 않았습니다. 푸치니가 이 연극의 대본을 입수해 오페라로 작곡하겠다는 생각을 굳히기까지는 몇 달의 시간이 더 필요했고 완성하는 데 4년이라는 긴 시간이 필요했던 이유는 이러한 문화적 몰이해와 성공에 대한 불확실성 때문이었습니다. 다른 어려움도 있었습니다. 1막으로 제작된 단막극을 3막짜리 오페라로 확대해야 하는 부담입니다. 푸치니는 이를 극복하기 위해 일본의 민속음악과 5음 음계, 전통악기의 음색과 연주법에 대해서도 연구했습니다. 1904년 밀라노의 스칼라좌에서 초연된 나비 부인은 푸치니 작품 역사상 가장 뼈아픈 실패를 남겼습니다. 그 실패는 푸치니에 대한 높은 인기가 오히려 부담으로 돌아왔기 때문입니다. 청중들은 푸치니의 이전 작품들을 기억하면서 이 작품에 대해 큰 기대를 가졌지만 너무도 익숙하지 않은 무대 장치와 풍경들이 그들 눈에 거슬렸고 선율이나 음악적 전개가 너무 동양적이어서 거부감을 느꼈기 때문입니다.

## 2. 〈나비 부인〉의 작곡 배경

오페라 〈나비 부인〉의 캐릭터를 보면 기모노를 입은 주인공의 모습이 마치 나비의 날개처럼 보여 청중들에게는 청순한 이미지를 주고 5음 음계의 민속 선율은 흥미를 만들고 있습니다. 큰 줄거리만 요약해 보면 일본과의 무역에 관여하고 있는 미군 장교 핀카톤은 몰락한 일본 게이샤 출신의 여성을 사랑하게 됩니다. 두 사람은 나가사키 항구가 내려다보이는 언덕에 보금자리를 얻어 살게 됩니다. 그녀는 아기를 낳고 미국을 오가는 핀카톤의 귀가만을 기다리며 외로움을 버텨내지만 핀카톤은 미국에 돌아가 백인 여자와 결혼을 하고 그녀를 잊어버립니다. 여기서 미국이라는 부자나라의 청년과 보잘것없는 동양 여자의 사랑이 진정성을 가장한 우월적 지위자의 사기성 짙은 결혼이 아니냐는 의심을 갖기에 충분합니다. 그 이유는 배를 타는 군인 신분으로 한곳에 정착하지 못하는 청년 장교의 생활이 일본식 전통문화에 길들여 온 여성으로서 일본을 떠날 수 없고 그럴 능력도 없는 순진한 동양 여성과 처음부터 불합리한 관계를 떠안고 갈 수밖에 없었다는 점입니다. 이들의 미래가 이미 비극의 길로 향하고 있음을 예견하게 합니다. 더구나 핀카톤의 의식은 일본이라는 동방의 한 나라에 대한 부자나라 장교로서의 자만심과 허풍이 실제 대사를 통해 드러나고 있습니다.

1막에서 핀카톤은 하인 고로에게 마실 것을 준비시키고 두 사람이 살 언덕 위의 집을 999년간 빌리게 합니다. 그러나 계약 변경은 자기 필요에 따라 마음대로 바꿀 수 있도록 단서를 답니다. 그 사이에 오케스트라는 미국 국가를 연주합니다. 핀카톤은 넓은 세계를 마음껏 돌아다니고 위험도 두려워하지 않는 양키 기질을 노래합니다. 두 사람은 가족의 반대에도 불구하고 결혼식을 갖게 됩니다. 이 과정에서 처녀는 일본 전통불교를 버리고 남편의 종교를 따라 기독교로 개종하면서 친척들로부터 욕을 먹고 모든 것을 잃게 됩니다. 나비 부인은 모두에게 버림받아도 당신의 사랑이 있기에 두렵지 않다고 말합니다. 2막에서는 미국으로 떠난 핀카톤을 기다리는 나비 부인의 애절한 사랑 이야기가 전개됩니다. 보통 집 나간 남편을 기다리는 부인들의 심정이 비슷하겠지만 모든 것을 버리고 외국인을 사랑한 그녀에게 두려움과 외로움을 더욱 컸습니다. 3년이 지난 어느 날 영사와 핀카톤이 미국 부인 케이트를 데리고 나비 부인이 살고 있는 언덕 위의 집으로 찾아옵니다. 모든 사실을 알게 된 나비 부인은 자신의 아들을 케이트에게 주기로 하고 자신은 명예를 지키겠다며 자결합니다.

## 3. 마지막 오페라가 된 〈투란도트〉

오페라 〈투란도트〉는 푸치니의 생애 마지막까지 혼신을 다해 만든 작품으로 그의 베리스모 스타일에서 한 걸음 나아가 현실과 이상, 꿈과 진실의 간격을 메우려는 새로운 시도로 볼 수 있습니다. 이 오페라는 자존감이 강하고 독특한 이성관을 가진 투란도트의 취향을 끈질긴 인내심과 겸손한 지혜로 위기를 극복하고 공주의 사랑을 쟁취하는 내용으로 흥미와 긴장이 적절하게 표현된 작품입니다. 누구나 인생의 가장 아름답고 고귀한 장면을 꿈꾸고 실현하고 싶겠지요. 그러나 그런 행복은 쉽게 얻어지는 것이 아닌 죽음을 바꿀만한 가치를 가진 것이라는 교훈적인 요소도 가미되어 있습니다. 이 오페라의 내용은 다분히 동양적 신비감과 공주 투란도트가 제시한 퀴즈의 흥미가 결합된 상업성과 예술성이 풍부한 작품이었지만 푸치니가 후두암으로 1924년에 브뤼셀에서 급서하는 바람에 완성을 보지 못하고 중단됩니다. 줄거리를 보면 선조 공주의 억울한 죽음을 복수하기 위해 어려운 퀴즈를 내고 이를 맞추는 자에게 자신의 사랑을 허락한다는 발표를 합니다. 그러나 그의 아름다운 외모를 탐하는 젊은이들은 결국 문제를 해결하지 못해 죽어 나갑니다. 이에 타타르의 왕과 아들 칼라프 왕자가 이 문제에 도전합니다. 이들 두 부자는 전쟁에서 패해 각자 흩어져 방랑하다가 이곳 북경 자금성 주변까지 흘러들게 되었고 투란도트의 문제에 도전하게 된 것입니다. 목숨을 담보로 한 이 게임에 과감하게 도전한 칼라프의 영웅적 행동과 얼음처럼 냉정하고 남성에 대한 원한이 가득한 투란도트는 그 문제를 모두 맞히면서 극적으로 인간적인 따스한 사랑을 가진 여성으로 태어납니다. 푸치니는 이 작품의 피날레 일부를 남기고 세상을 떠났고 이를 마무리하기 위해 지휘자 토스카니니는 작곡가 프랑코 알파노에게 위임해 완성하게 됩니다. 토스카니니는 1926년 4월 25일 푸치니 사후 1년 5개월이 지나 스칼라좌에서 초연하게 됩니다. 그는 푸치니가 완성하지 못하고 중단된 부분에서 연주를 멈추고 "이곳에서 푸치니 선생이 펜을 놓았습니다."라고 말하면서 푸치니에 대한 존경과 애도를 청중과 함께 표했다고합니다. 오페라 작곡가로서의 푸치니는 오늘날까지 세계 모든 애호가들로 하여금 존경받는 작곡가로 남아 있고 오페라의 예술적 가치를 최고로 높여 놓는 업적을 남긴 사람으로 역사에 기록되어 있습니다.

표트르
차이콥스키

# 표트르 차이콥스키 I

몇 년 전 러시아 소치에서 열렸던 동계올림픽 개막식에서 선수들은 러시아 출신 문호들과 예술가들의 초상을 장대에 매달고 입장하면서 근대예술사에서 차지하는 그들의 예술적 DNA를 자랑했습니다. 철의 장막 속에 가려진 거대한 공산주의 국가가 예술가의 초상을 통해 문명국가, 예술의 꽃이 만발한 국가라는 이미지를 전 세계에 부각시키려 했음은 어쩌면 당연한 행위일 것입니다. 그러나 그들은 세계인의 사랑을 받은 많은 문학과 음악 작품이 그들 사회체제의 그늘을 비추고 정치적 고통을 예술 작품 내면에서 치열하게 표현하고 있음을 의도적으로 외면했습니다. 즉 예술가의 미적 가치에 대한 성찰은 간과한 채 표피적인 작가 혹은 작곡가의 예술성만을 부각함으로써 자유와 인간 존엄에 익숙한 서방 세계인들의 빈축을 사기도 했습니다.

# 1. 러시아의 음악사적 배경

　18세기까지 러시아의 음악은 서구 유럽으로부터 들어와 정착한 교회 음악과 슬라브 민속적 선율을 바탕으로 한 자생적 음악이 존재하고 있었습니다. 1731년 이탈리아의 오페라가 궁정에 소개되면서 그들은 유럽의 자유롭고 흥미로운 음악 장르를 선호하기 시작합니다. 당시 러시아 상류사회는 주변의 잡다한 그러나 자신이 귀족임을 자랑하는 사소한 이야기, 농노들의 신변잡기 등을 털어놓는 사적 모임을 통해 신분을 과시하려는 활동이 유행했습니다. 여기에 이탈리아와 프랑스로부터 수입된 화려한 오페라와 관현악곡 등은 이들의 신분을 더욱 견고하게 해 주는 보증수표가 되었습니다. 이러한 귀족들의 사교적 활동과 고급스러운 취향 문화에 힘입어 이탈리아의 오페라 예술은 그 후 200여 년 동안 러시아 음악을 지배합니다. 이러한 이탈리아 오페라가 궁중음악의 중심에 서게 되는 데는 여제인 에카테리나의 음악적 취향이 주도했습니다. 공교롭게도 오스트리아의 여제 마리아 테레지아의 음악적 취향과 거의 같은 입장이었지만 러시아는 자생적 음악 환경이 매우 열악한 상황이었다는 점이 빈과 다른 점이었습니다. 이러한 러시아 왕실의 서구 음악적 선호 양상은 그러나 1810년 나폴레옹과의 잔혹한 전쟁을 겪으면서 극도의 민족주의 성향을 갖게 됩니다. 이즈음 소위 러시아 민족주의 음악은 5인의 엘리트 그룹을 중심으로 러시아의 정신을 한곳으로 모으는 한편 유럽으로부터 확산된 오페라와 교향곡의 형식과 기법으로부터 독립하려는 강력한 동기를 공유합니다. 이들 러시아의 민족주의 음악가 5인에 대한 역사적 판단은 단호합니다. 이탈리아의 화려한 오페라가 러시아의 황실을 200여 년 동안 장식하는 동안 빈의 기악 음악 역시 그들의 음악 양식에 깊숙하게 자리하고 있었던 것이 1850년대 일입니다. 미하일 글린카를 비롯한 보로딘, 림스키-코르사코프, 세자르 큐이, 모데스트 무소륵스키 등은 이러한 서구 문명의 러시아 침투에 대한 민족적 열등의식을 누구보다도 경계하던 장교들이거나 화학자였습니다. 아마추어 음악가이기도 했던 이들이 음악 작곡에 깊이 관여하게 된 것은 슬라브 민족 특유의 자존감 혹은 민족혼을 들 수 있습니다. 그들은 민족적 자긍심을 고취하고 서구 유럽으로부터 독립된 진정한 러시아 음악을 키워보겠다는 열정에 빠져 있었습니다. 슬라브 민족의 고유한 선율을 근간으로 하는 교향곡과 오페라를 작곡했습니다. 그러나 림스키코르사코프를 제외한 다른 사람들은 본업인 비평가(큐이)로서, 군인(무소로그스키)으로서, 화학자겸 교육자(보로딘)로서의 역할에 치중했기 때문에 많은 작곡을 실현할 수 없었습니다. 19세기 후반 러시아의 정치는 황제를 중심으로 한 인텔리겐치아들의 권력 쟁탈이 쉼 없이 일어났습니다. 동시에 한편으로는 슬라브인으로서의 긍지와 자유를 이상으로 하는 슬라브주의자들이 권력을 분점하고 때를 기다리고 있었습니다. 이러한 정치적 파벌은 민족주의 음악이라는 독특한 음악 사조를 형성하면서 오스트리아와 이탈리아가 지배해온 서구 음악의 흐름을 더욱 복잡하게 만들었습니다. 그러나 음악의 역사에서 보면 이러한 복잡한 음악적 분열은 결국 인류의 문화 예술 사회의 다양성과 깊이를 확대한 것으로 궁극적으로는 역사의 발전적 측면에서 고려되어야 합니다.


## 2. 차이콥스키의 젊은 시절

차이콥스키는 1840년 5월 7일 러시아의 광산촌 보트킨스크에서 태어납니다. 아버지는 이 지역 광산의 감독으로서 비교적 부유한 어린 시절을 보냅니다. 광산촌이라는 곳이 원래 산세가 험하고 생활 주변은 늘 석탄 분진이 날리고 이로 인해 동네가 매우 더럽고 공기가 좋지 않다는 점에서 차이콥스키는 매우 힘든 시기이기도 했습니다. 더구나 어머니는 우울증으로 늘 감정이 날카로웠던 것도 그의 성격 형성에 영향을 미치게 됩니다. 그는 위로 배다른 남매와 아래로 남자 쌍둥이 형제를 얻게 되는데 그중 한 동생은 후일 그의 음악 활동에 많은 영향을 미치기도 합니다. 그가 동성애 증상을 갖기 시작한 것은 소년기에 접어드는 10세 전후의 일입니다. 그에게 불어와 독일어를 가르치는 여자 선생님이 그만두면서 이제 막 성적 호기심으로 가득 차 있던 그에게는 상당히 큰 충격이었던 것 같습니다. 그 후 그가 부친의 권유에 따라 페테르부르크의 법률학교에 들어가면서 어머니와의 이별, 짝사랑했던 가정교사와의 이별 등이 큰 상처를 입게 했고 타향에서의 외로움 등이 함께 닥치면서 그를 동성애적 환상에 빠지게 했습니다. 그가 14세 때 사랑하는 어머니와 사별하고 그의 장래 희망은 법률가에서 작곡가로 음악가로 전환하고자 하는 막연한 이상에 이릅니다. 그가 사랑했던 가족과 어머니의 죽음, 선천적으로 그녀로부터 물려받은 감성적 예술성은 그로 하여금 오페라나 가곡을 쓰고 싶다는 충동을 일으키게 합니다.

1855년부터 1860년까지 피아노와 이탈리아 가곡에 대한 정밀한 연구 끝에 가곡 〈멧차 노테(한밤)〉를 발표합니다. 그가 23세 되던 해에 법률학교를 졸업하고 법무성에서 공무원으로 생활을 시작한 그는 페테르스부르크의 음악원에 입학합니다. 공무원으로 또 음악도로서 살아가고자 했던 것이지요. 음악원 시절의 차이콥스키는 원장인 작곡가 안톤 루빈시테인의 지도로 작품 활동에 매진합니다. 1866년 1월 졸업 작품으로 칸타타 〈환희의 송가〉를 작곡해 호평을 받기도 합니다. 졸업 이후 차이콥스키는 모스크바음악원의 교수요원으로 발탁되어 페테르스부르크 음악원장의 동생 니콜라이 루빈시테인의 제의로 이루어졌습니다. 니콜라이는 러시아 5인조를 비롯한 민족 성향이 강한 음악가들을 대거 영입했는데 여기에 차이콥스키가 대상이 된 것이지요. 그러나 차이콥스키의 음악적 비전은 니콜라이 원장의 기대와는 조금 다른 것이었습니다. 차이콥스키가 비록 러시아의 민족적 성향이 강한 음악원으로 발길을 내딛게 되었지만 사실 그는 이전부터 베토벤과 슈베르트 그리고 멘델스존과 슈만의 뒤를 잇는 독일 낭만주의 음악의 성향을 이어받게 됩니다. 그것은 차이콥스키가 러시아적 민족성보다는 음악의 본질적인 아름다움을 선호하고 예술적 가치를 더욱 중요한 덕목으로 삼는 개성 때문이라 할 것입니다. 이러한 성향은 〈겨울날의 환상〉이라는 부제가 붙은 그의 초기 교향곡과 오스트로프스키의 희곡을 소재로 한

〈지방 장관〉이란 오페라에서 다분히 나타납니다.


## 3. 30대의 차이콥스키

　인간에게 있어 가장 왕성한 업무 능력과 창조력이 발휘되는 시기는 아마도 30대일 것 같습니다. 그것은 이제 배움과 성장의 과정을 지나 자신만의 인생관과 가치관을 형성할 수 있는 상상력이 지배하는 시기이며 또한 성적으로도 분명한 자신의 태도와 책임을 가질 수 있는 나이이기 때문일 것입니다. 차이콥스키에 있어 30대 즉 1870년대는 자신의 작품 세계를 축성하고 정치 사회적 이념과 추세도 허용해야 하는 중요한 시기였습니다. 이제 막 작곡가로서 인정받기 시작한 차이콥스키로서는 당시 조국애적 성향의 아마추어 작곡가들이었던 큐이를 비롯한 5인조 그룹을 의식했지만 그들과는 다른 전문 음악가로서의 자기의 역할에 대해 책임감과 차별 의식을 갖고 있었던 것 같습니다. 그럼에도 그의 러시아적 민요에 대한 관심과 사랑은 2번 교향곡의 2악장에 나타나고 있고, 4번 교향곡의 느린 악장에서도 발견할 수 있습니다. 오페라의 환경은 이탈리아의 물결에 밀려 그리 좋은 편은 아니었습니다. 그래도 글린카의 러시아 민요를 이용한 〈루슬란과 류드밀라〉와 같은 오페라가 차이콥스키의 중요한 교재가 되었습니다. 1874년 작곡된 이 작품의 특성은 독일 낭만주의적인 상상과 자유, 서정성과 낭만성이 혼합된 오페라였습니다. 1874년부터 19년까지의 작품들은 거의 대부분의 음악적 장르를 포괄하고 있는데 74년부터 75년에 만들어진 3개의 가곡집, 2번과 3번 교향곡, 피아노 협주곡 1번, 75년 무용곡 〈백조의 호수〉, 78년 첼로 협주곡, 교향곡 4번, 바이올린 협주곡 등이 이 시기에 폭발적으로 작곡되었습니다. 왜일까요? 왜 차이콥스키의 재능이 폭발적으로 야기되었을까요? 이는 그의 성적 충동과도 연관이 있습니다. 그는 10대 이후 성에 대한 트라우마를 잊지 못하고 청년기에 이르러서도 꾸준히 동성애를 추구했습니다. 이는 자신에 대한 미움과 죄책감으로 시달리게 했고 이를 해소하기 위한 방편으로 작곡에 몰두했다고 보는 견해가 있습니다. 이러한 문제를 해결할 방법으로 결혼을 선택하게 되었고 사랑의 감정과 이러한 심리적 압박감을 해소하기 위한 유일한 방법으로 작품에 몰입하게 된 것입니다.

# 표트르 차이콥스키 II

벌써 꽃의 계절 5월도 반이 지났습니다. 늘 이맘때면 집 가까운 대모산의 아카시아 향기가 산책하는 사람들의 마음을 설레게 하곤 합니다. 지금은 아이들이 거들떠보지도 않는 꽃이지만 어릴 적 배 고픈 아이들에게 이 아카시아꽃은 허기진 배를 조금이나마 채워 주는 고마운 꽃이었습니다. 얼마나 그 꽃을 즐겨 먹었던지 아이 엄마들은 "꽃을 많이 먹으면 뱃속에 지렁이가 생긴다."라면서 겁을 주곤 했습니다. 그러거나 말거나 아이들은 가시에 찔려가며 나뭇가지를 잡아당기고는 꽃을 한 보따리씩 따서 집으로 가져왔습니다. 요즘 아이들은 그런 맛있는 자연의 선물을 상상할 수 없겠지만 그때의 꼬마들에겐 참 고마운 꽃이었습니다. 그런데 60년대부터 소련이 원자탄을 만들고 바다와 하늘에서 핵실험을 하는 바람에 어른들은 꼬마들에게 "절대 꽃을 먹지 말라." 하고 엄명을 내렸습니다. 말하자면 핵실험에 의한 낙진 때문에 꽃이 오염됐다는 것이지요. 물론 이런 걱정은 현대 과학이나 정보가 낙후했던 당시 우리 사회의 지나친 기우였음을 나중에 알았습니다. 그렇게 청정지역이었던 한반도가 이제는 북한 핵실험의 낙진과 핵무기 공포에 시달리는 안타까운 현실이 된 것은 60여 년 전의 그때를 연상케 합니다.

## 1. 차이콥스키의 따스한 인간미

1870년대 프랑스와 이탈리아를 중심으로 한 유럽의 오페라계는 소위 베리스모 운동에 따른 매우 격정적인 음악이 유행했습니다. 이런 오페라의 선호 현상은 당시 계몽주의 사조에 따른 인간 존중 사상과 일치합니다. 정치적 탄압과 사회적 불평등, 이를 극복하기 위한 젊은 지성들의 반정부 활동들이 문학이나 예술적 이미지를 통해 시민들에게 자연스럽게 파고들었던 것이지요. 사실 차이콥스키는 이러한 유럽의 인권운동이나 반봉건적 정치 체제에 대해 별 흥미가 없었지만 1876년 친구인 바이올린 연주자 페르디난트 라우프의 장례식 참석하기 위해 파리를 방문하면서 그곳의 인권운동에 관심을 갖게 되었습니다. 여기서 차이콥스키는 비제의 오페라 〈카르멘〉을 감상한 후 인간의 존엄성과 인종적 차별에 대한 여러 가지 생각을 하게 됩니다. 그것은 이 오페라의 등장인물이 집시 여자, 군인 투우사, 밀수업자이고 극 중 내용도 살인과 사기가 정당화되는 모습에서 큰 충격을 받았던 것입니다. 그러나 이러한 현실적이고 어찌 보면 당시 사회상을 적나라하게 고발한 작품에 대해 시민들은 크게 호응을 했습니다. 이것은 인권을 중시하는 베리스모 오페라의 전형적인 모습이었고 차이콥스키는 이러한 비제의 새로운 시도를 보고 크게 감명을 받았습니다. 사실 차이콥스키는 보로딘이나 글린카와 같은 러시아 5인조 그룹의 민족주의적 사조를 따르는 것은 매우 싫어했습니다. 러시아 5인조는 구성원 개인이 음악적 재능이나 예술적 가치와는 사실상 별 특별한 의미가 없었습니다. 그들에게 있어서 음악은 러시아 국민을 하나로 묶어나가는 매개체로서의 역할이 더욱 중요했던 것입니다. 이러한 정치적 이슈에 묶여 있는 그들과 달리 차이콥스키는 순수한 예술적 작품성을 중시했습니다. 그는 틈만 있으면 유럽 여행을 떠났습니다. 그리고 거기서 오페라와 관현악 작품의 새로운 기법들을 연구하고 이를 자신의 음악적 자산으로 만들어 갔습니다. 1876년의 파리 방문도 음악적 선진국이었던 파리나 로마 혹은 빈과 같은 도시를 방문하고 새로운 기법과 흐름을 파악하는 여행이었던 것입니다.

## 2. 차이콥스키의 사랑

1877년 한 해가 시작되는 봄 차이콥스키는 인생에 있어 가장 극적인 만남을 갖게 됩니다. 그것은 한 여인과의 순수한 사랑이 전개

되기 때문입니다. 흔히 여성이 남성에게 프러포즈하는 경우는 잘 없지만 차이콥스키처럼 재능 있는 예술가이고 그의 음악에 매료된 여성이라면 상황이 달라질 수 있겠지요. 어느 날 차이콥스키는 안토니나 밀류코바라는 여성으로부터 한 통의 편지를 받게 됩니다. 사랑을 고백한 내용이지요. 이 편지를 읽고 난 차이콥스키는 약간의 정신적 혼란을 겪게 됩니다. 그것은 자신이 존경하는 시인 푸시킨의 『예브게니 오네긴』이라는 소설 때문입니다. 당시 4번째 교향곡을 쓰고 있던 그는 푸시킨의 소설에 매료되어 작품 속의 여주인공 타티야나를 흠모하고 이를 자신의 음악으로 만들고자 했기 때문입니다. 이 소설에서 순정파 여인 타티야나는 바람기 있고 속물근성이 있는 예브게니 오네긴을 짝사랑한 나머지 한 통의 편지를 보내 사랑을 고백합니다. 하지만 오네긴은 순정파 여성보다는 섹시하고 놀기 좋아하는 여성과의 밀회를 즐겼기 때문에 타티야나의 순수한 사랑을 거절합니다. 차이콥스키는 이러한 푸시킨의 순정 소설을 읽으며 이 여성의 아픔을 이해하고 심적으로 공감하게 됩니다. 그리고 현실 속에서 자신은 그런 비겁한 남자가 되지 말아야겠다고 다짐합니다. 이러한 신사적인 행동은 실제 연인으로 등장한 밀류코바의 프러포즈에도 적용됩니다. 처음에 밀류코바는 일방적으로 차이콥스키에게 만남을 제의하지만 그는 별 관심이 없었습니다. 그러다가 밀류코바의 자살 기도 사건을 보고 푸시킨의 여주인공 타티야나를 의식하게 된 것이지요. 결국, 자신 때문에 정신적 고통을 받고 자살까지 기도한 밀류코바의 순정을 받아들이기로 한 차이콥스키는 만난 지 얼마 되지 않아 결혼합니다. 너무나 순수한 결혼 생활은 그러나 현실의 냉정한 정서와 서로 간의 극단적인 성격 문제로 인해 갈등을 안고 고민하게 됩니다. 결국, 두 달간의 여름휴가 동안 네 번째 교향곡과 오페라 〈예브게니 오네긴〉을 마친 후 모스크바의 아내에게 돌아온 차이콥스키는 곧 이혼하게 됩니다. 오페라 오네긴에서 타티야나는 오네긴의 거절로 상처받은 마음을 안고 그를 떠났지만 현실에서의 차이콥스키는 플라토닉한 사랑을 꿈꾸었던 아내 밀류코바와의 정서적 결합이 불가능함을 알고 그녀를 떠나게 된 것입니다. 어떻게 보면 30대인 차이콥스키의 내면세계는 지극히 순수하고 형이상학적 이상을 꿈꾸는 때 묻지 않은 어린아이의 마음이랄까. 그는 자신의 사랑 이야기를 문학적으로 혹은 누군가에게 털어놓고 해결하려는 적극적 행동파라기보다 자신이 즐겨 표현할 수 있는 음악 작품으로 구현했습니다. 그것도 문자가 있는 오페라나 성악곡보다는 여러 가지 색채감을 표현할 수 있는 기악곡으로 말입니다. 실제로 차이콥스키는 오페라나 성악곡보다 교향곡이나 협주곡 그리고 관현악곡 작곡을 선호했습니다. 이렇듯 차이콥스키의 내성적인 태도는 아내가 된 밀류코바와의 결혼 문제를 풀어가는 데 매우 소극적이고 방관적인 태도를 취했습니다. 둘이서 문제를 해결하려 하기보다는 혼자서 유럽이나 스위스 등지로 여행을 다니며 작곡했습니다. 그렇게 별거 상태였던 결혼 생활은 1881년 밀류코바가 다른 남자의 아이를 낳게 되면서 종지부를 찍게 됩니다.

## 3. 관현악 작품

차이콥스키에게 있어 관현악 작품은 자신의 이상과 가치관 그리고 지역적인 특색을 중심으로 표현되고 있는 듯합니다. 그가 이혼의 아픔을 딛고 이탈리아를 여행하면서 지역의 소탈하고 활기찬 주민들의 모습을 담은 〈이탈리아 기상곡〉이나 나폴레옹과의 전투에서 이룬 승리를 기념하는 〈1812년 서곡〉, 〈현악을 위한 세레나데〉, 그리고 여러 편의 모음곡들이 1879년을 전후해 작곡되었습니다. 마치 밀류코바와의 이혼의 상처를 잊어버리기라도 하듯이 말입니다. 특히 이탈리아 기상곡은 그가 군부대로부터 들려오는 기상나팔 소리와 병영의 함성을 듣고 영감을 얻었다고 합니다. 그 외에 이탈리아 전통 선율이나 민요를 채취해 이를 기상곡의 주제로 활용했다고 후원자였던 폰 메크 부인은 기술하고 있습니다. 〈현악을 위한 세레나데〉는 현악기들만의 영감 흐르는 힘찬 멜로디와 서정적이고 섬세한 느린 왈츠 리듬을 포함, 4개의 아름다운 악장으로 표현되고 있습니다. 1812년 서곡의 경우 역사적으로는 매우 중요한 해였습니다. 유럽의 거의 모든 지역을 장악해 가던 나폴레옹이 마지막으로 러시아를 점령하면서 마무리하려 했던 것이지요. 그러나 러시아는 모스크바를 넘겨 주면서 모든 식량과 건물, 그리고 프랑스 군대가 사용할 만한 모든 물자를 파괴하면서 후퇴를 감행하지요. 결국, 모스크바를 점령했지만, 그 안에는 먹을 것이나 입을 것, 심지어 잠자리조차 제대로 해결할 수 없는 빈 껍질뿐이었지요. 나폴레옹은 백만 대군을 이끌고 다시 본국으로 철수할 수밖에 없었고 이를 중간에서 차단하고 있던 러시아군에게 거의 전멸당했던 사건입니다. 러시아 쪽에서 볼 때는 엄청난 승리이자 기쁨이었습니다. 차이콥스키는 이러한 역사적 사실을 음악적으로 잘 그려 내고 있지만 실상 그 음악적 예술성은 그다지 높게 평가되지 않은 듯합니다. 조용하고 섬세하며 내성적이었던 그가 대포 소리, 기병들의 말발굽 소리, 육탄전의 비명 같은 전쟁의 소용돌이를 그다지 높게 평하고 싶진 않은 듯합니다. 그럼에도 불구하고 이 서곡의 작품성과 역사적 의미는 매우 진지하고 소중한 것이었습니다.

# 표트르 차이콥스키 III

차이콥스키의 음악적 감수성은 매우 디테일하고 회화적입니다. 그의 관현악곡이나 실내악곡 등은 대체로 어떤 친분 있는 사람이나 자신이 은혜를 입은 귀족들과의 관계에서 얻어진 느낌과 감정을 화성으로 색채감 있게 그려 내는 특징이 있습니다. 그것은 어떻게 보면 19세기 독일과 이탈리아에서 발전된 표제 음악적 사고에서 출발한다고 볼 수 있습니다. 어떤 사상이나 가치관, 아니면 자연과 이미지를 음악화한다는 것은 19세기 음악가들에게는 이제 평범한 상식이 된 것이지요. 이런 음악에서 가장 중요한 것은 움직임과 인상에 대한 세밀한 표현이 중요합니다. 그의 음악에서 이런 요소가 발견되는 것은 피아노 3중주 A단조 Op. 50에서 볼 수 있는 친구 루빈시테인의 인상, 그리고 교향곡 제2번에서 민속적 선율과 그들의 생활상입니다. 이러한 낭만적 기질은 당시 보로딘, 림스키코르사코프, 발라키레프와 같은 러시아 민족주의 음악가들이 러시아적인 기질에서 벗어나지 못하고 음악적 시야가 한정되어 있을 때 그는 이탈리아, 프랑스, 독일 지역을 자주 방문하면서 그들의 음악 언어를 공유하고 음악적 공감을 가지려는 노력을 기울였습니다. 내성적이고 이상과 상상을 좇기 좋아하는 차이콥스키에게 이러한 행동은 매우 다른 일면이라 할 수 있을 것입니다.


## 1. 오페라 〈마제파〉

차이콥스키의 오페라는 자신의 이성관에 대한 플라토닉한 감정이 그대로 표현된 〈예브게니 오네긴〉을 비롯해서 사랑과 암투를 그려 낸 〈마제파〉, 〈마녀〉 등에서 볼 수 있듯이 섬세하고 스토리 중심적인 오페라의 극적 효과를 잘 그려 내고 있습니다. 〈마제파〉의 줄거리를 보면 18세기 우크라이나 지방의 영주 코차비는 마리아라는 딸과 함께 살았습니다. 영주 코차비는 딸 마리아가 자신의 친구인 마제파를 사랑하고 있는 것을 못마땅하게 생각합니다. 자신의 친구와 딸이 사랑에 빠진다는 것은 아무래도 어색할 수밖에 없겠죠. 그러나 두 사람은 더욱 사이가 가까워지고 결혼을 약속하게 됩니다. 이에 코차비는 딸의 나이와 비슷한 시골 청년 안드레이를 소개하고 그와 사귈 것을 권합니다. 그러나 이 역시 실패로 돌아가자 그는 황제에게 친구인 마제파가 역모를 꾸미고 있다고 꾸며댑니다.

그러나 마제파를 신임하고 있던 황제는 오히려 마리아의 부친이자 마제파의 친구인 코차비를 처형합니다. 더구나 자신의 남편 마제파는 우크라이나를 독립시키고 자신이 총독이 되리라는 야심에 사로잡혀 동료들과 전투에 나서지만 황제군에 의해 철저하게 패합니다. 그리고 그는 동료들과 함께 마리아를 떠납니다. 이 오페라는 러시아의 문호 푸시킨의 소설을 차이콥스키가 각색해 만든 것으로 당시 러시아 정치 사회의 긴박한 흐름을 알게 합니다. 이는 당시 러시아의 국민이 갖는 전제군주제에 대한 불만을 표현했다고 볼 수 있습니다. 차이콥스키가 발라키레프를 만나 작곡에 대한 기술적 문제에 대한 논의를 자주 했다는 것은 그 역시 당시 러시아의 음악이 국민주의로 흐르는 대세를 확인하고 있음을 말합니다.

## 2. 교향곡 〈만프레드(Manfred)〉

차이콥스키의 성격은 내성적이고 순수한 이성을 추구하는 이상주의자이고, 그의 이러한 성향은 여러 작품 안에 투영되고 있습니다. 그중 교향곡 〈만프레드〉는 낭만적 이상주의자로서의 자아가 잘 그려 낸 작품으로 표제가 붙은 교향곡으로 유일합니다. 교향곡 〈만프레드〉는 1867년 바이런의 서사시를 극화한 〈소년 해롤드의 순례〉가 베를리오즈에 의해 〈이탈리아의 해롤드〉라는 관현악곡으로 작곡되어 성공하자 러시아의 비평가 블라디미르 스타소프

(Vladmir Stasov)가 바이런의 또 다른 시 〈만프레드〉를 시나리오로 만들어 발라키레프(Mily Balakirev)에게 작곡을 권유하는 데서 시작되었습니다. 스타소프의 권유를 받은 발라키레프는 이 극이 자신의 성향과 맞지 않자 이를 베를리오즈에게 부탁합니다. 그러나 베를리오즈는 이미 바이런의 시나리오를 음악화한 적이 있고 건강도 나빠졌기 때문에 이를 거절합니다. 1868년 발라키레프는 비평가 스타소프의 추천을 외면할 수 없어 이를 다시 차이콥스키에게 권했습니다. 그는 이미 러시아에서 거절할 수 없는 유명 인사였기 때문입니다. 바이런은 1817년 이 시에서 영국의 설화를 애국적 의지를 갖고 창작했는데, 50년이 지나 스타소프에 의해 러시아 국민주의 악파 중 한 사람이었던 발라키레프에 의해 공감하게 됩니다. 발라키레프는 우여곡절 끝에 차이콥스키에게 이 곡을 추천하게 된 것이지요. 그는 평소 차이콥스키의 음악적 재능을 인정하는 한편 국민주의의 새로운 음악적 경향을 소개하고 소재를 제공하기도 해 왔는데 이 곡 역시 아이디어의 공유차원에서 차이콥스키에게 제의하게 된 것입니다. 그러나 이러한 제의가 차이콥스키에게는 부담으로 작용할 수도 있었고 간섭이라고 생각할 수도 있었을 것입니다. 그러나 차이콥스키는 러시아의 음악적 흐름을 외면할 수 없었습니다. 그만큼 러시아 민족주의 경향은 그를 묵시적으로 부담을 주기도 했습니다. 〈만프레드〉는 교향곡의 형식을 띠지만 그 내용은 극적인 요소를 갖고 있습니다. 주인공이 차이콥스키의 성향과 매우 흡사하고 그 작곡 배경 역시 당시 유럽의 낭만주의적 흐름을 수용한 것이라 볼 수 있습니다. 제1악장은 우울하고 반복적인 악절을 통해 차

이콥스키 자신의 내면을 말하고 있습니다. 이 우울감과 비통함이 악장 전체에 분포되어 있고 클라이맥스로 향합니다. 이 외로움은 그가 인생 후반에서 느끼는 정신적 문제와도 결부되어 있음이 어쩌면 당연한 일일 것입니다. 이것은 그가 주변의 음악가들과 경쟁해야 하는 현실, 여기에 러시아 국민주의 악파의 또 다른 강요 등이 그에게 제어할 수 없는 스트레스를 주고 있었을 것입니다. 제3악장 우울함과 비통함이 반복되는 모습을 보입니다. 여기서 반복되는 주제는 알프스의 요정을 만나는 〈만프레드〉의 모습 즉 차이콥스키 자신의 환상을 보여 줍니다. 그런 〈만프레드〉의 모습은 전원의 평화로운 삶 속에서 해법을 찾는다는 출구를 찾게 됩니다. 한때 시끌벅적한 축제의 현장이 묘사되기도 하지만 결국은 자신의 내면에 잠재된 우울함과 다시 대적하게 되는 마지막 악장은 차이콥스키가 얼마나 외로움과 우울함 그리고 이에 도전하기 위해 분투하는지를 잘 알게 하는 악장이 됩니다.


## 3. 〈비창〉과 죽음

차이콥스키가 러시아 민족주의 음악과는 다르게 유럽의 낭만주의 음악과 맥을 함께 한데에는 그 자신의 음악적 가치관 때문이기도 하지만 여행을 통해 새롭고 신기한 것에 대한 욕구를 실현하고 이를 음악으로 표현하고자 하는 자연주의적 사고가 내재되어 있었습니다. 그 예로 차이콥스키는 1890년 1월 푸시킨의 비극적 운명의 이야기 〈스페이드의 여왕〉을 작곡하기 위해 피렌체에서 6주 이상을 머물면서 작곡에 몰두하기도 합니다. 새로운 분위기와 여행의 신비함이 그를 창작에 더욱 몰두할 수 있게 했습니다. 그리고 그해 12월 모스크바로 돌아온 차이콥스키는 이 오페라를 완성하고 그해 겨울 마린스키 극장에서 초연합니다. 대성공이었습니다. 그러나 그의 나이는 어쩔 수 없어 점차 쇠약해짐을 느낍니다. 더구나 열렬한 후원자였던 폰 메크 부인에게서 후원금이 중단되자 그는 몹시 실망하고, 추억에 집착하게 되었으며 인생의 허무함을 어느 때보다 깊이 느끼기도 했습니다. 1892년 그는 이러한 평소의 심정이 스며든 새로운 교향곡을 만들게 됩니다. 그는 자신의 모습을 음악으로 구현하기 위해 악장마다 인생의 의미와 주제를 담았습니다. 1악장은 열정적인 자신의 삶, 갈망 그리고 좌절과 죽음을, 2악장은 사랑을, 3악장은 실망을, 4악장은 인생의 무대에서 조용히 사라지는 모습을 표현했습니다. 제6번 〈비창〉 교향곡의 전체적인 디자인입니다. 흔히 교향곡은 4개의 악장이 명확한 구성으로 그 형식이 제한적이었지만 차이콥스키의 비창은 맨 마지막 악장에서 서서히 어둠속으로 사라져가는 인간의 호흡을 먼저 작곡하면서 전통적 악장 형식을 벗어나고 있습니다. 즉, 흔히 4악장의 빠르고 힘찬 소나타 템포로 시작하지만 그는 이런 형식에서 벗어나 느린 아다지오의 사색적인 흐름을 인간의 고통을 표현하고 있습니다. 이 비창의 음악적 흐름은 차이콥스키가 평소 죽음에 대한 생각이 진지하고 현실적인 문제였음을 알게 해 줍니다. 그의 사망 원인은 비소에 대한 중독 때문이었음에도 불구하고 이 음악의 마지막 악장에서 나타나는 긴 악절은 죽음의 긴 호흡과 같은 장엄함을 가지고 있습니다. 1악장 역시 이러한 장엄한 주제로 시작되지만 대체로 빠르고 침울하며 긴장이 고조되는 모습을 보입니다. 클라이맥스에 가서는 러시아 정교회의 미사 음악중 일부가 등장하면서 장중함을 돋보이게 합니다. 차이콥스키는 역설적인 어법을 음악 언어에 즐겨 사용했는데 그 한 예가 발레입니다. 왈츠풍 5/4박자의 불규칙한 리듬으로 구성되어 있는데 무언가 현실 세계의 부조화나 억눌림을 비난하는 듯한 느낌입니다. 겉모습은 화려하고 행복해 보이지만 마음속에는 깊은 어둠과 우울감이 내포된 인간의 이중적인 모습입니다. 4악장은 이전의 스케르초 악장의 강력한 리듬과 폭발적인 현·관의 총주(tutti)로 말미암아 이 느린 악장의 출현이 설득력을 얻게 합니다. 이러한 작품 형식은 이후 작곡가들의 교향곡 형식에 많은 영향을 미쳤음은 말러나 시벨리우스 쇼스타코비치 등의 교향곡 유형에서 찾아볼 수 있습니다.

알렉산드르
보로딘

# 알렉산드르 보로딘 Ⅰ

　19세기 러시아의 글린카, 무소륵스키, 보로딘, 림스키코르사코프, 큐이 등 소위 5인은 민족주의 악파라는 동인회를 만들고 서양 음악사의 발전에 독특한 업적을 남겼는데 이는 어쩌면 음악을 하나의 직업으로 인정하지 않았던 러시아 사회의 관습에서 기인하기도 합니다. 제정 러시아의 귀족 계층에서 음악가에 대한 인식은 천부적인 재능을 가진 자로서 전문적인 음악가가 아닌 고급한 음악적 능력을 지닌 사람으로 이해했습니다. 음악은 재능 있는 자들의 놀이 문화이자 오락적 취미 활동 정도로 인식했습니다. 유독 러시아에서 이러한 5인조 민족주의 작곡가들이 탄생하게 된 원인도 이러한 사회 분위기와 무관하지 않습니다. 이들 5인은 모두 러시아의 귀족 계층으로 태어나 각자 군인이나 화학자, 그리고 법률가 등으로 활동할 수 있는 실력을 갖춘 자들입니다. 더구나 러시아에서 귀족이나 엘리트층에 속하기 위해서는 국가를 위해 혹은 민족을 위해 헌신할 수 있는 군인정신과 영어나 불어와 독일어 등에도 소통할 수 있으며 피아노와 바이올린 등 기악 연주 능력에도 전문적인 실력을 갖추어야 하는 것이 불문율이었습니다.

## 1. 보로딘의 음악적 성장

보로딘은 1833년 11월 12일 러시아의 옛 수도인 페테르스부르크에서 그루지아(조지아) 출신의 공작 게디아노프의 서자로 태어납니다. 모친은 여자 군의관으로 두 사람 사이에는 정식 혼인 관계가 아니기 때문에 보로딘은 공작의 농노로 등록되었습니다. 보로딘은 어린 시절부터 유복한 가정에서 모친의 교육열에 부응하면서 열심히 공부에 전념해 주위를 기쁘게 했습니다. 모친 안토노바 역시 교양과 지성이 넘치는 귀족으로 보로딘에게 최상의 교육을 받도록 했습니다. 소년기를 거치면서 영어 불어 독일어를 비롯해 화학 분야에 깊은 호기심을 보여 주기도 했으며 한편으로 피아노 치기를 좋아하고 군악대와 같은 음악연주에도 관심을 가졌습니다. 특히 피아노에 대한 호기심과 재능은 매우 뛰어나서 다른 곡을 듣고 기억해서 연주하는 소위 청음 능력은 주위 사람들을 놀라게 할 정도였습니다. 사실 바로 전에 들었던 음악을 그대로 기억해서 다시 연주한다는 것은 피아노와 같은 기악 능력이 기본적으로 갖추어져 있어야 함은 물론 음악의 흐름과 화성적 전개 그리고 리듬의 분석 등이 동시적으로 기억되어야 할 수 있는 놀라운 능력이었습니다. 우리가 잘 아는 모차르트 역시 6세 때부터 누나 난넬의 피아노 연주를 듣고 그대로 따라서 연주했다는 기록이 있고 보면 천재들의 기억 능력은 참으로 경이로운 수준입니다. 청소년 시절을 겪으면서 친구들과 함께 작은 실내악곡을 만들어 연주하곤 했는데 이 역시 친구를 사귀기 위한 놀이 정도로 생각해 가볍고 단순하게 생각했던 것이 특징입니다. 결국, 일생을 통해 그는 전문적인 아마추어 음악가로 살아간 것인데 앞서 말한 이유가 있었기 때문이겠지요. 17세가 되면서 보로딘은 의과대학에 진학하고 졸업 후에는 군 병원에 배속되어 전쟁의 참상을 몸소 경험하게 됩니다. 마음이 여리고 감성적인 보로딘에게 이러한 전상병 치료는 매우 충격적이었고 이로 인해 점차 화학자로서의 길로 눈을 돌리게 됩니다. 25세가 되자 의학박사로서 그리고 화학자로서 많은 과제들이 앞에 놓여 있었습니다. 물론 작곡에도 매우 큰 관심을 갖고 있었지요. 그러면서도 그는 따스하고 품위 있는 청년으로 주변 사람들의 어려움과 정치·사회적 문제에 대해 관심을 나타내기도 해 동료들 사이에 인기가 많았습니다.


## 2. 청년기에 다가온 발라키레프의 개혁 사상

음악가들이 보통 감성적이고 열정적인 성격을 가진 것은 흔히 볼 수 있는 모습입니다. 보로딘은 1858년에 스승의 권유와 자신의 국제적 견문을 넓히기 위해 러시아의 의학학회 대표 직함을 가지고 유럽을 방문합니다. 하이델베르크는 당시 의학과 과학을 중심으로 여러 학자들이 방문해 연구와 토론을 개최하는 장소였습니다. 그곳을 방문하고 그들과 교류하는 일은 학자로서 매우 유익한 일이었습니다. 그는 열심히 학술회의 참석하면서 한편으로는 피아노 연주와 작곡도 했습니다. 당시 작곡했던 작품은 피아노 3중주곡, 현악 4중주와 6중주가 있습니다. 이들 작품은 비록 작은 규모였지만 귀국 후 본격적인 작품 활동을 위한 예행연습과 훈련 과정임은 분명합니다.

1861년 그가 28세가 될 무렵 인생의 반려자인 피아니스트 '에카테리나 세르게브나'를 만나서 교제를 합니다. 그녀 역시 러시아 출신의 뛰어난 피아니스트로 하이델베르크에서 음악 수업을 받고 있었습니다. 그러나 그녀는 결핵 환자로 몸이 건강하지 못한 상태였지만 음악이라는 공통 관심사가 두 사람 사이를 자연스럽게 가깝게 만들었습니다. 그 후 두 사람은 약혼하고 함께 이탈리아를 여행하게 됩니다. 따스하고 온화한 기후를 가진 '피사'는 '에카테리나'의 건강 회복에 도움을 주었습니다. 그곳에 머무는 동안 보로딘은 러시아 민요를 주제로 하는 피아노 4중주를 작곡해 민족적 정서를 담아냈습니다. 보로딘이 민족주의적 경향에 점차 경도되게 된 것은 발라키레프와의 만남을 통해서였습니다. 그는 성격이 적극적이고 파격적인 행동으로 늘 주위 사람들을 긴장하게 했지만 그러한 그의 태도가 오히려 같은 뜻을 품은 음악가들을 결합하게 했고 그의 사상과 기법이 자연스럽게 공유할 수 있게 됩니다. 보로딘이 발라키레프와 무소륵스키 그리고 림스키코르사코프와의 교제를 통해 얻게 된 것은 무엇일까요. 당시 독일 음악이 주도하고 있는 귀족적이고 예술적인 트렌드에 반기를 들고 민족적 서민적인 정서가 주도하는 러시아적 전통을 만들어 가자는 주장에 의기투합하게 됩니다. 이들 청년 작곡가들은 자신의 음악적 성향과 계획이 러시아의 정치 사회 개혁에 이바지할 수 있다고 믿었습니다. 이탈리아에서의 요양과 연구 생활을 끝내고 돌아온 보로딘, 30세가 된 그는 인생의 전환점을 의식하고 있었습니다. 교향곡 1번 Eb장조는 보로딘으로서는 매우 힘든 작업의 결과였습니다. 전문적인 음악 수업을 받지 못한 그로서는 작곡의 꽃이라 할 수 있는 교향곡에 도전해 본격적인 작곡가의 위상을 보였어야 했습니다.

더구나 동료이자 멘토였던 '발라키레프'로 하여금 많은 충고와 지적을 받아야 했던 보로딘은 차츰 러시아 특유의 민속 선율에 애정을 갖게 되었습니다. 이런 선율적 특징은 농민과 하층계급의 애환이 서려 있고 시대적 어둠을 나타내는 어떤 매력이 있었습니다. 퇴행적이고 절망적인 러시아적 시대상이 긍정으로 반전하는 스타일이 리스트나 슈만의 독일적 작곡 형식을 채택하고 있음을 알게 합니다. 아이러니하게도 러시아적 전통 선율을 통한 민족주의 사조는 공교롭게도 슈만과 리스트의 기법을 통해 서구화의 물결에 편승할 수밖에 없게 됩니다. 베토벤의 영웅적 의지와 저항적 선율, 모티브의 성격이 음악의 의미를 가늠케 하는 소위 표제적인 음악 기법이 어느 정도 반영되고 있음이 이를 증명합니다.

## 3. 보로딘의 오페라

보로딘이 오페라에 눈을 뜨게 된 것은 1867년 크릴로프의 희극
〈용사들〉이라는 연극을 보고 나서입니다. 작가 크릴로프는 당시
러시아의 극작가로 문학이 독일과 프랑스의 전유물처럼 만들어지
는 것에 대한 반감이 있었습니다. 그는 러시아 농노제를 옹호하는
귀족 계층의 오만과 위선을 풍자적으로 그려 낸 여러 편의 우화집
을 발간하기도 했습니다. 이런 배경으로 그는 이탈리아의 작곡가
로시니의 정가극을 비판한 풍자극 '용사들'을 오페라로 작곡해 보라
고 보로딘에게 요청했던 것입니다. 그러나 보로딘은 오페라를 작
곡할 이론적 배경과 경험이 부족하고 집중할만한 시간도 많지 않아
결정을 고심합니다. 그러다가 결국 자신의 창작과 기존의 여러 오
페라 선율을 패러디해 이 작품을 완성합니다. '패러디'란 다른 작곡
가 혹은 자신의 다른 작품 속에 이미 사용된 선율을 인용해 다시 사
용하는 기법으로 이미 10세기경 그레고리오 성가의 선율에서도 사
용되고 있으며 특히, 18세기 바흐의 푸가(Fuga) 음악에서도 '차용'이
라는 기법으로 종종 사용되고 있던 기법입니다. 요즘 대중음악에
서 흔히 남의 선율을 모방하거나 비슷하게 가져오는 수법이 법적인
제재를 받는 것을 생각하면 이는 참으로 오래된 방법이라 할 것입
니다. 여하튼 오페라 '용사들'은 1867년 그의 나이 34세에 처음 발
표했으나 결과는 실패였습니다. 왜냐하면, 러시아 귀족층 역시 아
직도 독일, 프랑스 이탈리아의 오페라 세리아(정가극)나 오페라 코
미크(희가극)를 받아들일 만한 이해와 인식이 부족했습니다. 그만큼

러시아 귀족들은 오페라라고 하는 장르에 대해 그 오락적 흥미를 느끼거나 그 작품의 문제점에 대해 알만한 준비가 미흡했던 것입니다. 더구나 러시아 귀족들은 그런 외국의 오페라를 비판하고 조롱하는 태도를 그리 즐겁게 받아들이지 못하고 있었습니다. 또한, 이 작품의 스토리 전개가 터무니없는 태도로 일관해 음악의 순수성이 오염되는 것에 대한 반감도 있었습니다. 이런 와중에 그런 그랜드 오페라의 진정성과 정교성에 대한 치밀한 분석 능력도 없는 러시아 아마추어 작곡가의 실력으로는 농노를 해방하고 봉건 귀족 계층을 비판하려는 크릴로프의 진보적 의식을 오페라화한다는 일이 보로딘에게는 매우 어려웠을 것입니다.

# 알렉산드르 보로딘 II

보로딘은 작곡가이기 전에 의학도로서 또 화학자로서도 활동하고 있었습니다. 그는 다재다능한 두뇌를 가진 학자로서 현실 정치와 민중의 삶에도 깊은 관심을 가졌습니다. 그의 이러한 특성은 항상 주위 사람들에 대한 배려와 애정 그리고 인간관계를 중시하는 특유의 친화력과 관찰력을 바탕으로 하고 있었습니다. 보로딘이 성장하던 당시는 니콜라이 1세의 무분별한 사치와 그 일가친척의 독선적 행위가 많은 사람으로부터 분노와 좌절을 안겨 주던 때였습니다. 국민을 위한 정치를 위해서 그는 진보적인 개혁을 원했고 이러한 생각이 의학과 과학을 통해서 실현코자 했습니다. 그러나 그는 궁극적으로 국민의 행복과 기쁨을 줄 수 있는 도구는 음악뿐이라고 생각했습니다. 음악을 통한 민족의 자긍심 그리고 이를 생활 속에서 즐기는 행복한 국민을 꿈꾸었던 것입니다. 의사로서 과학자로서 그는 자신의 영역을 철저히 지켰으나 음악 작곡 분야에서만 큼은 쉽지 않았습니다. 그의 첫 번째 외국 여행을 통해 이러한 자신의 꿈이 무엇이며 어디에서 찾을 수 있는지를 깨닫게 됩니다.


## 1. 성악 작곡에 대한 미련

1867년 여름, 크릴로프의 희극 〈용사들〉을 작곡, 무대에 올렸지만 그리 좋은 성과를 내지는 못했습니다. 이유는 모스크바 귀족들이 유럽 오페라 특히 로시니 같은 이탈리아 작곡가의 희극 오페라에 매료되어 있었기 때문입니다. 더구나 시민들은 이러한 귀족들의 취향과도 거리가 있었습니다. 당시만 해도 그러한 귀족 문화에 적응할 겨를이 없었기 때문입니다. 이러한 오페라 작품의 실패에도 보로딘은 5곡이 수록된 가곡집을 완성했습니다. 이 곡의 작사는 자신의 시를 붙인 것으로 그가 얼마나 다재다능한 작곡가였는지를 알게 합니다. 더구나 이 작품의 가사는 어느 문학적 평가를 통해서도 인정받을 만큼 수준이 높고 유려한 것이었습니다. 보로딘은 모두 17개의 가곡을 남겼는데 이들 작품은 모두 개별적인 특징을 갖고 있습니다. 다시 말해 흔히 여러 개의 곡을 하나의 조성 체계로 연결한다거나 가사를 하나의 시적 관련성 안에서 쓰는 경향이 있는데, 그는 그렇지 않았다는 점입니다. 특히 그의 시에 대한 애착은 은유적 표현을 통해 자주 등장하는데 이는 본인의 사색적인 성격과도 맞아떨어집니다. 또한, 보로딘의 이러한 은유적 어휘를 좋아하는 이면에는 보수적이고 권위적인 정권에 대한 불만을 표현할 수 있기 때문입니다. 이런 불만을 그린 대표적인 노래가 〈어두운 숲의 노래〉입니다. 이 노래는 보수적 성향의 림스키코르사코프 가곡집에 섞여 들어가 무사히 검열을 통과하게 됩니다. 그 가사 내용은 보면 독재자의 폭정에 쫓겨난 힘없는 백성들이 숲속에 모여 힘을 기르고 강력한 전투력을 갖춘 뒤 왕이 머무는 궁으로 진격해 그 왕권을 빼앗는다는 것입니다. 당시 철권 정치하에서는 권위에 도전하는 이러한 음악이 검열에서 통과되기는 어려웠겠지만 친구인 림스키코르사코프의 도움으로 무사히 통과되었던 것입니다. 〈볼가강의 뱃노래〉라든지 〈잠자는 공주〉 등도 가사에서 이와 유사한 정치적 복선이 깔려 있음은 그가 얼마나 사회 문제에 민감한 청년이었는지 알 수 있게 합니다. 참고로 림스키코르사코프는 정치적으로 진보적 신념을 가졌고 이 점에서 보로딘과 잘 어울릴 수 있었습니다.

## 2. 교향곡을 만나다

보로딘은 스스로가 아마추어 작곡가임을 인정하고 주위 사람들에게 겸손해했습니다. 그는 자신의 직업은 화학자이고 연구자이며 작곡은 스스로 여가를 보내기 위한 취미 생활로 여겼습니다. 그런 그가 꾸준히 러시아의 역사적 위인을 탐구해 왔던 것은 자신의 역할을 통해 민족적 자긍심을 심어줄 수 있는 어떤 이벤트를 찾는 데서 시작됐습니다. 그 첫 번째 시도는 중세 시대에 러시아를 타타르 야만족으로부터 지켜 낸 이고리에 대한 역사 공부입니다. 그의 음악은 낭만주의 음악을 의식한 것은 아니지만 그의 제자로서 보로딘의 음악을 연구한 디아닌에 의해 낭만적 혹은 관련적 음악과 역사적 사실이 어느 정도 연관성을 갖고 있다고 말합니다. 어쨌든 1869년 이후 보로딘은 교향곡의 깊이와 아름다움에 눈을 뜹니다. 오페라를 쓰기 위해 이고리 공에 대한 업적을 연구하기도 했던 그였지만 자신의 전공영역이었던 화학 논문을 써야 하는 압박감과 음악적 동인(신 러시아 악파)들로부터의 작품 주문에 밀려 늘 시간에 쫓기는 생활을 해야 했습니다.

1869년에는 Eb장조의 교향곡 1번이 성공적으로 연주되었고 이어서 2번 교향곡을 구상하기에 이릅니다. 이 2번 교향곡은 당시 연구하고 있던 이고리 공의 역사적 사실을 염두에 두고 썼던 관계로 음악적 분위기와 구성이 매우 장엄하고 무거운 톤으로 만들어집니다. 특히 1악장은 중세 용사들의 삶과 생활을 묘사하고 그들의 전투와 용맹성을 그려 내고자 했습니다. 마지막 악장은 이고리 공이 이끄는 러시아군 전사자에 대한 애도를 표하고 이후 승리를 나타내는 활기찬 선율이 지배하고 있습니다. 보로딘이 쓴 교향곡은 모두 3개인데 그중 3번 교향곡은 미완성 작품입니다. 1881년 이후 보로딘의 작품 활동은 뜸한 편인데 이는 그의 건강 이상설과 전공 영역에 대한 미련 때문이라는 설이 수긍이 갑니다. 실제로 그는 1881년 이후 현악 4중주와 교향곡 3번만이 남아 있는데 그마저도 미완성 작품인 것은 그의 건강이 갑자기 좋지 않게 되었기 때문입니다.

그의 제자인 디아닌에 의하면 보로딘은 1887년 2월 13일 이 3번 교향곡을 완성하기 위해 매우 정력적으로 일했다고 합니다. 디아닌은 옆방에서 작곡 중이던 보로딘의 태도가 평소와 달리 이상하다고 생각했습니다. 그는 흥분해서 소리를 지르거나 피아노를 크게 연주했습니다. 그리고 옆방의 디아닌에게 달려와 기쁨의 눈물을 흘렸다고 합니다. 지금까지 쓴 작품 중 이 부분은 아주 대단한 것이라고 스스로 인정했기 때문입니다.

## 3. 현악 4중주와 관현악곡 〈중앙아시아의 평원에서〉

보로딘의 현악 4중주는 구성 요소로 보아 하이든의 형식주의적 혹은 고전주의적 실내악 양식으로부터 멘델스존과 슈만의 낭만주의 계보를 이어 가는 전통적인 기법을 따르고 있습니다. 4개의 악장과 빠르고 느린 악장 편성, 소나타 형식의 기본 인식 등이 그것입니다. 그러나 이러한 유럽풍의 예술 음악적 기법이 그를 완전히 지배하고 있는 것은 아닙니다. 그의 주제는 쾌활함과 서정적인 표정이 흐르고 있어 유럽의 그것보다 서민적 정서를 강하게 구현하고 있습니다. 주제의 대조 성향이 약하고 유연하며 국민적 전통을 강조함으로써 유럽 예술 음악으로부터 독립적인 기교를 보입니다. 이는 무소륵스키나 차이콥스키와 같이 서구 지향적 음악과는 다른 태도로서 림스키코르사코프는 이러한 보로딘의 민족적 기법을 칭송했다고 합니다. 특히 1881년 작곡된 현악 4중주 2번은 보로딘의 결혼 20주년 기념일을 자축하기 위한 곡으로 만들어졌습니다. 목적이 그러하듯이 성격은 정열적인 사랑과 아름다운 서정성이 내포되어 있어 젊은 연인들에게도 많은 인기가 있었던 작품입니다. 2악장에는 왈츠풍의 가볍고 신선한 선율이 있고, 3악장은 베토벤의 전통을 이어받은 경쾌함과 화려함이 보이며, 4악장은 앞의 분위기와는 다른 특유의 이야기 형식의 주고받는 멜로디가 마치 보로딘의 인간 그 자체를 듣는 듯한 느낌을 줍니다. 이러한 보로딘의 음악은 만년이 되어 감에 따라 유럽에서 더욱 유명해지기 시작합니다. 그의 순수하고 서민적이며 민족적 자긍심이 가득한 작품성은 특히 〈중앙아시아의 평원에서〉를 보면 두드러지게 나타납니다. 이 곡은 황제의 즉위를 기념하기 위해 작곡된 작품인데 즉위식에서 선보일 회화의 배경 음악으로 위촉되었다고 합니다. 그러니까 러시아군(軍)이 대상(隊商)들을 보호하면서 사막을 횡단하는 그림으로 그 분위기와 행렬을 음악으로 잘 표현하고 있습니다. 사막이라는 특수한 환경은 자칫 음악적으로도 단조로움을 줄 수밖에 없는 요소를 가졌지만, 보로딘은 그러한 사막의 분위기에 자신의 상념과 의지를 덧붙여 넣음으로써 생명력을 불러일으켰다는 평을 받고 있습니다. 이 곡이 가진 독특한 분위기와 음향적 색깔은 처음으로 음악을 듣는 사람들에게도 무한한 상상력과 공포심 그리고 무언가를 연상케 하는 힘을 가지고 있습니다. 보로딘의 인간성과 음악성은 대담하면서 섬세한 미적 세계를 소유한 작곡가로 역사에 기록되고 있습니다. 그리고 그의 민족적 애국심과 진취성은 러시아 음악의 아버지라 불릴 만큼 대담하고 모험적이었습니다. 예술가지만 포용력과 유머 감각을 동시에 가진 인간, 관찰력과 기억력이 뛰어난 천재성은 그를 역사적 인물로 만들기에 충분한 사람이었습니다. 흔히 예술성과 결합한 예민함이나 히스테릭한 성격은 그에게 있어서는 아니었습니다. 누구에게나 따스하고 상대를 존중하며 약자를 배려하는 화학자이며 과학자임을 동시에 지닌 음악가 보로딘, 그는 결국 1884년 이후 그 다양하고 엄청난 숙제를 정리하면서 쇠약해져 갑니다. 일에 대한 심리적 부담감과 교수직을 수행하면서 부수적으로 만들어지는 각종 행정적 조치들이 조금도 자유로운 시간을 만들어 주지 않은 것이 그의 생명을 위협했습니다. 1887년 작품에 대한 열정과 흥분 그리고 일에 대한 긴장감 때문에 그의 심장 발작은 급격히 나빠졌고, 10여 일이 지난 2월 27일 어느 무도회장에서 운명했습니다.

모데스트
페트로비치
무소륵스키

# 모데스트 페트로비치 무소륵스키 I

　19세기 러시아 민족주의는 음악사에서 매우 중요한 가치를 가집니다. 이는 계몽주의 사조를 거친 유럽의 모든 나라의 음악가들이 조국의 민족사적 정체성을 지키고, 문화적인 우월성을 드러내기 위한 의식 변화가 매우 소중한 것으로 인식되었기 때문입니다. 특히 19세기 러시아의 민족주의 사조는 음악사상 매우 특이한 조류로 볼 수 있는 몇 가지 특징을 갖고 있습니다. 그 하나는 보로딘과 무소륵스키 등을 중심으로 한 5인조 아마추어 작곡가들의 의기투합으로 나타난 민속적 선율이 그것입니다. 이들 러시아 민족주의 작곡가들의 공통적인 특징은 비교적 부유한 귀족의 신분으로 태어나 소위 귀족 학교라 할 수 있는 사관학교를 다니며 러시아의 전통과 학문에 일찍부터 눈을 뜨게 되었다는 점이 다른 하나의 특징입니다. 이들 부모의 의도는 사관학교의 절도 있고 품위 있는 교육을 통해 장차 러시아의 지도자로 성장할 수 있기를 바랐지만, 그들은 그보다는 음악의 무한한 가능성과 러시아 민족의 영혼을 울려 낼 수 있는 작곡가로서의 인생을 선호했습니다.


## 1. 무소륵스키의 성장 배경

모데스트 무소륵스키는 1839년 러시아의 카레보(Karevo)에서 태어납니다. 그의 부친은 17세기에 이 지역으로 이주해 큰 농장을 경영했습니다. 그러나 증조부는 자신의 농장 농노와 결혼해 아들을 낳았고 이 아들이 무소륵스키의 부친이 됩니다. 그러니 무소륵스키의 혈통은 증조모인 서민의 고달픈 삶을 자주 접할 수 있었고, 이런 이유로 어릴 적부터 농민들의 민속적인 선율을 즐겨 들을 수 있었습니다.

무소륵스키의 음악적 재능은 5세 때 모친으로부터 피아노를 배우면서 나타납니다. 그는 모친의 피아노 지도에 흥미를 느껴 9세경부터는 스스로 피아노 독주를 즐겼다고 합니다. 그의 부친 역시 아들 무소륵스키를 페테르스부르크에 있는 사관 예비 학교에 보내 교육을 받게 했습니다. 그러나 예비학교에서도 음악에 대한 흥미는 계속되었고 자연히 피아노 교육은 이어졌습니다. 특히 예비학교 1학년 때인 13세에 '폴카'를 작곡해 사람들을 놀라게 했고, 오페라의 아리아나 특별히 재미있는 멜로디를 피아노로 연주해 청중들을 즐겹게 하기도 했습니다.

1857년 그가 18세 되는 무렵 러시아 5인조로 알려진 발라키레프로부터 본격적인 작곡 수업을 받기 시작합니다. 당시 발라키레프는 무소륵스키와는 두 살밖에 차이가 나지 않는 청년이었지만 이미 상당한 작곡가로 인정받고 있었습니다. 발라키레프의 제자가 된 것은 그들만의 특별한 만남이었는데 그것은 조국에 대한 열정과 사랑을 서로 확인할 수 있었다는 것입니다.

1858년 근위대에서 전역한 무소륵스키는 모스크바로 여행을 떠납니다. 모스크바에 대한 인상은 무소륵스키에게 다시 한번 러시아의 전통과 건축양식, 그리고 자부심을 느낄 수 있는 다양한 문화를 접하게 됩니다.

그도 그럴 것이 모스크바는 러시아 역사에 매우 중요한 인물로 추앙받고 있었던 표트르 대제의 근엄하고 장대한 흔적이 도시 전체에 묻어나고 있었기 때문입니다. 그는 자신이 유모에게 들었던 자장가와 민요들의 느낌이 이러한 도시의 건축물들과 결부되어 있음을 알고 스스로 러시아인으로서의 자부심과 민족애를 느끼게 됩니다. 페테르스부르그로 돌아온 무소륵스키는 자신이 느낀 그리고 영혼에 새겨진 선율들을 피아노 악보로 그려 내었고 이를 〈고전형식에 의한 간주곡〉이란 제목으로 발표하기에 이릅니다.

## 2. 청년 무소륵스키

1861년 러시아 알렉산드르 2세는 영주 지배하에서의 농노를 해방하는 명령을 선포합니다. 이에 따라 농노는 영주의 노동과 지대 납부 의무에서 벗어나 법적으로 자신의 영토와 노동의 자유를 얻게 되지만, 영주와 국가의 토지를 부역해야 하고 노동의 의무와 함께 토지에 대한 배상금을 납부해야 하는 의무도 갖게 됩니다. 이는 외형적으로는 법적 해방을 의미하지만 실제로는 국가에 대한 농민의 예속화를 존속시키려는 의도가 잠재하고 있었습니다. 지주의 아들로 태어나 비교적 안락하게 지내오던 무소륵스키의 집안은 이후 매우 곤란한 환경에 빠지게 되었고 그 역시 이러한 어려움을 극복하기 위해서 고향인 카레보에서의 생활이 필요해졌습니다. 2년간 고향에서 지내던 무소륵스키는 교향곡 D장조의 작곡을 시작합니다. 그리고 많은 가곡과 오페라를 작곡하기에 이릅니다. 이러한 사회적 격변의 시기에 친구들(보로딘, 발라키레프, 무소륵스키, 림스키코르사코프, 다르고미시스키, 큐이)은 페테르스부르그에서 만나 그들만의 색채를 만들어 내기 위한 토론과 의견을 주고받게 됩니다. 러시아 정교에 대한 분위기, 러시아적 예술과 철학, 무엇보다도 정치적 의견에 대한 공통 관심사가 이들의 주된 과제였습니다. 이들이 공통적으로 생각해낸 것은 음악의 '리얼리즘'입니다. 이들의 생각은 러시아의 음악이 매우 실증적이고 직접적이어야 하며 현실에 바탕을 두고 있어야 한다는 것입니다. 그래서 어린 시절 유모에게 들었던 자장가며 어린 시절의 추억이 담긴 우수 어린 피아노 음악들이 이 시기에 만들어집니다. 우리가 흔히 들을 수 있는 〈민둥산의 하룻밤〉은 이 시기에 만들어졌는데 요즘에 만들어진 림스키코르사코브가 관현악으로 편곡한 음악이 더 유명해져서 원곡의 음산하고 어두운 분위기를 찾기는 어려워졌습니다. 아마도 림스키코르사코브는 무소륵스키의 원곡에 대해 그리 좋아 보이지 않았을 것입니다. 민둥산의 하룻밤이 갖는 민속적 전통과 선율은 사실 어떤 경향성을 띠기보다는 무소륵스키 자신의 민족적 열정과 '리얼리즘' 기법의 소산이라고 할 수 있습니다. 이 곡은 산꼭대기의 마녀들과 마귀들과 또 이들의 기괴한 회합이 실제적인 모양으로 묘사되고 있습니다. 이들 러시아 민족주의자들이 가장 경계했던 것은 유럽 특히 독일의 음악이 러시아적 전통을 지배하는 것입니다. 그래서 그가 쓴 가곡들은 대체로 이러한 러시아의 현실적인 환경과 분위기를 잘 그려 내고 있습니다. 1866년 작곡된 〈주정뱅이〉, 〈신학생〉 1867년의 〈고아〉, 〈귀여운 사비시나〉 등은 장애 아이들의 모습을 애정 어린 눈으로 그려 낸 것으로 가사와 음악 모두를 무소륵스키 자신의 언어로 표현했다는 특징이 있습니다. 1867년 형님이 사는 시골집에서의 삶과 서정적인 환경은 그를 러시아적인 음악 안으로 들어가게 했습니다. 특히 그의 사실적이고 문학적인 사고는 〈민둥산의 하룻밤〉, 〈에르메슈카의 자장가〉, 〈유모와 함께〉 등과 같은 서술적이고 문학적인 내용을 음악으로 표현하기에 이릅니다.

## 3. 기악곡과 오페라

무소륵스키의 기악곡은 그리 내세울 만한 것이 없습니다. 이는 음악 기법에 대한 그의 한계 때문이기도 하지만 무엇보다도 그의 성악 작품 특히 딕션(diction)과 문학적 의미의 전달을 중시하는 견해가 컸습니다. 1871년 작곡된 〈작은 스케르초(침모, 針母)〉는 이 당시 쓴 기악곡 중 거의 유일한 곡입니다. 그러나 이런 기악곡에 관심을 갖게 된 것은 '페테르스부르크'에서 다시 만나 활동을 함께한 '다르고미시스키'의 권유와 도움이 매우 컸습니다. '다르고미시스키'는 음악사상 그리 중요하게 다루어지고 있지는 않지만, 그의 친구이자 제자였던 무소륵스키에 대한 동료의식과 우정은 남다른 것이었습니다. 그에 대한 존경의 표시로 무소륵스키는 몇 편의 가곡을 그에게 헌정하기도 했습니다. 무소륵스키는 그의 제의에 따라 '고골'(러시아의 사실주의 소설가, 극작가)의 원작 희극 오페라 〈결혼〉을 작곡하게 됩니다. 그는 이 곡에서 가장 일상적이고 단순한 대화의 기술을 익히고 이를 음악으로 편입시켜야 하는 일에 조금은 싫증을 느끼기도 했습니다. 고급스러운 언어와 사색적이고 문학적 가치가 있는 언어생활에 익숙한 그로서는 대중들의 인기를 얻기 위해 그리고 언어 전달의 명확성을 높이기 위해 이러한 단순한 대화의 오페라를 좋아하지는 않았습니다. 예나 지금이나 동서를 막론하고 예술가들의 고민은 보다 예술성 있는 음악을 만들 것이냐, 아니면 대중이 선호하는 작품을 만들 것이냐, 에 대한 고민일 것입니다. 무소륵스키 역시 이러한 고민에서 놓여날 수 없었지만, 현실은 후자를 원하는 것이 그를 힘들게 했습니다. 그해에 다른 오페라에 손을 대기 시작한 것은 이전 작품의 성공에 대한 자신감이었습니다. 1868년 가을 무소륵스키는 오페라 〈보리스 고두노프〉를 작곡합니다. 1870년 7월에 그는 이 곡을 완성해 황실극장에 제출하고 채택해 주기를 바랐습니다. 그러나 다음 해 2월 이 곡은 반려되었습니다. 그 이유는 이 오페라가 황제에 대한 반역과 음모가 서술되어 있고 이러한 내용이 청중에게 전달된다는 것이 당시에는 불가능할 수밖에 없기 때문입니다. 또한, 음악적으로도 몇 가지 한계점이 발견되었습니다. 그것은 황실에서 선호하는 발레의 장면이나 아리아라고 할만한 독창이 표현되지 않고 있다는 점입니다. 대화는 빠른 리듬과 선율 속에 들어 있어 가사의 의미를 파악하기가 쉽지 않고 관현악을 비롯한 전체적인 음악의 효과나 배경이 어둡고 음산하다는 심사평을 듣게 되었기 때문입니다. 무소륵스키 입장에서는 매우 어려운 상황입니다. 모두 7개의 장으로 연결되어 있는 이 오페라는 그 내용과 형식이 기존의 유럽식 오페라가 지향하는 모습과는 판이하게 다를뿐더러 내용도 매우 정치적이어서 처음부터 심사 통과가 어려울 것이라는 주변의 생각이 들어맞은 것입니다.

# 모데스트 페트로비치 무소륵스키 II

오페라라는 장르는 음악이 바탕이 되는 이야기 형식의 무대극입니다. 이 역시 대중을 상대로 하고, 흥행을 목적으로 삼기 때문에 작곡가는 그 스토리의 지향점이 무엇인지에 대한 판단이 매우 중요할 수밖에 없습니다. 말하자면 이야기의 주제가 당시 청중의 다수를 차지하는 귀족과 황실의 권위와 권력에 대한 것이라면 그들은 흥미와 재미를 느낄 수 있겠지만 그 내용이 자신의 권한에 대한 도전이나 역심을 품게 하는 것은 아닌지 예민하게 반응하기도 합니다. 그렇다고 일개 평민이나 농노 정도의 삶과 죽음이 어떤 미적 가치나 예술적 의미를 지니기에는 그 스케일과 내용이 너무 보잘것없을뿐더러 이를 보러 와줄 청중도 없다는 것입니다. 무소륵스키의 오페라 〈보리스 고두노프〉는 이러한 두 가지 가치관의 충돌로 인해서 작곡과 연주의 문제가 어려웠던 것입니다.

# 1. 오페라 〈보리스 고두노프〉

이 오페라는 푸시킨이 쓴 러시아의 역사소설로 인기를 끌고 있었던 작품입니다. 1830년 푸시킨은 셰익스피어의 황실 역사극 『리처드 3세』를 모방해 1580년대 러시아의 황제였던 보리스 고두노프의 일대기를 극화해 발표합니다. 거의 300년 전 이반 뇌제(雷帝)의 왕위 찬탈 과정을 그린 사극이 당시 황제 입장에선 그리 기분 좋을 리 없었겠지요. 이 오페라는 1550년경 이반 4세의 세 번째 아내로부터 태어난 나이 어린 드미트리 황태자가 아버지인 이반의 뒤를 이어 드미트리가 즉위하지만, 나이가 어려 인척 관계였던 보리스 고두노프가 섭정을 하게 됩니다. 그러나 즉위한 지 얼마 되지 않아 드미트리는 갑작스러운 죽음을 맞게 되는데 이는 보리스 고두노프의 암살이라는 풍문이 알려집니다. 간질을 앓았던 드미트리의 죽음은 공식적으로 넘어져 칼에 찔렸다고 했지만 아무도 그를 믿지 않았습니다. 보리스 고두노프는 드미트리의 뒤를 이어 3년 동안 황제로서 역할을 했지만, 그 역시 자칭 드미트리라고 하는 사람이 나타나 왕위에 오르게 됩니다. 이러한 물고 물리는 황실의 권력다툼 속에서 등장하는 삶의 이야기를 극화한 것이 이 오페라의 줄거리입니다. 이를 간략하게 소개하면, 제1장은 국민에 의한 보리스 고두노프의 왕위 추천, 제2장은 보리스 고두노프의 대관식, 제3장은 수도승 피멘이 젊은 수도승에게 자신이 본 왕위 찬탈 과정을 전달, 제4장 젊은 수도승 그리고리가 새 황제 보리스 고두노프의 암살을 피해 리투아니아로 피신 중, 제5장 황태자라고 자칭하는 그리고리가 주도한 반란이 일어난다고 예언, 제6장 어떤 거지가 황태자의 죽음에 대해 원망합니다. 제7장 노승 피멘이 기적을 알리고 보리스 고두노프는 죄책감에 시달리다가 우울증으로 삶을 마감합니다. 대체로 이러한 내용으로 된 오페라인데 누가 봐도 왕실의 반역에 대한 내용임을 알 수 있습니다. 이는 당시 왕실 내부는 물론 오페라 검열 과정에서도 문제가 되어 여러 차례 수정과 재심이 이어졌습니다. 우여곡절 끝에 이 오페라는 1871년 페테르스부르크 마린스키 극장에서 자선 공연을 위한 연주용으로 공연되었습니다. 그러나 무소륵스키가 죽고 난 후에도 이 오페라의 정치적 문제와는 별도로 음악 구성상의 문제에 여러 가지 난점들이 발견되고 결국은 여러 작곡가들에 의해 수정 보완되는 계기가 됩니다. 대표적인 에가 림스키-코르사코프에 의한 개정판입니다. 그는 무소륵스키의 원작에 대관식 장면이나 오케스트레이션(관현악법)의 다양성을 추가했습니다. 이는 1908년 파리 공연에 큰 도움을 주었습니다. 그 후에도 쇼스타코비치에 의해 1940년 개정판이 나와서 오늘날까지 공연되고 있습니다.

## 2. 모음곡 〈전람회의 그림〉, 가곡집 〈햇볕 없는 시〉, 〈죽음의 노래와 춤〉

우리가 전람회장에 입장하면 여러 가지 그림들이 무작위로 벽에 걸려 있고 관람객은 천천히 그림과 그림 사이를 지나갑니다. 그 그림을 볼 때마다 화가의 생각과 캔버스에 나타난 색채감, 그림에 보이는 사람들의 표정과 배경들, 화가의 생각을 읽고자 하는 의지가 샘솟게 됩니다. 아마도 무소륵스키는 이러한 전람회의 풍경과 표정을 매우 세밀하게 음으로 표현한 작곡가가 아닐까 합니다. 그런데 이 모음곡은 사실 다재다능한 친구였던 화가 '빅토르 하르트만'의 죽음을 슬퍼한 무소륵스키의 추모 음악이었습니다. 친구 하르트만은 당시 러시아의 유명한 화가이자 무대 디자이너였습니다. 건축과 무대 디자인에도 경력을 쌓아왔던 인물로 무소륵스키에게는 여러모로 도움을 주었던 친구입니다. 처음에 프롬나드라는 도입부와 10여 편의 그림을 순회하는 동안 반복적으로 나타납니다. 1곡 〈난쟁이〉를 비롯해서, 2곡 〈고성(古城)〉, 3곡 파리의 공원 〈튈르리〉, 4곡은 폴란드의 시골 도시 〈뷔들로〉, 5곡은 기괴한 환상을 보여 주는 〈영계의 발레〉, 6곡은 대조적인 〈두 폴란드계 유대인〉, 7곡은 파리 리모즈의 복잡한 〈시장 풍경〉, 8곡은 지하 묘지 〈카타콤〉, 9곡은 〈닭다리 위의 오두막〉, 10곡 〈키예프의 대문〉은 엄숙한 모스크바의 모습을 그렸습니다.

한편, 가곡집 〈햇볕 없는 시〉는 친구 쿠투초프(kutuzov) 백작의 시를 음악화한 것이지만 사실은 자신의 개인적인 생활과 생각을 담고 있습니다. 이 가곡집에 등장하는 6곡은 모두가 리얼리즘에 입각한 섬세하고 서정적인 음향을 담고 있어 러시아적 민속 음악의 대표적인 선율로 많은 이들에게 즐거움을 전해 주고 있습니다. 〈햇볕 없는 시〉가 자신의 자전적 문학 작품이라고 한다면 그의 두 번째 가곡집 〈죽음의 노래와 춤〉은 역시 쿠투초프의 연작시를 매우 사실적인 기법으로 2년여에 걸쳐 작곡했습니다. 이 두 번째 가곡집은 회화에 있어서 사실적 묘사로 인물의 성격이나 내면을 그리려 했던 것처럼 음을 통해 세밀한 움직임을 그리고 있습니다. 숨진 아이의 모습과 이를 안타깝게 내려다보는 엄마, 길 잃은 취객의 춤과 죽음, 소녀의 사랑, 전쟁터와 죽음, 이런 죽음이 드리워진 다양한 삶의 장면 속에서 인간이 가지는 공포와 슬픔, 이런 것들이 무소륵스키의 인간적 고뇌의 모습으로 세밀하게 표현되고 있습니다. 인간은 누구나 죽음을 피할 수 없는 운명적인 사건으로 보고 그 앞에서 겸손하고 슬퍼합니다. 이런 삶의 모습이 음악 표현의 대상으로 삼았다는 점은 무소륵스키의 정신적 세계관과 가치관이 얼마나 소박하고 사색적이었나를 알게 합니다. 더구나 이러한 인생에 대한 깊은 성찰과 삶과 죽음에 대한 사색이 한편으로 자신의 인생을 더욱 살찌우고 폭넓게 만들어 주는 계기가 되었습니다.

## 3. 말년의 작품과 죽음

무소륵스키의 죽음은 당시의 생명과 비교해 보아도 충분히 건강한 삶은 아니었습니다. 물론 삶과 죽음을 놓고 어떤 객관적인 기준이 있는 것이 아니고 보면 42세의 젊은 나이로 세상을 떠난 무소륵스키의 삶은 참으로 안타까운 것이었습니다. 사실 말년의 무소륵스키에게 있어 작품을 통한 완성도는 높지 않았습니다. 여러 가지 그가 시작했던 작품들을 다시 꺼내 정리해 보거나 완성해 보려고 시도했던 것들로 시간을 보냈습니다. 세상을 뜨기 전 마지막 연주 여행은 1879년 봄으로 오랜 친구였던 다리아 레오노바와 함께 작은 러시아로 불리는 우크라이나, 크림반도, 돈강과 볼가강 변의 옛 도시들을 방문한 것이었습니다. 1880년 별로 흥미도 없고 의지도 없었던 지방 공무원 자리에서 물러난 무소륵스키는 이전에 시도했던 여러 민속 가곡집을 완성해 달라는 부탁과 함께 얼마간 보수를 받을 수는 있었지만, 과도한 음주와 정신적 스트레스는 그의 건강을 더욱 악화시켰습니다. 친구 레오노바의 도움과 정신적 협조는 그에게 음악 학교에서 지도할 수 있는 힘을 주었습니다. 성악 반주와 작곡법, 음악 이론 등이 그가 맡은 과목들이었습니다. 이 한해 동안 무소륵스키는 다양한 작품에 손을 대기 시작했고 예전에 시작했던 악곡들에 대해 손을 보기도 했습니다. 창작에 대한 의욕과 열정이 작곡가들에게 있어 매우 소중한 힘일 것인데 당시 무소륵스키의 의욕과 열정은 근래에 보기 드문 것이었습니다. 특히 그는 서민이나 농부들의 애환이 담긴 민속 선율에 의욕을 보였는데 오페라 〈소로친스크의 시장〉은 바로 이러한 민속적 분위기와 애환이 잘 표현된 가곡집이었습니다. 이 오페라는 농민의 삶과 애환을 노래했고 그 제목처럼 시장에서 일어나는 다양한 에피소드들이 섬세하게 표현되고 있습니다. 1881년 들어 무소륵스키의 창작 의욕은 매우 상실되어 있었습니다. 건강이 악화되고 생활도 궁핍해졌기 때문이지요. 무소륵스키는 림스키코르사코프가 지휘한 〈산헤립(Sennacherib)의 패망〉을 마지막으로 대중 앞에서 설 수 없게 되었습니다. 〈산헤립의 패망〉은 힘세고 사나운 아시리아 제국의 왕이었는데 유대 왕 히스기야가 하나님께 기도하자 천사가 내려와 아시리아군을 패망시켰다는 이야기입니다. 이 연주회가 끝난 후 무소륵스키는 알코올성 중독에 의한 간질 증세로 여러 차례 발작을 일으키다가 1881년 3월 28일 42세의 젊은 나이로 세상을 뜨게 됩니다.

# 세자르 프랑크

세자르 프랑크의 음악을 들어 본 사람이라면 쉽게 그의 힘차고 환상적인 선율에 매료되고 말 것입니다. 무언가 우리의 정서와도 어울리며 감성을 자극하는 선율이 매우 인상적이고 소박해 더욱 친근함을 갖게 됩니다. 그러나 그의 음악은 기존의 미적 가치관에서 벗어나지 못해 비평가들로부터 혹평을 받거나 외면받기 일쑤였습니다. 그가 음악계에서 어느 정도 인정을 받기 시작한 나이는 50대가 훌쩍 넘어선, 삶의 과정에서 보면 인생의 거의 후반기에 일어났습니다. 오늘날 음악사에서 차지하고 있는 그의 위치를 볼 때 좀 늦은 감이 없지 않습니다. 그러나 이것은 어찌 보면 음악가이기 전에 한 인간의 처절한 자기 투쟁과 삶이 아닐 수 없습니다. 역시 음악가의 생애는 그가 죽고 난 이후 꽃을 피우는 것 같습니다.

## 1. 그의 성장 과정

1822년 12월 10일 벨기에 리에주에서 태어난 프랑크는 은행원이었던 아버지 니콜라스 조제프의 철저한 가정환경 속에서 피아노를 배웠습니다. 두 살 손위였던 조제프 형도 바이올린을 배웠는데 음악적 재능은 그리 크지 않았던 것 같습니다. 리에주는 벨기에 왕국이 성립되기 전까지 프랑스어를 사용하는 지역이었고, 그가 22세 되던 해에 가족 모두가 파리로 이주해 프랑스인이 됩니다. 프랑크의 가계를 보면 16세기경 독일 아헨 지방에서 이주해 온 사람으로 광산업에 종사했다는 설과 궁정 유리산업에 종사했다는 설들로 분분한 입장입니다. 그의 모친 마리 역시 독일 아헨 지방 출신 이주민으로 매우 조용하고 성실한 여성이었습니다. 무엇보다 프랑크가 음악을 계속할 수 있었던 것은 부친의 욕심 때문이었습니다. 그것은 모차르트의 아버지 레오폴드처럼 돈과 명예였습니다. 아버지 니콜라스 조제프는 아들이 천재 음악 소년 모차르트와 같은 명성과 음악가로서의 성공이었습니다. 그러나 세자르 프랑크의 재능은 그리 일찍 발현된 것은 아니었습니다. 당시 그의 재능이 주목을 받기는 했지만 이미 프랑스에는 젊고 끼 많은 어린 연주가들이 즐비했기 때문입니다. 이미 리스트와 같은 명피아니스트가 유럽을 순회하고 있었으며, 파가니니 역시 바이올린 연주가로 이름을 날리고 있었습니다. 내성적이고 조용한 성격의 프랑크는 화려한 무대에 어울리지 않는 소위 쇼맨십이 부족한 연주가였던 것입니다. 1835년 그의 가족은 파리로 이주합니다. 아버지로서 아들에 대한 좋은 교육환경을 만들어 주고 싶었던 것입니다. 프랑크는 파리음악원에 입학해 당시 최고의 피아노 교사였던 침머만에게 피아노를 지도받는 한편, 작곡가 라이하로부터 새로운 경향의 작곡법을 전수하게 됩니다. 특히 작곡가 라이하는 체코 출신의 진보적인 성향으로 고전주의와 낭만주의 작품 성향에서 이탈하려는 새로운 기법을 지향하고 있었습니다. 파리음악원 시절 아버지 니콜라스 조제프는 아들 프랑크에게 자주 독주회를 열도록 강요했습니다. 특별히 경제적으로 능력이 없었던 아버지로서는 아들의 재능을 이용해 가계를 일으켜 보고자 했지만, 현실은 그렇게 녹녹하지 않았습니다. 더구나 그의 재능을 알아줄 전문가도 없었고 수입을 올려 줄 청중들도 그리 많지 않았습니다.

## 2. 프랑크의 초기 작품

프랑크의 음악 작품이 처음으로 비평가들의 눈에 띄게 된 것은 그의 학생 시절에 만들어진 피아노 트리오인데 베토벤과 모차르트의 빈(Wien) 형식주의 작품 성향을 뛰어넘는 파격성으로 파리음악계는 주목하게 됩니다. 그 파격성이라는 것은 주제가 모든 악장에 차례로 등장하는 소위 순환적 형식을 채택하고 있다는 것입니다. 기존의 형식을 깨고 새로운 틀을 만들어 낸다는 것은 결코 쉬운 일이 아닙니다. 더구나 어린 학생 신분의 음악가로서는 더욱 비판을 받을 수밖에 없었습니다. 프랑크의 음악적 비전은 로마대상에 도전하는 것이었습니다. 로마대상은 모든 음악도에게 최고의 등용문이었고 일류 음악가로 인정받을 수 있는 절호의 기회이기도 했습니다. 당연히 프랑크에게는 이러한 꿈을 실현해 보고 싶었습니다. 그런데 그의 아버지는 이러한 아들의 생각과 달랐습니다. 언제까지나 공부만 하고 있을 수는 없다고 생각한 아버지는 아들과 함께 고향 리에주로 돌아옵니다. 그곳에서 성공한 아들의 실력을 보여 주고 싶었던 것입니다. 실제로 그는 아들의 피아노 3중주곡을 벨기에 국왕이었던 레오폴드 1세에게 헌정해 존재감을 나타내려 했습니다. 비교적 순종적이었던 프랑크는 아버지의 경제적 욕심에 그리 반발하지는 않았던 것 같습니다. 리에주로 돌아온 후에도 그는 열심히 피아노 레슨으로 돈을 벌어 아버지의 뜻에 어느 정도 부응했지만, 작곡에 대한 미련은 버리지 않았습니다. 리에주에서의 프랑크는 주로 피아노 3중주나 오페라 시 작품과 성악곡 등을 작곡했습니다. 적당한 일거리가 없다고 생각한 아버지 제롬은 아들과 함께 다시 파리로 돌아와 피아노 리사이틀을 열게 하는 등 활동을 지원했지만 별로 호응을 받지는 못했습니다. 그런 가운데 피아노 레슨은 그의 주요한 수입원이었습니다. 아버지의 아들에 대한 철저한 시간 계획 속에서 프랑크의 음악 활동은 제한적일 수밖에 없었습니다. 프랑크에게 있어 중요한 것은 가족의 생계를 위한 레슨이었고, 작곡은 틈틈이 시간을 내서 할 수밖에 없었습니다.

23세가 되는 1843년에는 신앙생활과 함께 누가복음에서 영감을 얻은 칸타타 〈루스(Ruth)〉를 발표했지만 그리 좋은 성과를 얻진 못했습니다. 1848년 아버지의 반대에도 불구하고 자신의 피아노 제자였던 데보 펠리시테와 결혼해 안정된 생활을 시작했습니다. 이때 발표된 오페라 〈농장의 사내들(Le valet de ferme)〉이었는데 이 역시 가사와 선율 간의 결합이 원활하지 못하고 극적인 연출도 부족해 흥행에 실패하게 됩니다. 이제 결혼 생활을 시작한 프랑크에게 흥행 실패는 매우 큰 좌절을 안겨 주었습니다. 그러나 신앙생활을 통해 심리적 안정을 찾고 교회 안에서 필요한 오르간곡을 쓰면서 작곡가로서, 또 연주가로서의 바쁜 삶을 살았습니다. 이때 만들어진 작품들이 3개의 마리아 찬양, 6개의 오르간 소품입니다. 이 6개의 오르간 소품은 〈환상곡 C장조〉를 비롯한 〈교향적 작품〉, 〈프렐루드; 푸가와 변주〉, 〈페스토랄〉, 〈기도〉, 〈피날레〉로 구성되어 있는데, 오르간의 교과서라 할 수 있는 바흐의 토카타와 푸가와 같은 대위법적 전개와는 확연하게 다른 모습이었습니다. 이 작품의 특징은 관현악적 색채를 강조하고 있으며 각 소제목에서 알 수 있는 주제의 성격을 나타냄으로써 리스트의 교향시에서 얻을 수 있는 낭만주의적 의도를 엿볼 수 있게 합니다.


## 3. 후기 작품의 경향과 말년의 생활

프랑크의 삶에서 가장 안정되고 존중받은 시기는 1872년 50세가 된 이후 파리음악원의 오르간 전공 교수로 임용된 이후입니다. 자신의 은사였던 브누아의 후임으로 발탁된 프랑크는 작곡이 아닌 오르간 연주자로서의 출발이었지만 처음으로 파리음악계의 주목을 받는 자리에 임명되었다는 사실이 그에게는 매우 큰 자존심을 갖게 했습니다. 한편, 생상스와 포레 등이 가입된 파리음악협회에 가입해 그들과 함께 기악곡에 대한 새로운 생각을 실천해 나갈 수 있었습니다. 프랑크의 생애는 작곡가로서 인정받기보다는 오히려 오르간 주자로서 그의 제자들의 성공을 통해 교육자로서 더 큰 영광을 받았습니다. 특히 1885년 받은 레지옹 도뇌르는 교육자로서의 공로 훈장이었고 이는 오르가니스트로서의 사회적 인정이었습니다. 1887년에는 그의 제자들에 의해 특별 공연이 준비되었고 여기서는 그가 그동안 작곡했던 〈교향적 변주곡〉, 〈사냥꾼〉, 〈롯〉 등이 연주되었지만 고전주의 음악에 몰입되어 있었던 오케스트라 단원들은 이 새로운 작품 형식에 쉽게 적응하기 어려웠습니다. 결과는 연주의 실패로 나타났고 프랑크 역시 매우 실망했습니다. 그러나 평생 음악계의 주류에서 외면받는 삶을 살아온 프랑크는 오히려 좌절하지 않고 제자들을 아끼고 성장을 돕는 일에 열심을 다 했습니다. 이러한 프랑크의 성품은 많은 제자로부터 존경과 사랑을 동시에 받았으나 자신의 성공과 작품에 대한 열정은 상대적으로 소홀했습니다. 그것은 평생 작곡가로서 인정받지 못하고 냉대를 받았던 세월에 대한 저항이었습니다. 말하자면 그는 음악계의 비난에 대해 아무렇지도 않게 생각하게 되었고 이는 오히려 제자에 대한 사랑으로 성숙되었던 것입니다. 1890년 그의 삶은 우연찮은 사고로 마감하게 됩니다. 5월 어느 날 그는 제자의 오르간 연주회에 참석하기 위해 급히 마차를 타고 가다가 사고를 당하게 되었고, 이것이 늑막염을 유발해 제대로 치료도 받지 못한 채 1890년 11월 세상을 떠나게 됩니다. 그의 음악은 리스트와 함께 독일 고전주의에서 벗어나 새로운 낭만주의 음악을 여는 기폭제 역할을 했고, 특히 헌신적인 제자 사랑을 통해 쇼송, 댕디, 보르드를 비롯한 브레빌 같은 프랑스의 대표적 음악가들을 양성했습니다. 그들은 한결같이 스승인 프랑크의 삶을 공정하고 고결한 성품, 희생과 열정을 실천한 교육자라고 칭송했고, 그 작품은 사후에 더 많은 존경과 지지를 받았습니다. 생전에 받지 못했던 찬사와 존경은 이렇게 뜻하지 않은 사고를 당해 급격히 삶을 마감한 위대한 음악가의 인생을 더욱 안타깝게 했습니다.

니콜라이
림스키
-코르사코프

# 니콜라이 림스키-코르사코프 Ⅰ

    19세기 러시아 국민주의 음악가 5인조 중 림스키-코르사코프만큼 훌륭한 가문과 배경을 가진 사람은 없었습니다. 당시 러시아 황제의 통치권을 장악하기 위한 소위 군벌정치 체제에서 일부 군 장성과 그의 친족들이 누릴 수 있는 사치와 특권은 대를 이어서 후손에게 전해지고 있었습니다. 사실 러시아 국민주의 악파라는 실체도 그 안에 민족이라는 감동적인 단어가 지배하고 있었기 때문이지 사실 정치적 관점에서 보면 주변 국가와 차별화하고 그들의 정체성을 인정하기 싫어하는 권력 투쟁의 사상적 미화 작업일 뿐입니다. 특히 19세기 독일과 프랑스 이탈리아를 비롯한 서구 열강의 정치체제 안에는 이를 떠받들기 위한 민족과 애국이라는 감동의 언어와 그 당위성을 뒷받침할 수 있는 사상적 구체화가 절대적으로 필요했던 것입니다. 이러한 역사적 흐름 속에서 림스키-코르사코프의 출생과 음악 교육은 상당히 의외성의 당혹감을 던져주게 됩니다. 역사는 이러한 당혹감을 인정하기 위해 국민주의라는 독특한 흐름을 눈여겨보게 되고 그 특성과 지향성에 대해 카테고리화하게 됩니다. 혹자는 이러한 러시아 민족주의 혹은 국민주의의 흐름을 시대적 당연지사로 인정하고 이를 매우 긍정적으로 보는 견해도 있습니다. 이번 장부터 우리는 러시아 국민주의 5인조 그룹의 중심 역할을 했던 림스키-코르사코프의 삶과 음악을 3회에 걸쳐 알아보도록 하겠습니다.

## 1. 출생과 음악적 배경

림스키-코르사코프는 1844년 러시아 북서부 티흐빈카 강변의 작은 도시 티흐빈(Tikhvin)에서 해군 제독의 조부와 군 장성이었던 부친, 역시 대지주 가문의 모친 사이에 태어납니다. 삼촌이었던 니콜라이 역시 저명한 해군 장교로서 후에 사관학교의 교장이 되어 림스키-코르사코프의 은사가 되기도 합니다. 요즘 식으로 보면 그는 서자(庶子)지만 부친과 조부는 명문가로서 명예와 전통을 중시했던 집안입니다. 그의 이복형인 보인(Voin), 역시 군 장교이지만 음악적 재능이 뛰어나 어린 동생의 음악성을 잘 이해하고 돌보아 주었습니다. 러시아는 12살이 되면 사관학교에 입학해 장교로서의 조기 교육을 받게 되는데 이는 초급 군사훈련과 인문교육을 병행하는 당시 러시아의 독특한 교육 방식이며 황제를 떠받드는 지배계층을 위한 조기 교육이자 충성 교육이었던 것입니다. 림스키-코르사코프는 1856년 11세의 나이로 해군 사관학교에 입학해 군사학을 공부하는 중에도 음악에 대한 열정을 버릴 수가 없었습니다. 피아노를 배우면서 관현악의 화성 체계, 오페라의 극적 예술성을 좋아하게 되었습니다. 음악의 구조와 이론 체계에 대한 흥미가 떠나지 않아 스코어(총보)를 구입해 이들 구조를 이해하려 노력했습니다. 결국, 1859년 피아노 선생님으로 알게 된 케오도르 카닐레는 이러한 림스키-코르사코프의 음악적 관심과 재능을 이해하고 격려해 주었습니다. 이후 음악적 관심이 더욱 높아진 림스키-코르사코프는 자신의 음악 입문에 큰 영향을 미친 발라키레프, 큐이, 무소릅스키 등과의 교제를 지속했습니다. 자연스럽게 그들과의 음악적 동류의식이 싹텄고 이는 후에 러시아 민족주의 5인조라는 사조를 이루는 계기가 됩니다.

1862년 림스키코르사코프보다 22년이나 연상인 이복형 '보인'이 그가 재적하고 있는 해군 사관학교의 교장으로 부임해 왔습니다. 그해 졸업과 동시에 순양함 승조원으로 군 생활을 시작한 림스키-코르사코프는 그 후 3년 동안 북해, 영국, 뉴욕과 미국 동부 남아메리카 등지를 돌며 군 장교 역할에 충실합니다. 그것이 군인으로서 현실에 충실해야 하는 의무도 있었겠지만 항해하는 동안 음악과 멀리 떨어질 수밖에 없는 현실이 더 그를 음악과 멀어지게 했습니다. 1865년 가을 긴 항해에서 페테르스부르그로 돌아온 림스키-코르사코프는 바로 옛 친구인 발라키레프를 만납니다. 그가 멀리 떨어져 있는 동안 발라키레프는 음악 학교를 만들어 교장으로 활동하고 있었습니다. 그곳에서 코르사코프는 민속 선율을 주제로 한 교향곡을 쓰거나 가곡을 써 연주를 하거나 친구들과 작품을 놓고 토의를 하곤 했습니다. 매주 열린 이 토의에서 림스키-코르사코프는 민속적 특징을 근간으로 한 선율, 러시아어를 가사로 한 가곡 등 소박하고 애국적인 음악을 만들었는데 이는 발라키레프, 큐이, 보로딘 등과 같은 국민주의적 가치를 실천하는 동료들과 자연스럽게 어울릴 수 있는 계기로 작용했습니다.


## 2. 작곡가로서 군인으로서의 길

1865년 림스키코르사코프가 페테르스부르그로 귀환한 후 많은 음악 관련 친구들과 교제를 시작한 것은 그가 이미 군인으로서의 길보다 작곡가라는 직업에 더욱 큰 매력을 느꼈기 때문입니다. 그는 특히 페테르스부르그의 음악 동인(同人)들 안에서도 실력을 인정받아 오페라의 관현악 파트를 편곡하는 역할을 하기도 했습니다. 결국, 1871년 그의 나이 27세에 페테르스부르그의 음악원에서 작곡법 강의를 맡게 되었지만, 그는 스스로 자기 실력에 자신을 갖지 못하고 있었습니다. 사실 그는 피아노 선생으로부터 개인적인 연주법과 이론을 조금 공부하거나 발라키레프로부터 약간의 개인 지도를 받은 것이 전부였는데 작곡법이라든가, 오케스트레이션과 같은 전문적인 작곡 수업을 받아본 적이 없어 수업을 감당할 자신이 없었습니다. 이런 시점에서 그는 나제지다 푸르골트라는 피아니스트이자 음악원 학생을 만나 약혼하게 됩니다. 두 사람은 이미 페테르스부르그 음악 동인으로 1868년 이후 동인회에서 만남을 지속해 왔습니다. 사실 그녀는 음악 기초에 있어서만큼 코르사코프보다 더 정확하고 다양하게 공부했습니다. 그러나 작곡은 이론적인 것이 아니라 재능이 중요한 장르임을 잘 아는 그녀로서는 림스키-코르사코프의 재능과 열정을 높이 평가했습니다. 특히, 림스키-코르사코프가 사실주의 오페라에 눈을 뜨게 된 것은 이례적입니다. 그것은 자신처럼 러시아의 명문가에서 태어나 부러울 것 없이 교육받고 성장한 젊은이들에게는 현재의 정치 체제나 황제의 권위에 대한 도전은 있을 수 없는 행위였지만 그는 이러한 동인회를 통해 러시아 민중의 삶과 음악의 중요성을 인식하고 이에 반하는 정치 권력의 허구와 불평등을 반대하고, 대다수 러시아 인민들의 삶과 그 비참한 모습을 주제로 한 오페라에 관심이 점차 증대하고 있었습니다. 그중 하나가 오페라 '프스코프의 소녀'입니다. 이 이야기는 프스코프의 도시 주민과 이반 황제 사이에 일어나는 갈등과 투쟁입니다. 러시아 전제주의 체제하에서 왕권에 도전하는 듯한 음악이 작곡되고 연주된다는 것은 사실 불가능합니다. 그러나 이러한 반체제 오페라에 대한 음악계의 우려에도 불구하고 림스키-코르사코프는 몇 번의 수정을 거쳐 1873년 마린스키 극장에서 초연하게 됩니다. 물론 이 작품에 대한 전문성 문제는 당연히 있었습니다. 전문 음악 교육을 받지 못한 림스키-코르사코프가 어떻게 오페라를 작곡했는지, 그것도 황제의 권위에 도전하는 듯한 내용을 담을 수 있었는지 아무도 실제 연주를 장담할 수 없었습니다. 그러나 기초 이론이 약했던 그는 이 작품에 대한 확신이 없었고 화성과 대위법적 충실도 낮아 몇 번이나 수정을 가했습니다. 그러나 그럴수록 작품은 더 마음에 들지 않았습니다. 결국, 이 오페라는 1879년에 1차 수정을 거쳐 5년이 지난 1884년 '이반 뇌제(雷帝)'라는 이름으로 완성되었습니다. 어쨌거나 이 오페라는 그 혁명적 요소 즉 농노 해방이라든지 사회적 불평등과 같은 사회 문제를 다루고 있다는 점에서 대중들로부터 호평을 받게 되었고 작곡가로서의 이미지를 더욱 높이는 계기가 되었습니다.

## 3. 러시아 5인조

러시아 근대 음악사에서 특정 지워지는 '러시아 5인조'라는 이름은 사실 서구 음악계에서 붙여 준 것으로 러시아에서는 발라키레프, 큐이, 보로딘, 무소륵스키, 림스키코르사코프에 대한 비평가 스타소프가 '강력한 소수파'라는 이름으로 소개한 것이 최초입니다. 발라키레프는 자신의 사설 음악 학교 연주회에 이들을 초청해 러시아적 정신을 계승하려는 의도로 시작했지만, 음악 학교의 재정이 워낙 어려워 결국 림스키-코르사코프에게 교장 자리를 넘겨 주게 됩니다. 처음에 교사가 되었을 무렵 림스키-코르사코프는 서구 유럽의 유명한 음악가들의 작품과 그 기법을 존중했고 작곡 기법에 있어 이들의 것을 참조하려고 했습니다. 그러나 일반 청중이나 음악가들은 그들의 존재를 잘 알지 못했고 오로지 러시아적 민속 선율이 가미된 작품에 열광했습니다. 결국, 림스키-코르사코프는 서유럽 작곡가들의 작품에 대한 분석이나 연구를 간과한 후 러시아적 민속 선율의 특징을 찾아 자신의 작품 속에 이를 반영키로 했습니다. 매우 독특한 발전입니다. 이러한 음악적 특징의 변화는 결국 러시아 5인조라고 하는 이들 아마추어 작곡가들의 토론과 이를 통한 음악적 합의의 결과라고 볼 수 있을 것입니다. 1876년 발라키레프가 건강 문제와 경제적 어려움을 피해 작곡가로서의 임무를 철회한 지 2년 만에 다시 오페라 작곡을 재개하게 된 이유는 이전까지 만들어졌던 글린카의 오페라를 시대 상황에 맞게 수정하겠다는 일념에서였습니다. 그것은 물론 사실주의 음악에로의 회귀를 말하는 것이었습니다.

# 니콜라이 림스키-코르사코프 II

　27세의 나이로 페테르스부르크 음악원의 강사로 발탁된 이면에
는 몇 가지 이유가 있었습니다. 하나는 림스키코르사코프가 새로
운 시대 정신에 맞는 음악가들과 뜻을 같이하고 있었다는 사실, 또
하나는 정규 음악 교육을 받은 적이 없는 그였지만 발라키레프나
다른 국민주의 작곡가들로부터 음악적 재능에 대한 인정을 받고 있
었다는 점, 셋째는 늘 겸손하고 주변 작곡가들의 어려움을 잘 이해
하고 도와주었다는 점 등일 것입니다. 그럼에도 림스키코르사코프
는 늘 자신의 부족함과 음악적 배경에 대해 두려워했습니다. 그는
대위법의 구조나, 화성법의 여러 가지 기호와 그 전개 방법에 대한
기본적인 지식이 없었습니다. 특히 관현악법에 대한 지식이 전무
함에도 대학 오케스트라 클래스와 이론 강의를 맡아 가르쳐야 했습
니다. 친구이자 스승인 발라키레프의 적극적인 지지와 권유에 힘

입어 코르사코프는 음악원의 교수 제의를 수락하게 됩니다. 이후 그의 생활은 어린 학생들을 가르치기 위해 스스로 배우면서 가르치기 위해 선배들의 화성학이나 대위법을 연구하고 분석하면서 교육자로서 그리고 작곡가로서의 높은 위치를 찾기 위한 노력을 게을리하지 않았습니다.


## 1. 그 결혼은 아름다웠다

한 쌍의 남녀가 만나 결혼에 이르는 일은 참으로 우연적이지만 사실 가장 현실적인 삶의 과정인 듯합니다. 림스키코르사코프와 나제지다와의 만남은 1968년 음악적 동료였던 페테르스부르크에 사는 다르고미시스키의 가정 음악회에서였습니다. 이 다르고미시스키의 음악 모임은 매주 한 차례씩 만나 그 주간에 만든 작품과 그 과정을 소개하고 기술적인 부분을 토론하는 학구적인 만남이었습니다. 이러한 친구들의 모임을 통해 림스키코르사코프는 정기적으로 나제지다를 만날 수 있었습니다. 나제지다는 페테르스부르크 음악원에서 피아노와 작곡을 공부하는 지성적인 미모의 여성이었습니다. 오히려 림스키코르사코프보다 작곡에 관한 이론적 지식과 기술은 뛰어나다고 볼 수 있었습니다. 그런 나제지다는 작곡을 공부하는 림스키코르사코프와 자연스럽게 어울릴 수 있었고 상호 영향을 미치게 되었습니다. 두 사람은 서로 사랑하게 되었고 28

세가 되는 1872년 결혼하게 됩니다. 스위스로 신혼여행을 다녀온 두 사람은 그러나 현실적인 문제에 봉착하게 됩니다. 이제 두 사람에게 절실하게 필요한 문제는 경제적 안정이었습니다. 돈을 벌기 위해 시작한 공연물이 그의 처녀작이 된 〈프스코프의 소녀〉였습니다. 림스키코르사코프는 이 작품의 성공을 위해 노력했습니다. 그러나 이 작곡의 과정은 순탄치 않았습니다. 다행히 지인인 크라베 해군 사령관의 도움으로 작곡에 필요한 적당한 시간과 보수를 받을 수 있었습니다. 크라베 해군 사령관은 림스키코르사코프의 음악적 재능을 확인하고 그에게 해군 군악대를 감독하는 역할을 줌으로써 비교적 작곡을 할 수 있는 시간과 여유를 가질 수 있었던 것입니다. 이제 림스키코르사코프의 아내가 된 나제지다는 자신의 음악 지식과 안목으로 남편에게 여러 가지 제언을 하게 됩니다. 물론 작곡에 대한 지식이 부족하고 정규 음악 교육을 받지 못했던 림스키코르사코프에게 그녀의 이러한 조언은 매우 소중한 자산이었습니다. 이러한 나제지다의 역할은 문학 작품을 음악으로 그려 내고 싶었고 이를 남편에게 권유하는 것이었습니다. 1880년 무대 위에 올려진 고골의 희곡 『디칸카 근교 농장』은 이러한 아내의 권유로 만들어진 오페라로 시골 마을의 풍경과 주민들의 이야기가 정서적으로 잘 그려지고 있다는 점에서 그녀의 관심사를 알게 합니다.

## 2. 그의 중년기는 음악적 성숙기였다

인생의 황금기는 언제일까요? 흔히 가장 왕성한 활동을 펼치고 업적을 남기는 시기를 일컬어 황금기라고 하는데, 림스키코르사코프는 1880년대가 이 시기에 해당하는 것 같습니다. 이제 나제지다와의 결혼 생활도 안정기에 접어들었고, 작곡 능력과 화성 지식도 최고의 경지에 이르렀기 때문입니다. 특히 아내 나제지다는 남편의 재능과 약점을 잘 알고 있었고 이를 작곡 활동에 잘 적용토록 조언을 해 주었습니다. 이 시기의 작품을 보면 친구이자 스승인 무소륵스키의 죽음을 애도하고 그를 회상하는 작품을 많이 남겼습니다. 우리가 잘 아는 〈민둥산의 하룻밤〉은 무소륵스키의 대표적 작품으로 알려졌지만, 림스키코르사코프는 이 곡을 웅장한 오케스트라곡으로 편곡해 더욱 인상적으로 만들었습니다. 오케스트라 편곡 능력에 있어서 러시아 5인조 중 가장 확실한 인정을 받았던 그는 무소륵스키를 비롯한 많은 작품을 새롭게 만들어 내는 등 창작에 대한 열정이 누구보다 컸던 것 같습니다. 또한, 친구 발라키레프와의 음악적 교분이 매우 밀접했습니다. 발라키레프는 이미 러시아 5인조 작곡가 중에서 일찍이 그 명성을 얻었고 음악적으로도 림스키코르사코프보다 더 좋은 평판을 얻었던 인물입니다. 건강상의 문제로 잠깐 음악 현장을 떠났던 그는 건강이 회복되자 림스키코르사코프와 음악적인 협력 관계를 유지하기 시작했습니다. 그가 생각했던 중요한 이슈는 음악 교육이었습니다. 음악 학교를 만들어 가난한 음악가를 양성하는 일이 이들에겐 매우 중요하다고 여겼습니다. 그러나 림스키코르사코프는 자신의 창작에 매진하기를 원했고 결국 자신이 운영하고 있던 음악 학교를 발라키레프에게 양도했습니다. 그리고 창작에만 열중하려 했습니다. 이런 생각이 가능할 수 있었던 것은 사업가로 부를 축적한 벨리야에프라는 인물 때문이었습니다. 그는 림스키코르사코프를 비롯한 많은 음악가와 친교를 맺고 있었습니다. 그는 자신의 응접실에 음악가와 사업가들을 초대해 실내악을 연주하고 감상하는 모임을 주도했습니다. 이러한 모임은 분명히 작곡가들의 창작 의욕과 청중의 반응을 피드백할 수 있는 계기가 되었고 작곡의 방향과 소재를 얻는 방법이 되기도 했습니다. 또 5인조 중 한 사람인 보로딘이 사망할 때도 림스키코르사코프는 그의 오페라를 완성하고 이를 화려한 관현악곡으로 편곡하곤 했습니다. 1880년대 말에는 독일의 오페라단이 페테르부르크에 방문해 바그너의 〈니벨룽겐의 반지〉를 공연했습니다. 바그너는 이때 이 오페라에서 극적 긴장감을 높이기 위해 일정한 동기(Motive)를 사용했고, 이후 림스키코르사코프의 오페라는 일정한 동기와 풍부한 오케스트라 편곡 기법을 사용하는 것을 볼 수 있습니다. 그것은 1889년 그의 다음 작품 〈믈라다〉에서 볼 수 있는데 이는 그의 인생 중 가장 중요한 획을 긋는 전환점이 됩니다. 왜냐하면, 이후의 작품 경향이 훨씬 낭만적이고 서유럽의 예술 음악 쪽으로 기울고 있기 때문입니다.

## 3. 1890년대 전반까지는 외로움과의 싸움이었다

림스키코르사코프의 1890년대 삶은 인생의 전환기를 맞은 사색과 회한의 시기였던 것 같습니다. 무엇보다도 자신의 삶에 대한 회의와 작품에 대한 지루함 등이 그를 우울증으로 인도했습니다. 이 우울증이란 것이 무서운 것은 자신이 거기에 연루되어 가고 있다는 생각을 본인은 잘 모른다는 것입니다. 늘 골똘하게 작품을 구상하고 이를 구체화해 가는 창작자의 입장에서 이러한 정신적 변화는 매우 흔하게 다가오는 일입니다. 림스키코르사코프 역시 40대 후반을 지나면서 신체적 변화와 함께 인생의 회한을 동시에 느끼면서 이러한 정신적 방황의 시기를 맞게 됩니다. 그래서 이 무렵 그가 쓴 작품은 거의 없습니다. 그나마 20대에 만든 교향시 〈사드코(Sadko)〉를 오페라로 개정하기 위해 악보를 들여다보는 것이 유일했습니다. 1895년에 작곡한 오페라 〈사드코〉는 러시아의 항구 도시 노브고로드(Novgorod) 지방의 전설을 극화한 것으로, 전래 민요를 바탕으로 작곡됐습니다. 이러한 작품 활동의 이면에는 건강상의 문제와 우울증에 의한 무력감이 주요한 이유가 되었습니다. 어떤 계획했던 일이 풀리지 않거나 생각만큼 완성이 되지 않을 때 무력감이나 회의감은 더욱 크게 나타나는데 이즈음의 그에겐 아들의 갑작스러운 죽음과 이후 딸 마샤의 건강이 악화되고 있던 점도 그 이유 중 하나일 것입니다. 그러나 이 무렵 자신이 그렇게 존경해 왔던 차이콥스키의 갑작스러운 죽음이 오히려 그를 이러한 감정적 우울증에서 헤어 나올 수 있는 사건이었습니다. 90년부터 93년까지 3

년여 동안 괴롭혔던 우울증이 극복되자 그는 새로운 오페라를 구상합니다. 이미 차이콥스키가 작곡했던 오페라를 재편성하는 것으로 고골의 원작인 〈크리스마스이브〉란 곡입니다. 그러나 림스키코르사코프의 서정성은 매우 메말라 갔습니다. 앞서 말한 바와 같이 아들의 죽음과 딸의 질병, 나이로 인한 건강 상태의 악화 등이 그에게 현실 문제에 집착하게 하고 예술적 감성과 집중력을 떨어뜨리게 했습니다. 이러한 어려움은 그가 맡은 모든 직책과 책임으로부터 손을 놓게 합니다. 적어도 1895년까지 그는 이렇다 할 작품을 남기지 못하고 지냈습니다.

# 니콜라이 림스키-코르사코프 III

1900년까지 림스키코르사코프는 러시아의 가장 뛰어난 작곡가이자 국민주의 악파의 선두 주자로 서민들의 삶을 노래한 수많은 작품과 페테르스부르크 음악원 교수로서 존경받는 사람이었습니다. 이는 그의 창작에 대한 열정과 부지런함도 있겠지만 러시아에 대한 사랑과 서민 생활에 대한 애정이 작용한 결과입니다. 1890년대 이후 그는 특히 오페라 작곡에 전념했는데 이는 바로 러시아에 대한 자신의 역할이 중요함을 깨달았기 때문입니다. 물론 이러한 정신은 이미 청년 시절부터 함께해 온 동료 음악가들과의 교류와 어릴 적부터 시작한 군 생활에서 얻어진 국가관이 작용했을 것입니다. 구체적으로 1897년 작곡된 푸시킨 원작의 〈모차르트와 살리에리〉, 〈프스코프의 소녀〉, 〈대공비 베라 셀로가〉, 1898년 작곡된 〈황제의 신부〉가 연이어 발표됩니다. 이러한 오페라에 대한 열정은 '메이'라고 하는 당시 희곡 작가의 연극에서 얻은 영감을 통해 이루어집니다.


## 1. 오페라와 국민주의 음악

1893년 친구인 차이콥스키가 세상을 떠나면서 림스키코르사코프는 우울증에서 벗어나기 위한 노력은 연주 여행을 통해 이루게 됩니다. 평소 차이콥스키의 음악을 좋아하면서 함께 친분을 이어갔던 림스키코르사코프는 그의 교향곡을 지휘하고 음악을 정리하는 한 가지 일에 집중하면서 점차 우울증에서 탈피할 수 있게 되었습니다. 이후 작곡에 전념할 수 있게 된 림스키코르사코프는 러시아의 문호 고골 원작의 〈크리스마스이브〉를 한 달여 만에 대본과 작곡을 끝낼 정도로 우울증에서 벗어날 수 있었습니다. 그러나 이 작품은 '예카테리나' 여제의 일상이 작품에 등장한다 해서 검열에서 '공연 불가' 평가를 받게 됩니다. 당시 러시아 황실이 연극에 등장하는 것은 그리 큰 문제가 되지 않았지만, 오페라 무대에 공연되는 것은 매우 금기시되었기 때문입니다. 황제의 금지령이 떨어지자 림스키코르사코프는 매우 당혹스러워했지만, 여제의 역할을 바리톤이 연주하게 함으로써 직접적인 관련성을 회피했습니다. 러시아 황실이 오페라의 줄거리에 관심을 가지는 것은 물론 귀족이나 황족의 일상이 음악을 통해 간접적으로 노출되는 것을 원치 않았고 결국 황제 권위에 대한 도전을 용납하지 않겠다는 의지였을 것입니다. 따라서 그 후 1896년에 작곡된 오페라 〈사드코〉는 황실 극장의 검열을 통과한 후 1898년 1월에야 무대에 올릴 수 있게 되었습니다. 이 작품은 그의 오페라 중에서도 가장 음악적 완성도가 높은 작품으로 알려져 있으며 작곡 기법도 이전과는 달리 에피소드 중심의 드라마틱한 전개가 특징이었습니다. 이 오페라는 그가 60년대 주로 만들었던 가곡을 이용해 서정성을 완성했습니다. 글자 그대로 오페라 작곡은 멜로디를 통한 사건의 전개가 특징이기 때문에 여기에는 많은 독창적인 선율과 대사의 내용이 함축된 기법이 중요하다는 것을 그는 인식하고 있었습니다. 그는 이런 문제를 과거의 가곡들을 인용해 오페라에서 활용함으로써 풀어가고 있었습니다. 림스키코르사코프의 오페라가 러시아 국민주의 흐름 속에 있음을 알게 하는 작품으로 1899년 푸시킨 원작의 〈살탄 왕〉이 있습니다. 이 작품의 내용은 아름다운 아가씨 '밀리트리사'가 언니들의 모함을 물리치고 '살탄' 왕과 결혼을 하게 되었고, 거기서 얻은 아들이 언니들의 질투로 왕자로 인정받지 못하고 무인도인 '부잔' 섬으로 축출되면서 시작됩니다. 어린 왕자는 무인도에 정착해 마법의 힘으로 큰 도시를 형성하고 그 왕국의 왕이 됩니다. 마법으로 백조가 되었던 딸, 왕녀가 자신의 친부인 '살탄' 왕에게 이 왕이 당신의 아들이라고 소개하자 '살탄' 왕은 매우 기뻐하며 두 사람을 축복해 줍니다. 이 오페라의 내용은 살탄 왕과 그의 숨겨졌던 아들의 만남을 통해 황실의 건재를 확인하려는 의도였지만 림스키코르사코프는 러시아의 국민적 작곡가로 존경받게 되는 계기가 됩니다.

## 2. 정치적 소용돌이에 휘말리다

1905년 러일전쟁에서의 패배는 러시아로서는 매우 충격적이었고 페테르스부르크의 분위기는 정치적 반성과 혁명의 기운이 감도는 불안한 정세에 휘말립니다. 이 무렵 페테르스부르크 음악원 교수 신분을 유지하고 있던 림스키코르사코프는 학교의 운영과 관련한 기구와 평의원 구성원들에 대한 학생들의 불만에 동조하고 있었습니다. 음악원은 음악 전문가들의 손에 의해 운영되어야 한다는 생각 때문입니다. 그러나 주로 아마추어들로 구성된 황실 음악협회 회원들은 이러한 림스키코르사코프의 생각을 위험한 도전으로 보고 그를 음악원에서 추방하게 됩니다. 경찰력이 학교 내부의 경비를 맡음으로써 학교는 폐쇄되었고 림스키코르사코프는 학생들을 선동했다는 죄목으로 혼란의 주동자로 평의회에 의해 퇴임을 하게 되었습니다. 그러나 이 일로 인해 림스키코르사코프는 학생들과 재야 음악 인사들로부터 지지와 칭송을 받게 되었고 수많은 격려의 편지는 그를 국민주의 음악가로 만들었습니다. 그는 러시아 음악협회에서 탈퇴했고 음악원의 교수직도 사직하게 됩니다. 이후 림스키코르사코프의 작품 연주회는 정치적 이슈와 논쟁으로 인해 파행으로 진행되기 일쑤였습니다. 결국, 림스키코르사코프의 음악은 연주회장에서 전부 중지되었습니다. 이러한 정치적 후유증으로 인해 림스키코르사코프는 커다란 정신적 피해를 얻게 되었고 이는 얼마 후 협심증의 원인으로 작용합니다. 이러한 정치적 사건이 페테르스부르크의 음악원을 중심으로 한 음악계에 미친 영향은 매우 심각한 것이었습니다.

황실의 잘못으로 민족적 자존심에 상처를 입은 러시아는 점차 개혁의 소용돌이에 빠지게 됩니다. 이때 림스키코르사코프는 의도적으로 황실의 우매함을 풍자한 푸시킨의 소설 『금계(金鷄)』를 오페라로 완성합니다. 그러나 니콜라이 2세는 이 작품의 의도를 파악하고 공연을 금지하게 됩니다. 이 오페라의 초연은 이러한 이유로 공연되지 못했고 그가 죽고 난 이듬해인 1909년 모스크바에서 초연되게 됩니다. 그는 1908년 6월 21일 페테르스부르크에서 숨을 거두게 됩니다.

## 3. 림스키코르사코프의 음악사적 의미

역사적으로 러시아의 국민주의 음악은 대내적으로 황실의 부패와 우매함에서 비롯되었고 대외적으로는 러일전쟁을 통해 상처받은 민족적 자존심에 대한 반성에서 출발합니다. 어린 시절 러시아 민중의 피폐한 삶을 보면서 그들의 애환을 노래한 림스키코르사코프는 자연스럽게 민족주의자로 성장하게 됩니다. 더구나 본인 스스로 오페라에 대한 열정이 민족애로 태어나면서 그는 많은 국민주의적 작품을 쓰게 됩니다. 그는 이탈리아의 오페라 코미크나 오페라 세리아를 비롯해 독일의 예술적 작품들을 연구했고 그 기법을 자신의 작품에 도입합니다. 그러나 이에 그치지 않고 오페라라고 하는 행위적 예술 작품을 도구로 해 러시아의 민족적 이상과 꿈을 그려 내려 했습니다. 다시 말해 서유럽의 작곡가들이 그들 개인의 예술적 완성에 작품의 방향을 맞추어왔다면 림스키코르사코프의 음악은 러시아 민중의 삶의 애환과 고통을 풍자와 해학을 통해 그려 내고 있었습니다. 또, 그의 오페라 작품이 갖는 중요성은 상상을 통해 그려 낸 요정들의 이야기를 화려한 색채와 기교로 실감 나게 표현하고 있다는 점입니다. 더욱이 이들 작품은 예술을 통한 환상의 세계를 민중들에게 보여 줌으로써 서민들의 삶을 보다 풍요하게 만들고자 하는 애국적 의도를 실천했다는 점입니다. 그의 오페라에서 또 하나 빼놓을 수 없는 요소는 음악적 요소를 문학적 내용보다 중요시하고 있었다는 점입니다. 오페라는 극적 전개를 위한 가사의 표현이 매우 중요한데 그는 이보다도 멜로디의 흐름과 화성의 다양한 표현을 중시했다는 점이 이탈리아와 독일적 오페라와는 다른 점입니다. 그의 화성은 현실 세계와 환상 세계를 드나드는 요정들의 삶을 노래하는 경우가 많은데 여기서 온음계 화성과 반음계적 표현들이 이를 가능하게 합니다. 그러나 동시에 이러한 멜로디와 화성 중심의 전개는 극적 표현에 있어 아무래도 효과가 떨어질 수밖에 없습니다. 언어의 직접적 의미 전달이 불가능하기 때문이지요. 이와 함께 그의 오페라가 갖는 민요와 민속적 어법과 러시아 가사에서 풍기는 강렬함은 서유럽의 작품과는 다른 국민주의라는 역사성을 확인하게 됩니다. 또한, 그의 작품은 19세기 후반에 등장하는 표현주의적 기법에 강한 영향을 주고 있습니다. 그의 작품은 이러한 기술적 특성 외에도 서정적이고 민속적인 멜로디, 화려하고 세밀한 오케스트레이션, 반음계를 통한 묘사적이고 화려한 분위기들이 관현악곡과 오페라를 빛내고 있습니다. 그의 작품은 이러한 관점에서 러시아의 작곡가들에게 많은 영향을 주었고 특히 스트라빈스키와 프로코피에프, 글라주노프 같은 후기 표현주의 작품 유형에 절대적 영향을 미쳤습니다.

가브리엘 포레

# 가브리엘 포레 I

　가브리엘 포레를 말하기 전에 우리는 19세기 후반 프랑스 음악의 도약과 발전에 대해 알아보아야 할 것입니다. 이 당시 프랑스는 이렇다 할 작곡가를 배출하지 못했는데 이는 프랑스가 프러시아와의 전쟁, 그 후 제1차 세계대전 같은 불안정한 사회현상과도 맞물려 있습니다. 당시 러시아를 비롯한 유럽의 여러 나라는 이러한 정치적 불안 사회를 겪으면서 '민족'이라는 배타적 국가 개념에 대해 스스로를 지키기 위한 힘을 믿게 됩니다. 즉 민족의 힘만이 자신과 가족이 살아갈 생존 환경을 유지할 수 있다고 생각하게 되었습니다. 이러한 정치 환경은 러시아 민족주의 5인조를 비롯한 노르웨이의 에드바르 그리그, 핀란드의 시벨리우스, 영국의 에드워드 엘가, 스페인의 펠리페 페드렐과 같은 민족주의 음악가를 배출하게 됩니다. 이들 여러 나라의 민족주의적 성향은 보불전쟁에서 보듯 강력한 민족적 애국심으로 나타납니다. 1871년 가브리엘 포레가 중심이 된 프랑스 국립음악협회의 결성은 이러한 민족주의적 음악가들의 결성과 창작 활동을 돕게 됩니다. 이들이 먼저 시작한 일은 과거 위대한 프랑스 음악가들의 작품을 재발견하고 이를 출판함으로써 예술에 대한 프랑스인들의 긍지를 되살리려 했던 것입니다.

## 1. 성장과 교육

가브리엘 포레는 비교적 온화하고 유복한 교육자의 가정에서 여섯째로 태어났습니다. 그러나 교육청 초등학교 장학관으로 근무한 부친의 직업상 그는 어린 시절부터 유모의 보살핌을 받아 성장해야 했습니다. 그가 7살 무렵 부친과 함께 생활할 수 있게 되었을 때 부친은 '몽고지'라는 지역의 초등학교 교장으로 재직했는데 그곳에서 포레는 학교 내의 아름다운 정원을 돌보면서 정서를 키울 수 있었고, 교육용으로 사용하는 하모늄(Harmonium, 풍금)을 연습할 기회를 얻게 됩니다. 물론 그때는 정식의 음악 수업을 받을 수는 없었습니다. 그러나 부친은 어린 가브리엘의 음악 재능을 교육적 안목으로 이해하게 되었고, 1854년 가브리엘이 9살이 되었을 때 교회 음악가의 양성을 목적으로 설립된 파리의 음악 학교에 보내게 됩니다. 부친으로서는 매우 어려운 결정을 한 것이지요. 유아기를 유모의 품 안에서 보내게 했던 결정이나 소년기에 벌써 대도시의 기숙

학교로 유학을 보낼 정도로 부친은 가브리엘의 재능뿐 아니라 교육의 중요성도 파악했던 것입니다. 종교적 목적의 시설들이 모두 그러하듯이 니데르메에르 음악 학교의 교수법은 매우 치밀하고 엄격했던 것으로 알려져 있습니다. 특히 중세의 교회 음악인 그레고리오 성가(Gregorian Chant)나 16세기경 수백 곡의 미사와 모테트를 작곡한 팔레스트리나(Palestrina)의 음악과 17세기 대위법 음악의 정수인 J. S. 바흐의 음악을 교재로 삼아 수업을 했다는 것은 이 음악 학교가 얼마나 전통 교회 음악에 충실했으며, 그 음악을 전수할 목적으로 세워졌는지를 알게 합니다. 사실 그레고리오 성가(Gregorian Chant)는 6세기경 이탈리아 교황 그레고리오 1세에 의해 완성된 단성성가(Monody)로써 모든 서양 음악의 기초가 되는 음악의 고전이라 할 수 있습니다. 팔레스트리나 역시 그레고리오 성가를 기본으로 한 다성음악(Polyphony)을 완성한 작곡가로 16세기 이후 서양 음악이 4개의 성부(聲部)를 가진 대위법적 음악으로 발전시킨 중요한 인물입니다. 고전음악의 전통을 가르치고 이를 교회의 신앙적 가치로 이어 가려 했던 지도자들의 생각은 가브리엘의 재능과 더불어 프랑스의 음악을 발전시킨 원동력이 됩니다. 이 니데르메에르 음악 학교에서 가브리엘 포레는 10년 연배의 피아노 교수인 생상스와 사제관계로 만나게 됩니다. 생상스는 이 학교의 피아노 교수로 가브리엘의 스승이면서 또한 친구로서 평생을 함께하는 동료가 됩니다. 음악 학교를 마친 1866년 가브리엘은 브르타뉴 지방의 생 소뵈르(Saint-Sauveur) 성당 오르간 주자로 임명되어 1870년 보불전쟁이 일어나기 전까지 근무하게 됩니다.

## 2. 작곡가와 교육 행정가로서의 삶

가브리엘의 청년기는 프랑스의 역사상 매우 격동적이고 비참한 시기였습니다. 보불전쟁에서 패한 프랑스는 분노한 민중들에 의해 정부 형태가 무너지고 그들 스스로 정치 체제를 구성해 통치하게 됩니다. 이를 파리코뮌(Commune de Paris)이라고 하며 민중에 의한 자치 정부라고 하는데 이러한 체제는 이후 러시아의 레닌에 의해 볼셰비키 공산주의 체제의 이론적 배경이 됩니다. 이러한 사회 변화에 따라 프랑스 작곡가들의 모임인 국민음악협회가 결성되면서 가브리엘 포레는 생상스와 함께 이 단체의 주도적 역할을 담당합니다. 포레의 음악 행정가로서의 재능은 이때부터 발휘되었던 것 같습니다. 그는 1871년 이후 파리 국립음악원 원장이었던 앙브르와즈 토마가 작고하면서 그의 교과목을 이어받아 작곡법, 대위법, 푸가 클래스를 개설했습니다. 이는 당시 학생들과 교수들에게 좋은 인상을 심어 주었고 이후 음악원장의 직에 오를 수 있는 계기를 마련해 주었습니다. 그는 음악원 출신이 아님에도 원장에 취임하면서 주위로부터 많은 부러움과 질시의 눈을 의식하지 않을 수 없었지만, 공평하고 혁신적인 행정력을 통해 그들의 우려를 불식할 수 있었습니다. 1883년 포레는 파리의 유명한 조각가의 딸 에마뉘엘 마리와 결혼합니다. 그녀는 매우 소심하고 내성적이어서 가정과 아이들의 양육 이외에는 절대로 밖으로 나타나는 일이 없고 사람과의 교제도 싫어했다고 합니다. 이러한 부인의 내성적 성격은 포레에게 매우 불안정한 모습으로 다가왔고 자연히 다른 여성을 만나도록 하는 요인이 되기도 합니다. 당시 포레가 자주 만났던 여성으로는 영국 변호사 아내인 아델라 메이슨, 후에 드뷔시의 두 번째 아내가 된 아마추어 가수 엠마 바르다크, 지휘자 겸 첼리스트인 루이 아셀망의 누이동생 마르그리트 아셀망 등입니다.

## 3. 인간과 인생

포레의 인생에서 특기할 점은 평범하고 무난한 가정에서 훌륭한 교육자의 안목으로 길러졌다는 점입니다. 그러한 교육환경은 그의 음악에 고스란히 남겨지는데 그것은 뚜렷한 변화나 개혁성을 가지고 있지는 않지만, 새로운 시대를 의식한 음악의 표현에 집중하고 있다는 점입니다. 그는 정치적으로 격동의 시대를 무난하게 헤쳐 나갔고 음악적 변혁의 사조를 겪으면서도 일반 대중의 기호보다는 전문가적 소신과 가치를 의식했던 것이 아닌가 하는 작품 특성을 보입니다. 다시 말해 그의 작품은 전통적 화성 체제 안에서 과거의 음악을 중심으로 만들어지지만, 그들과는 분명히 다른 새로운 음색과 표현 기법을 추구하고 있음에서 알 수 있습니다. 겸손하면서도 음악 사회의 분위기와 흐름을 이해하고 이를 적절하게 자신과 관련시킬 수 있었던 지혜로운 행동은 오랫동안 그를 파리의 음악계에 지도적 인사로 남게 하는 장점이 됩니다. 다시 말해 특유의 겸손과 인내심, 동료들을 존중하고 그들의 입장을 존중할 줄 아는 포용성은 그가 파리음악계의 중심적 인물로 성장하는 중요한 요인이 됩니다. 그러나 그러한 성향이 그의 전부는 아니었습니다. 그의 포용적 성격이 음악적 성향에서는 여타 음악가들과 항상 일치하는 것은 아니었습니다, 그를 평생 아꼈던 스승 생상스를 비롯해 친구이자 제자인 드뷔시, 라벨과 같은 작곡가들과의 빈번한 접촉과 의견 교환은 언제나 작곡의 기법에 반영되었지만, 그 기법에 전적으로 동조하는 것은 아니었습니다. 그는 조성을 음악의 기본적 체계로 인식하는 작곡가로 남은 대신 전조(轉調)의 다양성, 선법적 특징을 작곡에 이용하는 화성적 특징을 구사하고 있었으며, 동명이음(同名異音)을 통한 전조의 유연성을 이룩했고, 계류음(繫留音)을 이용한 화성의 묘미를 소개하기도 했습니다. 한마디로 그의 기법은 전통화성의 기본인 유연하고 자연스러운 전조의 기본을 유지하고 있다는 점과 기존 음악 체계의 완성을 고수하고 있다는 점입니다. 20세기의 새로운 음악 요구에 반응하면서도 결코 전통적 화성 체계를 파괴하려 하지는 않았다는 것이지요. 더욱이 포레는 대편성의 작품에는 욕심이 없었던 것 같습니다. 그는 자기에게 주어진 소박하고 안정된 인생을 즐기고 음악으로 이를 표현하는 소시민적 삶의 모습을 택하고 있었습니다. 그의 이러한 행태는 100여 곡의 가곡집에 잘 나타나 있습니다. 그의 가곡작품들은 대체로 당시 파리에 살고 있던 시인들의 서정시를 활용함으로써 독일 낭만주의 작곡가들의 인기를 능가하고 있다는 평을 받고 있습니다. 그러나 보불전쟁의 참화를 겪고 피폐해진 사회 분위기는 그의 작품 형태를 서서히 바꾸어 가고 있었습니다. 안정되고 낙천적인 음악에서 무언가 불안하고 초조한 환경의 변화 그 안에서 추구하는 미래에 대한 사소한 행복을 찾고자 하는 그런 움직임입니다. 클로드 로스탕은 그의 저서 〈가브리엘 포레〉에서 포레의 가곡에 사용된 베를린의 시를 두고 "환상 같은 월광 아래의 풍경, 그것을 보고 있노라면 이 시는 용감한 모습을 말하려는지 살인적 기괴함을 말하려는지 알 수 없습니다. 혹은 좌대에 놓인 녹슨 조각은 미소를 짓고 있는지, 웃음을 참고 있는 것인지 알 수 없다, 고 말하면서 그의 가곡의 불길함과 초현실성을 지적하고 있습니다.

# 가브리엘 포레 II

　가브리엘 포레의 생애는 보통 3기로 나누어 기술합니다. 그것은 1878년까지의 성장과 교육, 그리고 청년기의 새로운 진보적 음악의 틀을 읽어 나가는 시간이었고 두 번째는 1878년부터 1906년까지 음악가로서의 새로운 길을 모색하고 있다는 점입니다. 세 번째 시기는 1906년 이후로 속물적이랄까 세속적인 작품 경향을 보이고 있다는 특징이 있습니다. 그러나 그의 작품은 그에게 전해진 작곡 기법에서 크게 벗어나려는 경향이 없었다는 점일 것입니다. 다시 말해 바로크의 대위법적 기교나 브람스와 슈베르트 그리고 볼프나 슈트라우스의 작법은 그의 중요한 도구가 되었습니다. 더구나 한 세기가 저물어 가는 시대적 변화 과정 안에서 그의 내성적이고 감성적인 음악적 모티브는 매우 혼란스러운 음악적 뉘앙스로 발전해 갑니다.

# 1. 가곡 작곡가로서의 의미

1861년 습작 〈나비와 꽃〉이 소개된 이후 마지막 작품집 〈환상적인 수평선〉 Op. 118에 이르기까지 그는 100여 곡의 가곡을 작곡했습니다. 슈베르트나 볼프의 작품 양에 비하면 그리 많다고는 볼 수 없지만, 그 내용이나 작곡 경향에서는 많은 시사점을 보여 주고 있습니다. 그것은 언어적 문제입니다. 아무래도 독일어와 달리 프랑스어를 가사로 하는 포레의 가곡은 당시 슈베르트를 위시한 독일적 예술가곡의 흐름과 뉘앙스 면에서 다소 불리할 수가 있었다는 점이 고려되어야 합니다. 둘째는 포레는 시에 대한 안목이나 해석에 있어 다른 독일의 작곡가들보다 부족했던 것 같습니다. 당시 빅토르 위고, 보들레르와 같은 유명 시인들의 시를 가사로 채택한 것은 음악적으로 성공적이지 못했다는 평이 있습니다. 오히려 벨기에의 시인 베를렌과 르베르와 같은 2류 작품들에서 더욱 감성적인 음악 언어를 구현할 수 있었다고 볼 수 있습니다. 포레의 가곡을 특징 지우는 작품 중 하나는 제1집에 나오는 〈리디아(Lydia)〉 Op. 4-2라는 곡인데 증4도의 음정으로 시작하는 리디아 선법의 특징을 통해서 이국적이고 독특한 화성적 감각을 만들고 있습니다. 매우 느린 템포에서 미묘하고 미끄러지듯, 그러나 어떤 환상 속의 이미지를 보는 듯한 프레이징을 만들고 있습니다. 〈강가에서〉 Op. 8-1은 성악 솔로 파트와 피아노 반주 파트가 상호 보완적으로 선율을 만들어 가고 있습니다. 그러나 그 템포는 매우 중요한 표현 기법이 됩니다. 속도를 너무 장중하게 표현해 가는 것은 포레의 기법에서 적절하지 않다고 생각됩니다. 느리게 그러나 너무 느리지 않고 사색적으로 표현한다고나 할까요. 제2집은 〈넬(Nell)〉 Op. 1-1이 첫 곡으로 실려 있는데 매우 따뜻하고 친밀한 화성으로 매끄럽게 구성되어 있습니다. 특히 이 곡집에 나오는 〈비밀(Le Secret)〉 Op. 23-3은 역시 느린 템포의 매우 섬세하고 매끄러운 선율선을 특징으로 합니다. 성악적 흐름은 부드럽고 유연해 반주부의 조밀하게 움직이는 화성과 대체로 호흡을 같이합니다. 제2집에 나오는 〈달빛〉은 벨기에의 시인 베를렌의 시를 도입해 시도한 것입니다. 은은하게 퍼지는 달빛의 흐름을 음악적으로 잘 묘사하고 있다는 점에서 포레의 음악적 특징을 잘 대표하고 있다고 볼 것입니다. 베를렌의 시에서 그는 이탈리아 희극에 등장하는 주인공의 모습들, 어떤 면에서는 희극적이지만 한편으로는 비극적인 모습으로 나타나는 그의 시에서 포레는 인간의 이중성을 가면으로 표현하려 했습니다. 음악적으로는 물론 매우 피상적이겠지만 아르페지오를 통한 분산화음, 그 위를 누비는 미뉴에트의 부드러운 선율, 피아노의 반주 파트와 충돌하거나 반주 아래로 스며들어 있는, 어떻게 보면 매우 복합적인 인간성을 그려내고 있음을 볼 수 있습니다.

## 2. 가곡집 〈정다운 노래〉의 비밀

1883년 첫 번째 아내 에마뉘엘 마리와의 결혼은 포레에게 있어 그리 행복한 시간을 가져다주지는 못했던 것 같습니다. 프랑스 최고의 조각가인 아버지의 후광을 믿고 늘 독선적이었던 그녀는 성격이 매우 예민하고 신경질적이었고 이웃이나 친구들과의 왕래가 별로 없이 자신의 공간에서 갇힌 생활을 좋아했습니다. 그런 그녀의 태도는 역시 예민하고 섬세한 포레의 생활에 매우 불안정한 요인으로 작용합니다. 포레의 작곡은 새로운 기법의 완성, 리디안(Lydian) 모드의 기법 발전을 위한 실험적 생각으로 늘 가득했습니다. 그런 그에게 결국 마리와의 결혼은 실패로 가고 1895년경에는 엠마 바르다크라는 가수를 만나 재혼을 하게 됩니다. 그녀는 마리의 신경질적인 기질과는 다르게 적당히 노래를 즐기고 성격도 따뜻하고 미모도 뛰어나서 포레의 마음을 사로잡을 요인을 두루 가지고 있었습니다. 그런 그녀를 통해 포레는 여러 편의 가곡을 얻을 수 있었습니다. 음악은 영감과 착상의 예술인데 한 아름다운 성격과 외모를 가진 여성으로부터의 이미지는 이러한 감각을 실현하는데 충분한 기회를 만들었습니다. 더구나 포레의 노래에 늘 예술적 아이디어가 되었던 시인 베를렌이 나이 어린 여성과 결혼하면서 그 역시 사랑의 격정에 쌓인 아름다운 시들을 쏟아 내고 있었습니다. 그러한 열정적인 시들이 포레의 두 번째 사랑과 맞물려 강렬한 예술 작품에 대한 정열로 나타납니다.

이 열정의 결과가 1892년과 94년 사이에 작곡된 〈정다운 노래〉 앨범입니다. 이 가곡집의 구조를 보면 전체적으로 열정적인 선율선과 풍부하고 깊은 화성적 색채감, 그리고 관현악적인 다양한 음색들이 혼합된 미묘한 움직임을 들 수 있습니다. 이것은 포레 특유의 '리디아 선법(Lydian mode)'로 된 5개의 주제를 전체의 흐름 속에서 녹여내고 있다는 점입니다. 예를 들면 종달새나 나이팅게일의 지저귀는 소리를 사실적으로 표현하는데, 이를 리디아 선법을 이용해 묘사하고 있습니다. F 음에서 f 음까지의 음렬로 F(파)음을 마침음, A(라)음을 딸림음으로 사용한 중세의 교회선법 중 하나입니다. 15세기 부르고뉴 악파에서 사용되어 알려지게 되었는데 겹 이끔음(Double Leading Tone)을 악곡의 마지막 카덴차(종결 악구) 부분에서 사용하고 있습니다.

포레에게 가곡의 또 다른 특징적인 요소는 장식적인 멜리스마를 사용하고 있다는 점일 것입니다. 멜리스마는 원래 중세 교회 음악 예를 들면 그레고리오 성가(Gregorian chant)와 같은 선율에서 장식을 위해 사용되는 악구(樂句)를 말하는데 포레는 이러한 장식적 악구를 감정의 분출을 위한 기쁨과 환희의 표현을 위해 사용하고 있습니다. 이러한 표현이 가곡집 〈정다운 노래〉에 포함된 〈가려진 잎〉에 나타납니다. 〈당신을 사랑합니다, 당신을 사랑합니다〉, 〈저녁 무렵 노래하는 두 마리 나이팅게일〉, 〈계절의 한순간들이 나에겐 매력적인 순간일 것입니다〉, 이 노래의 정교함이나 격렬함을 보면 포레의 인간적 순수함을 연상케 하는데 스스로 이 음악에 대한 애정이 많았든지 1898년에는 이 곡의 피아노 반주 부분을 현악 5중주곡으로도 편곡해 감상 영역을 다양하게 만들었습니다.

## 3. 합창 음악

    가곡집 〈정다운 노래〉는 포레의 성악곡이 독일의 예술가곡에 비추어 결코, 뒤지지 않는 가치를 인정받게 되는 중요한 계기가 됩니다. 이 곡집 이후 포레의 후반기 인생에 있어 그의 가곡들은 매우 절제되고 소박하며 그 음악적 정서도 뛰어난 것이었습니다. 이들 가곡의 절제된 기법이 신낭만주의의 독일적 음악에 익숙해 있던 청중들에게 있어 간단치 않은 이해와 인내를 요구하고 있었는데 이는 그의 예술적 가치와 성숙한 미적 언어를 얻어 내기 위해서는 어쩌면 감수해야 할 어려움이라 할 수 있을 것입니다. 그러한 감상자들의 이해는 포레의 깊은 사색과 성찰의 순간을 공감할 수 있게 해 주었습니다. 포레에게 있어 교회 오르간 연주자의 삶은 인생을 반추해 볼 수 있는 통찰력과 겸손함을 배울 수 있는 중요한 계기가 됩니다. 교회 음악가로서의 포레는 몇 가지 합창곡 특히 미사와 레퀴엠을 작곡했는데 합창은 엄숙하고 우아하며 유려한 멜로디를 바탕으로 이루어집니다. 선율이 매끄럽고 다양하다고 해서 그의 음악이 불필요한 선율을 남발하는 것이 아니라 우아하고 기품 있는 악구들로 채워집니다. 그의 미사곡 〈여성과 오르간을 위한 소미사(Messe basse)〉는 노르망디 빌레빌의 클레르가(家) 사람들과 휴일을 보내면서 쓴 작품입니다. 이 미사곡은 이 지역 어부들을 위한 곡으로 메사제(Andre Messager, 1853~1929)와 함께 쓴 곡으로 알려져 있습니다. 이 미사곡의 우아하고 기품 있는 선율은 교회 합창의 진수를 보여 줍니다. 그의 또 다른 합창곡은 레퀴엠 Op. 48로 조용하고 장중한 선율로 그의 음악적 특색이 잘 나타나 있습니다. 이 곡은 그의 장례식에서 사용될 만큼 대표적인 합창곡으로 알려져 있는데 부친과 모친의 죽음을 애도하는 의미가 있습니다. 이 곡에서 포레는 죽음의 공포를 그려 내기보다는 순수하고 어떻게 보면 행복한 모습의 사자(死者)를 그려 내고 있습니다. 소박하고 순수한 멜로디, 청결하고 순수한 화성은 이 곡이 레퀴엠의 이미지를 완전히 새롭게 바꾸어 놓고 말았습니다. 1902년 포레는 한 언론사와의 인터뷰에서 이렇게 증언합니다. "저는 죽음을 행복한 해방, 고통스럽게 가 버리는 것이 아니라 영원한 천국으로 돌아가는 것으로 생각합니다. 나는 평범한 것에서 탈피하고자 했습니다. 장례식에서의 오르간 연주는 수없이 해 왔지만 평범한 것은 이제, 그만 됐습니다. 무언가 새로운 장례 음악을 만들고 싶었던 것입니다. 이러한 포레의 현실 부정과 새로운 세계로의 도전은 그의 음악이 낭만적 전통의 음악 형식에서 벗어나는 시대적 과제를 충분히 창조해 냈음을 의미합니다.

# 가브리엘 포레 III

몇 년 전 어떤 대중가수가 자신은 밑그림을 그리고 다른 화가가 채색한 작품을 놓고 그 작품의 정당성 여부를 판단하기 위해 법정까지 간 사건이 있었습니다. 한 예술가가 자신의 작품을 완성하는 데 처음 계획에서부터 마지막까지 자신의 손으로 작업한 경우가 대부분이지만 이렇게 남의 손을 빌려 작품의 일정 부분을 맡기는 경우도 18세기 작곡가들에게도 간혹 있는 일입니다. 포레의 경우 이러한 대필의 예가 오케스트레이션(편곡)의 과정에서 간혹 있었던 것이 사실입니다. 그의 대필 습관은 여러 가지 이유가 있겠지만 오케스트레이션에 대한 흥미나 관심이 별로 없었다는 주장과 그 분야에 대한 재능이 많지 않았기 때문이라는 주장이 있습니다. 사실 오케스트레이션이란 수십 개의 악기군을 세밀하게 배치하고 음향과 음역을 고려해야 하는 등 작곡가로서는 매우 힘든 시간이라 할 수 있을 것입니다. 더구나 오페라와 같은 극음악을 작곡할 때는 성악 파트의 음역과 음색까지 포함되기 때문에 그 노력은 배가됩니다.


## 1. 오페라 혹은 극음악

포레가 오페라 혹은 극음악을 작곡했던 시기는 이미 19세기 후반을 지나고 있었기 때문에 음악의 트렌드는 매우 극적으로 변하고 있었습니다. 이미 오페라의 인기는 시들해졌고 그 성향도 대중성이나 흥미 위주에서 예술성이나 극적 의미 중심으로 변모하고 있었습니다. 드뷔시와 함께 인상주의 작곡가로 분류되는 포레의 작품은 분에 넘치는 화려함이나 격렬함과는 거리가 먼 서정적 음악으로 바이올린과 첼로에 의한 부드러움과 선율의 정교함과 유려함을 강조하는 프랑스의 귀족적 세련미를 갖고 있었습니다. 그의 오페라 작업은 극음악에서부터 시작됩니다. 극음악이란 이미 연극으로 완성되어 공연되고 있는 작품에 모음곡 형식의 여러 성악이 담긴 관현악곡을 붙여 연극의 줄거리를 음악적으로 표현한 형식입니다. 1888년 작곡된 극음악 〈칼리굴라(Caligula)〉는 뒤마의 비극 〈아버지〉에 몇 개의 음악을 부수적으로 첨가한 곡입니다. 또 이와 유사한 경우로 셰익스피어의 〈샤일록(Shylock)〉이 있습니다. 이 음악극은 〈샤일록의 노래〉와 〈마드리갈〉의 테너 솔로가 특히 유명하며 〈에피탈람〉과 〈야상곡〉 등 정열적인 성악곡이 수록되어 있습니다. 포레에게 이러한 극음악에 대한 자신감은 결국 오페라 작곡으로 눈을 돌리게 합니다. 그러나 당시 새로 개관한 샹젤리제 오페라 극장에는 18세기 이탈리아 작곡가들의 화려한 오페라와 드뷔시의 발레곡이 연속적으로 공연되고 있었기 때문에 포레의 극음악은 그리 큰 빛을 발하지 못했습니다. 포레의 오페라는 우선 1913년 완성된 〈페넬로페〉를 들 수 있습니다. 〈페넬로페〉는 기원전 8세기경 작가 호메로스의 소설 『일리아드와 오디세이』에 나오는 주인공 〈오디세우스〉의 부인입니다. 포레는 이 오페라에서 바그너가 보인 것 같은 시도동기(示導動機: Leitmotiv)를 사용해 극 중 인물의 성격을 보다 정교하게 표현합니다. 시도동기란 어느 특정한 음악 모티브를 오페라의 특정 인물과 결합해 인식하게 함으로써 극적 요소와 음악적 요소가 일치되도록 한 작곡 기법입니다. 그러나 아직 파리의 청중과 극장 감독에게 〈페넬로페〉의 음악적 표현과 형식은 매우 생소하고 이해하기 쉽지 않은 내용이었습니다. 제1차 세계대전 이후 사회는 급격하게 변모했고 음악 역시 새로운 인상주의 음악을 서서히 받아들이는 계기가 되었습니다. 오페라 〈페넬로페〉의 악곡 구성을 보면 제1막에서 참전한 남편을 기다리는 귀족 여인의 슬픔과 불안감을 세밀한 화성으로 잘 구현하고 있습니다. 또한, 트럼펫의 강렬한 셋잇단음표를 활용한 오디세우스의 인상이라든지 조용히 움직이는 사랑의 주제들도 포레의 특성이 잘 표현되고 있습니다. 포레는 그 이후에도 몇 편의 극음악을 작곡했고 그 난해함과 생소함에도 서서히 파리 음악계에서 알려지고 흡수되기에 이르렀습니다.

## 2. 실내악과 독주곡들

포레의 실내악곡으로 첫 작품은 바이올린소나타 제1번 A장조입니다. 1875년 작곡된 이 작품은 당시 후기 낭만주의 음악의 성향과 매우 다른 것이었기 때문에 어떤 출판사도 출판을 기피했습니다. 그러나 이후에 라이프치히의 브라이트코프 사가 판권 포기를 전제로 출판을 맡아주었습니다. 이 곡은 포레가 30세였던 때여서 매우 역동적이고 활동적인 기교들로 음악적으로 이미 성숙한 단계에 들어선 포레의 음악 세계를 잘 보여 줍니다. 또한, 1905년에 완성된 피아노 5중주곡 제1번 D단조는 이미 포레가 인상주의 음악의 완성을 보여 주는 중요한 작품이 됩니다. 제1악장은 피아노의 아르페지오(分散和音) 음형을 바탕으로 긴 흐느끼는 주제가 이어집니다. 그 후 제2 바이올린과 비올라, 첼로 등이 슬며시 동참하면서 대위법적 형식을 추구합니다. 아주 감성적이고 섬세한 아름다움을 가진 작품으로 악절마다 길고 한숨을 쉬는 듯한 선율이 화음과 더불어 매우 감각적인 아름다움을 보여 줍니다. 포레의 실내악곡으로 매우 유명한 작품은 1921년에 작곡된 피아노 5중주 제2번 C단조입니다. 이 작품은 그가 파리음악원장 재직 시에 작곡된 것으로 피곤을 느끼지 않을 정도로 매우 유쾌하고 즐거운 음악입니다. 이미 76세의 노쇠한 음악가였지만 포레는 이 음악에서 매우 열정적이고 강렬한 인상을 심어 주었습니다. 이 작품은 포레의 음악적 특징인 긴 아티큘레이션(樂節), 풍부한 음형, 정확한 리듬을 바탕으로 조용히 등장하는 코랄 형식의 주제들이 그의 나이와 상관없이 강렬한 음악적 구성을 보여 줍니다. 마지막 4악장에서 포레는 풍부한 음악적 모티브를 사용해 끝없이 앞으로 뻗어 가는 진지한 음악의 한 면으로 보여 줍니다. 지칠 줄 모르는 그의 음악적 모티브는 인간의 나약함과 더불어 존재하는 강인한 생명력을 음악으로 보여 줍니다. 첼로 소나타로서 알려진 음악은 1921년에 작곡된 제2번 G단조입니다. 나폴레옹 서거 백 주년을 기념해 정부의 위촉을 받아 작곡된 작품입니다. 제1악장은 매우 섬세하고 절제된 양식으로 나이에 어울리는 완만한 그러나 성숙한 느낌의 빠른 악장입니다. 이 작품의 인기는 2악장의 느린 엘레지 풍의 사색적인 악장 때문인데 노년의 원숙함과 멜로디의 아름다움이 이유입니다. 3악장은 발랄하고 경쾌한 스케르초와 피날레로 구성됩니다. 1923년 그러니까 포레가 죽기 1년 전에 발표된 피아노 3중주 D단조는 특유의 맑고 투명한 화성과 모차르트를 연상케 하는 절제된 아름다움을 잘 표현하고 있습니다. 피아노를 중심으로 하는 3중주는 고전적 연주 형태의 가장 기본인데 포레는 고전주의 음악의 본성을 인상주의 음악으로 제시하고 있음을 보여 주고 있습니다. 이러한 포레의 기본 정신은 고전에서 현대로 변화하는 과정에서 다리를 놓아주는 중요한 역사적 의미를 지닌다고 볼 수 있습니다. 이 피아노 3중주 D단조 1악장에서 조금은 쓸쓸한 듯한 표정을 보이지만 사실 힘차고 깊이 있는 음색으로 되어 있습니다. 2악장은 안단티노(느린)의 여유와 함께 도약 진행을 통한 경쾌감을, 3악장은 스케르초(익살스러운) 양식을 포함한 피날레를 유도하고 있습니다. 전체적으로 기존 소나타 형식의 틀을 유지하면서 감정적 표현이 사실적이면서 온음계를 주로 사용함으로써 순수한 음색을 강조하고 있습니다.


## 3. 새로운 시대를 열다


포레는 고전주의 악파의 줄기인 모차르트와 베토벤의 음악 앞에 늘 겸손하게 서길 원했습니다. 그는 자신의 음악이 이들 독일 고전주의의 작곡가들과 그 맥락이 연결되는 것을 매우 영광스럽게 생각했습니다. 특히 현악 4중주곡의 예에서 이러한 정신을 잘 볼 수 있는데 그의 유일하게 피아노를 넣지 않은 실내악곡입니다. 포레는 이 현악 4중주가 모차르트나 하이든 그리고 베토벤의 정신을 이어받는 중요한 일로 생각했던 것입니다. 이것은 또한 베토벤의 후기 작품 세계를 이어받는 형식으로 그려지고 있습니다. 그러나 이 작품은 이미 음악의 목표와 지향점이 지난 세대의 그것과는 확연하게 달라지고 있음을 당시 청중들은 인식하고 있었습니다. 현대 음악 작곡가로 잘 알려진 쇤베르크나 스트라빈스키의 음악 세계와도 시기적으로 중첩되고 있습니다. 포레의 이 현악 4중주 E단조 Op. 121은 그가 베토벤의 음악을 숭배하나 이미 자신의 목표는 20세기의 역사적 흐름에 합류하고 있음을 말해 줍니다. 감성적인 화성과 선율은 이미 소박한 지성미를 앞세워 묻어 버렸고 형식에 있어 주제의 발전이나 변화에도 매우 소극적인 측면을 보여 주고 있습니다. 과거의 일상적인 음악 형식에서 자연스럽게 이탈해 나가고 있음을 보여 줍니다. 포레의 피아노 작품 중 의미 있는 것은 뱃노래와 야상곡입니다. 뱃노래의 경우 1880년대에 작곡된 4개의 작품과 1890년대 이후 30여 년 동안 작곡된 9곡이 남아 있습니다. 초기 4개 작품은 쇼팽의 작품에 영향을 받아 매우 가볍고 장식적이며 서정성을 내포하고 있어 낭만주의 음악의 정수를 보입니다. 그러나 제5번 F#단조는 쇼팽의 음악적 취향을 뛰어넘는 강렬함과 다양성을 내포하고 있습니다. 이후 6번부터 13번에 이르기까지 포레의 음악은 미묘함이나 세련미를 점차 발전시켜 원숙한 말년의 작품 세계를 보여 줍니다. 중요한 것은 물론 이들 피아노 음악이 쇼팽이나 리스트를 뛰어넘어 새로운 인상주의 음악의 문을 열었다는 점일 것입니다. 슈베르트와 슈만을 닮은 피아노, 쇼팽과 리스트를 당혹하게 할 작품성이 포레의 피아노 작품에 담겨 있음은 이미 그가 살았던 1920년대의 시대적 변천과 형식의 파괴를 서서히 용인케 하는 서막으로 이해한다면 그의 음악은 점차 친근하게 다가올 것입니다.

# 카미유 생상스 I

역사가들은 시대의 흐름을 카테고리화해 어떤 특정한 이념이나 사상, 혹은 철학적 의미를 부여하려고 하는 경향이 있습니다. 이는 인류의 삶과 죽음이 어떤 시간적 공간에서 특별한 의미를 포함하고 있거나 전쟁 같은 사건이 역사를 뒤바꾸는 현상을 보면서 그 원인이 무엇인지 그 결과가 어떠했는지를 파악하려고 합니다. 그것은 인간의 미래에 대한 두려움과 그 대처 방법을 알기 위한 노력이었고, 한편으로 현실을 진단하고 해결하려는 지혜와 논리의 개발에 있습니다. 다시 말해 역사는 과거의 특정한 시기와 사건에 대해 그 원인과 결과를 탐구함으로써 현실의 문제를 해결하는 지혜로 활용하기도 하고 먼 미래에 닥칠 위기에 미리 대처하는 지혜를 얻을 수 있다는 것입니다.

카미유 생상스의 삶과 그 예술 세계는 이런 점에서 음악사의 거대한 물줄기를 돌려놓고 간, 변화의 한가운데를 살아간 음악가입니다. 그의 삶은 제1차 세계대전의 소용돌이 속에서도 음악의 예술적 가치를 지켰고 이를 통해 민중의 가치가 어디에 있는지를 이해시키려 했던 작곡가였습니다.


## 1. 출생과 어린 시절

카미유 생상스의 부친은 공무원으로 봉직했지만, 카미유가 태어난 지 몇 주가 지난 후 일찍이 세상을 떠났습니다. 그래서 그는 아버지에 대한 추억도 없고 사랑도 받지 못한 채 모친의 양육을 받고 자랐습니다. 그의 모친 클레망스 콜랭은 욕심이 많고 헌신적이며 교육열이 강했던 사람이었으나, 아버지 없는 아들에 대한 걱정 때문에 큰할머니인 샤를로트 마송을 양육에 동참시키게 합니다. 어찌 보면 젊은 엄마의 교육열과 할머니의 경제적 여유가 그의 유아 시절 음악 교육을 가능하게 한 것 같습니다. 생상스의 어린 시절 파리의 삶은 음악 사회적으로 격변과 격동의 시절이었습니다. 프랑스 혁명이 마무리되고 사람들의 삶은 자유와 예술을 만끽하는 생동감 넘치는 거리로 변모해 갔습니다. 파리는 우리가 만났던 위대한 음악가들의 모습이 고스란히 파리음악원을 통해 전수되었고 그들의 음악이 거리에 넘쳐나고 있었습니다. 생상스의 작품을 중심으로 벨리니의 음악이 그러했고 베토벤의 교향곡과 슈베르트의 가곡이 생생하게 연주되었습니다. 독일 낭만주의의 대가들이 생상스의 젊은 시절 음악적 모티브를 자극했고 이탈리아의 오페라와 명연주가들이 극장을 환희의 도가니로 장식하던 시기였습니다. 이런 파리의 음악 소비적 사회는 창작이나 재현이나 수요나 말 그대로 음악의 활화산이라고 볼 수 있을 것입니다. 이런 환경 속에서 생상스는 12세의 나이로 파리국립음악원에 입학하는 행운을 얻게 됩니다. 물론 그의 음악적 재능과 연주 능력이 이를 가능하게 한 것이겠지요. 그는 이미 1년여 전 10세 때 이미 파리의 유명 연주장이었던 살 플레이엘에서 데뷔 음악회를 가질 정도로 재능이 뛰어났고 알레비라는 학교 작곡과 교수의 도움으로 오페라와 교향곡의 작곡법을 익혔습니다. 생상스는 매우 지성적이었지만 한편 내성적이고 독특한 성격으로 주위 사람들을 놀라게 합니다. 그는 음악원의 도서관이나 빈 강의실을 찾아 그 공간이 주는 묘한 분위기와 경험들을 간직했습니다. 그리곤 그 기분을 음악으로 그려 내기도 했습니다. 음악대학의 강의실이란 묘한 느낌이 있습니다. 소리와 음향의 생산기지 역할을 하는 그 공간은 여러 가지 소리의 역학관계를 만들어 내기 좋은 분위기였을 것입니다. 실제로 생상스는 이 공간에서 음악적 영감을 얻곤 했으며 16세의 나이로 음악원 최고의 오르간 부문 1등 상을 받기도 합니다. 그 경력 덕분에 생상스는 젊은 나이에 교회 음악 교육 기관이었던 니데르메에르의 강사로 근무하기도 했습니다. 여기서 그는 포레를 제자로 만났고 그와는 오랫동안 사제간이자 친구 사이로 서로 돕는 음악적 동반자로 지내게 됩니다. 1853년 그가 18세가 되면서 성 세베랭 교회, 성 메리 교회, 21

세 때에는 마들렌 교회에서 연주자로 이름을 높이게 됩니다. 그는 한편으로 음악 칼럼니스트로도 활동합니다. 문학적 소질과 음악적 전문성을 함께 지닌 그에게 음악 비평가로서의 능력은 부수적인 또 하나의 수입원이었습니다. 건반악기에 대한 전문 연주 능력은 필연적으로 당시 최고의 피아니스트로 이름을 날리고 있던 리스트와의 만남으로 이어지게 됩니다. 리스트는 우리가 잘 알고 있듯이 피아니스트로서 그리고 작곡가로서 파리의 음악계에서 이름을 날리고 있었고 이러한 명연주가를 더 알고 싶었던 생상스에게 그와 만남은 매우 자연스러운 일이었습니다. 당시 리스트는 공적인 생활을 접고 은퇴 후의 조용한 삶을 만끽하면서 미래의 새로운 음악에 대한 자기 구상을 언론을 통해 그리고 음악을 통해 제시하고 있었습니다.

## 2. 미래를 위한 음악

이렇게 어린 시절부터 독일 고전주의 음악에 대한 수용과 변용은 그를 파리 음악의 이단아라는 비판적 시각을 듣게 되었고 이는 리스트의 음악과 함께 현실로 나타나기 시작합니다. 사실 리스트의 말년은 새로운 시각과 형식으로 매우 충격적으로 등장했기 때문에 생상스의 음악은 리스트의 음악과 동류로 인정되기 시작합니다. 생상스는 새롭고 재미있는 음악에 대한 평소 자신의 철학을 실현하기 위한 기회를 얻기 위해 1871년 프랑스 국민음악협회라는 작은 음악가 집단의 창설 멤버로 활동하기 시작합니다. 그의 이러한 이 단적인 미래 음악에 대한 열정은 파리음악계에서 매우 당연한 활동으로 받아들여지고 있는데 이는 파리의 청중들이 새롭게 등장하는 음악가들의 새로운 모습에 늘 열광하는 관례에 따라 형성된 것입니다. 즉 파리의 청중들은 늘 새로운 음악과 경향을 작곡가들과 연주가들에게 요구해 왔고 이는 역으로 젊고 독특한 기법을 완성하는 음악가의 출현을 가능하게 해 왔던 것입니다. 생상스는 베를리오즈의 세밀한 화성과 정교한 관현악법을 추구했습니다. 같은 시대의 같은 이상을 목표로 했던 두 사람은 자연스럽게 전통적 화성과 흐름을 좋아했습니다. 또한, 형식과 스케일 면에서 생상스의 음악은 리스트의 단편적이고 압축적인 관현악법을 추구했습니다. 다악장으로 된 교향곡의 기존 형식에서 물 흐르듯 자연스러운 단 악장 형식의 자유로운 기법을 좋아했는데 리스트의 광시곡이나 환상적 교향곡과 같은 주제들입니다. 그러나 생상스의 음악이 고전적 음악의 연장선상에서 보는 것은 너무 단순한 판단입니다. 독일 고전주의 음악이 갖는 형식미와 명쾌한 이미지의 아름다움은 이제 파리의 청중들에게 그리 중요한 관심거리가 되지 못했습니다. 그보다는 풍부한 음악적 색채감이나 표정을 요구하고 있었는데 이는 회화의 인상주의 화풍과도 맥을 같이 하고 있었습니다. 생상스의 음악적 재능이 잘 표현되고 있는 요소는 이렇게 잘 흐르는 물과 같은 매끄러움과 풍부한 표정이 녹아 있는 화성적 색채감입니다. 이는 생상스만이 표현할 수 있는 장점이며 특징입니다. 생상스의 재능이 유감없이 발휘된 장르로는 음악학자로서의 탐구심과 과학에 대한 호기심입니다. 그는 라모나 글루크 같은 근대 프랑스 작곡가들의 작품을 발굴하고 이를 보급했으며 이를 자신의 음악적 자산으로 활용했습니다. 근대 프랑스 파리의 음악 사회적 배경 안에서 볼 때 기악은 오페라나 성악보다 상대적으로 인기가 적었던 장르입니다. 그들은 듣기 쉽고 외우기 좋은 멜로디가 있는 대중적 오페라를 선호했습니다. 특히 극장의 운영을 책임진 감독에게는 교향곡 작곡가라는 타이틀보다 오페라 작곡가라는 별명을 가진 작곡가를 선호했는데 이는 당시 파리의 청중을 대변한 것이라고 할 것입니다. 물론 생상스의 오페라에서 보여 준 쉽고 자연스러운 성악적 멜로디와 화성적 정교함이 선호된 것은 이러한 음악 사회의 분위기를 반영한 것입니다.

## 3. 교향곡, 그 고전주의로부터의 전통

생상스의 교향곡은 모두 5개입니다. 그러나 그의 관현악 작품은 그리 많지 않고 그나마 초기 작품은 관현악기의 특성을 이해하기 위한 기회로 활용하고 있습니다. 이는 당시 파리의 음악계가 독일과는 달리 오페라나 성악 작품에 환호하고 있었던 분위기 때문이기도 하지만 다양한 조성변화라든지 템포나 박자의 치열한 변화를 보이는데, 이는 이미 젊은 시절부터 기존 음악 형식에 대한 반감을 표출하고 있다는 증거이기도 합니다. 실제로 그는 파리의 이단아로 여겨질 만큼 전통적인 작품 형식에서 그리고 멜로디나 화성의 전개에서 전과는 다른 모습을 보입니다. 그가 쓴 최초의 교향곡은 1853년경 발표한 독일 고전음악의 형식과 분위기를 닮아 있는 1번 Eb장조 Op,2. 입니다. 18세에 쓴 작품이지만 당시 베를리오즈나 구노의 칭송을 받을 만큼 숙달되고 독특한 작품으로 평가되었습니다. 제2악장의 유쾌함, 행진곡풍의 스케르초는 생상스 특유의 경쾌한 행동 양식이 표현된 것으로 볼 수 있습니다. 3악장에서는 느린 멜로디를 중심으로 베를리오즈의 환상교향곡을 모방하듯 매우 열정적인 사랑의 감정을 느낄 수 있습니다. 교향곡 제2번 A단조 Op. 55는 1860년 지휘자 파들루에 의해 소개됩니다. 제1악장은 마치 브람스의 우울함을 연상하듯 느리게 움직이고 2악장 역시 느린 독일 전통적 교향곡 시스템을 추구합니다. 3악장은 베토벤의 스케르초를 닮은 신코페이션의 격렬한 움직임이 특징입니다. 4악장은 아주 빠른 경쾌한 악장으로 하이든의 교향곡을 연상케 합니다. 이같이 생상스의 초기 교향곡 형태는 마치 독일의 고전 교향곡을 연상케 하는 단순하고 가벼운 전개이지만 관현악 작품에 대한 생상스의 학습 과정의 일면이라고 보아도 될 것 같습니다. 더구나 파리의 청중들에게 기악곡에 대한 이미지는 독일적인 것으로 보아 그리 선호되는 편은 아니었기에 생상스는 후에 오페라와 같은 기악의 회화적 요소를 도입하게 된 것입니다.

# 카미유 생상스 II

    후기 낭만주의 음악에서 인상주의 음악의 문을 연 생상스의 사유 (思惟)는 사실 하이든과 베토벤의 음악으로부터 출발해 리스트의 음악적 지지와 도움이 바탕이 되었습니다. 자연 과학의 세계와 마찬가지로 음악 예술의 변화와 발전은 사실 작곡가 자신의 이전 시대에 존재하며 현존의 자신은 이를 사유와 상상으로 재현하고 있음을 우리는 수많은 작곡가의 삶과 작품 성향을 통해 볼 수 있습니다. 생상스의 하이든과 베토벤에 대한 음악적 접근은 그의 교향곡이나 관현악곡을 통해 잘 그려 내고 있으며 그 역시 다른 음악가의 삶을 답습하고 있었음을 증명합니다. 우리는 하이든의 정중하고 우아하며 깔끔한 교향곡 풍에 대해 "갤런트 스타일(Gallant style)" 혹은 "절대 음악(Absolute music)"이라는 미학적 분석의 결과를 이해합니다. 베토벤의 교향곡 제3악장에서 우리는 처음으로 '미뉴에트' 대신 '스케르초'라는 형식을 이해합니다. 이들 미학적 분석이나 형식적 논리가 생상스의 교향곡 안에서 사유와 상상의 모습으로 재현되고 있었습니다. 마찬가지 논리로 생상스의 정신적 지지자였고 음악적 스승이었던 리스트의 음악 역시 그에게 새로운 상상의 모티브를 던졌습니다.

## 1. 생상스의 교향시

음악사에서 리스트의 음악은 그의 천부적인 피아노 연주 능력과 자유분방한 삶의 방식이 새로운 음악 형식을 창조했습니다. 바로 교향시라는 영역이지요. 이 리스트의 음악이 생상스에게 새로운 모티브를 준 것은 어떤 점에서 당연한 결과일 것입니다. 사유의 세계가 자유롭고 풍요로웠던 생상스에게 리스트의 그것은 멋진 유희와도 같았기 때문입니다. 생상스에게 교향시라고 붙일 음악은 4곡이 있습니다. 그중에 김연아의 올림픽 스케이팅 배경 음악으로 대중들에게도 널리 알려진 〈죽음의 무도(Dance Macabre)〉는 그 독특한 비화성과 불규칙성의 리듬으로 강렬한 이미지를 남기고 있습니다. 솔로 바이올린의 반음 내려진 음의 불협화음은 마치 지옥에서 벌어지는 요귀들의 춤과 울부짖음과 같습니다. 새벽닭의 울음소리를 모방했다고 하는 사람도 있듯이 리스트의 교향시가 형식의 자유로움을 추구했다면 생상스의 교향시는 음색과 리듬의 자유를 통한 죽음과 사랑을 추구했다고 볼 수 있습니다. 그만큼 생상스는 자유로운 사유의 세계를 음으로 그려 내려고 노력했던 작곡가입니다. 이러한 시도가 물론 파리 회화예술의 새로운 유형과 맥을 같이하고 있다는 점은 그리 이상한 일이 아닐 것입니다. 이러한 관현악을 통한 상상과 사유의 그림은 오페라가 현실의 삶과 이상을 오가며 노래라는 매체를 활용해 구체화하고 있는 것과 달리 비현실적이고 공상적인 판타지의 세계를 다루고 있다는 점이 다릅니다. 이를테면 교향시 〈파에톤(Phaeton)〉은 태양의 수레를 끌고 있는 마부 파에톤이 하늘의 길에서 달리는 마차의 덜거덕거리는 리듬과 하늘을 달리는 형상을 묘사하고 있다는 점이다. 상식적으로 하늘길이 있을 리 없고 그 길을 달릴 수 없다는 것은 당연하지만 생상스의 상상력은 이를 초월하고 음향적인 완성을 이루었습니다. 교향시 〈옹팔의 물레(La rouet d'Omphale)〉 역시 신화적 인물인 헤라클레스에 인성을 부여해 인간의 사랑을 조명함으로써 상상을 극대화하고 있습니다. 리디아의 여왕 '옹팔'은 자신의 용맹성과 영웅적 행위에 대한 자만에 빠진 헤라클레스를 사랑의 노예로 만들어 자신의 물레를 잦게 만들고 있습니다. 이 역시 그리스 신화에 나오는 상상과 사유의 세계를 나타내고 있습니다. 음악이 문학과 결합해 인간의 의지나 사유의 세계를 그려낼 수 있음은 교향시라는 당시 음악 장르가 만들어 낸 또 하나의 지평이라 할 수 있겠고 이러한 생상스의 역할은 인상주의 음악을 규정하는 데 중심적 역할을 차지합니다.

## 2. 생상스의 오페라와 실내악

생상스의 오페라는 모두 13개입니다. 그러나 그중 성공적인 작품은 〈삼손과 데릴라〉 같은 작품 한두 개 정도입니다. 이에 대해 마스네의 제자인 '안(Reynaldo Hahn)'은 생상스의 오페라 작품에 대한 의견을 이렇게 표현합니다.

"생상스는 진정한 연극인일 뿐 아니라 질적으로도 우수한 연극인입니다. 그는 마스네와 같은 동물적 본능을 갖춘 사람과 달리 지성과 감성, 그리고 관찰력을 모두 갖춘 음악가입니다."

이러한 평판을 두고 볼 때 생상스의 성품은 매우 치밀하고 조직적이며 지성적이라 말할 수 있을 것입니다. 그러나 이러한 평가와 달리 당시 파리의 청중들은 생상스의 섬세하고 지성적인 오페라의 성향을 별로 선호하지 않았고 이러한 풍토에 대해 스스로 위축되기도 했습니다. 연극적 요소를 사랑했지만, 대중으로부터 외면당하는 본인의 처지는 매우 화가 나는 일이었습니다. 당시 파리의 대중은 확실히 로시니의 〈세빌리아의 이발사〉나 모차르트의 〈돈 조반니〉처럼 사랑을 주제로 한 비교적 스케일이 작고 이해하기 쉬우며 코믹한 주제의 극적 요소를 갖춘 오페라를 선호하는 경향이 있습니다. 그러니 생상스의 엄격함이나 바그너의 지성적인 오페라에 대해서는 그리 큰 호응을 하지 않았던 것입니다. 이러한 파리의 분위기에 서로 공감을 가진 생상스와 바그너는 자연스럽게 가까운 관계로 발전합니다. 바그너의 오페라 〈탄호이저〉가 파리에서 흥행에 실패하자 생상스는 그를 만나 위로하고 그의 오페라를 찬양하면서 위로합니다. 생상스는 실내악곡에도 다양한 작품을 남기고 있는데 피아노 트리오, 바이올린 소나타, 첼로 소나타, 현악 사중주, 오보에 소나타, 클라리넷 소나타, 바순 소나타 등을 작곡해 사실상 모든 관현악기에 대한 작품이 있습니다. 이들 작품 중 〈동물의 사육제〉와 같은 관현악 작품에서 볼 수 있듯이 관현악기에 대한 특성과 음색을 철저히 연구해 마치 회화를 보는 듯한 음악을 작곡했는데, 이는 그의 성향을 규정하는 좋은 작품이 되고 있습니다. 성악곡으로 가 보면 생상스의 작품은 매우 푸대접을 받고 있습니다. 그는 약 100개의 가곡을 남기고 있는데 지금까지 연주되는 작품은 별로 없을 정도입니다. 합창곡에서도 오라토리오와 레퀴엠 그리고 미사곡이 한 곡씩 남아 있습니다. 그러나 이 역시 많이 연주되는 편은 아닙니다. 오라토리오는 '노아의 홍수'를 주제로 한 것인데 종교적 성향을 잘 표현하고 있다는 평입니다. 파리 청중의 딱딱하고 엄격한 음악에 대한 체질적인 거부감이 생상스를 비롯한 여타 작곡가들에게 새로운 성향의 작품을 유도하게 하는 요인으로 작용합니다.

## 3. 생상스의 피아노와 만년의 음악 인생

생상스의 피아노 협주곡은 모두 5개인데 첫 작품인 제1번 D장조는 1858년 작으로 낭만주의적 성향이 매우 강한 시대에 탄생합니다. 베버(Weber)의 협주곡이나 슈포어(Lou's Spohr)의 바이올린 협주곡 등에서 느낄 수 있는 낭만적 요소 즉 자연적 아름다움과 여유로운 표현이 피아노의 움직임을 매우 유창하게 이끌고 있다는 점입니다. 피아노 협주곡 제2번 G단조 역시 바로크적 장식음과 멘델스존의 낭만적 요소가 잘 결합한 당당하고 유창한 선율을 그려 냅니다. 1870년대 작곡된 피아노 협주곡 제3번은 점차 새로운 음형에 대한 적응이 드러나고 있는 모습입니다. 예를 들면 모리스 라벨의 '소리 유형'을 이미 그가 태어나기도 전에 사용하고 있다는 것은 그가 얼마나 새로운 음형에 관심을 보이는지 알게 합니다. 실제로 피아노 협주곡 제3번은 라벨의 〈왼손을 위한 피아노 협주곡〉의 선율에서 보는 아르페지오의 현란한 기교들이 잘 나타나 있습니다. 마치 물의 유희와 같은 정서를 말입니다. 제4번은 1875년 그러니까 라벨이 태어나던 해에 작곡된 것인데요, 고전주의와 낭만주의 음악을 모두 응용한 매우 과감하고 베토벤적인 음형을 나타내고 있습니다. 이를 두고 구노(Gounod)는 "분명히 프랑스의 베토벤"이라고 칭송할 정도였습니다. 제5번은 1896년 휴가 중에 작곡한 곡으로 제4번 작곡 이후 20년이나 지난 뒤였습니다. 인생의 종말로 접어든 생상스는 이 작품에서 매우 조용하고 사색적이며 전통적 낭만주의 음악 양식에 충실한 듯한 성향을 보입니다. 자신의 음악 인생 50주년을 기념해 본인 스스로 연주했다는 점이 당시 청중들을 감동케 했을 것입니다. 생상스의 바이올린 작품 중 유명한 〈서주와 론도 카프리치오〉는 당시 바이올린 연주의 귀재였던 사라사테(Pablo de Sarasate)를 위해 쓴 곡입니다. 화려한 기교와 아름다운 음형으로 이 낭만적인 음악을 표현해 당시 파리 시민들의 열광적인 환호를 받았습니다.

생상스의 음악은 분명히 빈 고전주의에서 출발해 독일적 낭만을 거친 전통적인 것입니다. 그러나 매우 섬세하고 이성적인 그의 성향이 파리의 대중적 청중들에게 접근하기는 조금 무리였던 것 같습니다. 카미유 생상스와 가브리엘 포레의 등장으로 파리의 음악계는 이제 서구 음악의 중심으로 새로운 음악의 역사를 주도하게 되었고 이들의 의식은 이후 20세기 현대 음악의 장을 여는 모멘트가 됩니다. 이제 유럽의 음악은 그 형식과 구조를 다변화하고 음 재료를 다양화함으로써 유럽과 미국, 아시아를 포함한 범 세계적인 예술로 승화시켜 나가고 있었습니다. 우리는 이를 '현대 음악' 시대라고 부르게 됩니다.

# 에필로그

지금까지 필자는 BC 5세기 경부터 AD 20세기 초까지 2천 5백여 년의 서양음악과 그 시대적 배경을 850여 페이지에 걸쳐 진솔하게 서술해 보았다.

이 책은 10년 전에 출판된 상권에 이은 하권으로서, 그 출발은 18세기 고전주의 음악이 마무리되는 베를리오즈부터 현대음악이 본격적으로 시작되는 20세기 중반까지 서술되었다. 이 시기는 음악이 인류에게 끼친 가장 황홀한 시기였으며, 풍요로운 인류애를 표현한 시대였음도 의미한다. 그러나 이 책이 상권에 이어 너무 늦게 출판되었다는 것은 아쉬운 점이다. 그것은 코로나 시기의 어려움과 출판계의 불황에도 이유가 있지만, 필자의 게으름도 원인이 있다.

한 인간의 생애와 그 흔적을 찾아가는 일은 그와 동시대를 살아간 역사가라 할지라도 난해한 일인데, 현대인의 관점으로 이를 추적하고 그 세계를 상상한다는 일은 참으로 쉽지 않은 일이었다. 그러나 다행스럽게도 우리는 문헌과 악보를 통해 과거에 존재했던 다양한 소리 세계의 아름다움을 해석하고 연주하며, 그 감격을 누릴 수 있고, 수많은 음악가와 함께 호흡하며 영적인 교류를 할 수 있다. 이것은 그 시대를 살았던 작곡가와 현대인이 영적으로 만나 관계를 맺고, 그 음악가들의 삶을 공유할 수 있음을 말한다. 이 책은 시종 이러한 시간적 차이를 극복하면서 그 시대를 살아간 작곡가들의 정신세계를 공유해보려고 노력했다. 이것은 작품이 존재하게 된 배경과 그 의미를 추적하려 했고, 이는 오늘을 사는 현대인의 시각으로 해석해보려는 시도로 이어졌다. 그러나 이러한 의도는 필자의 한계로 아쉬움을 남기며 중단할 수밖에 없었다. 이 책이 속편을 이어간다면 현대음악에 관한 서술인데 그것은 구조의 복잡성, 급격한 시대적 변화를 추구하는 우연성, 심리적 불안으로 인한 모호성 때문에 쉽게 다가가기 어려운 측면이 있다. 그래도 필자의 의도가 이러한 논의와 공감으로 이어진다면 후배 음악학자들에게 연구와 노력의 당위성을 제시할 수 있다고 믿으며, 이러한 점에서 이 책의 역할은 평가될 수 있을 것이다.

끝으로, 출판계의 어려운 여건 속에서도 흔쾌히 출판을 승낙해준 ㈜북랩 손형국 사장님과 편집과 교정을 위해 성심으로 노력해주신 김현아 팀장님께도 진심으로 감사의 말씀을 드리고 싶다.

2025년 12월 저자 송진범

# 참고문헌

김방현, 「**아도르노의 대중음악론**」, 낭만음악, 1990 봄

김춘미, 「**음악학의 시원**」, 음악춘추사, 1995

김문자, 「**두파이 연구**」, 도서출판 예솔, 1998

메리엄,A.P. 「**민족음악학**」, 도서출판 신아, 1990

메를로 퐁티, (김신혁 역), 「**현상학의 예술**」, 서광사, 1983

백기수, 「**미학서설**」, 서울대학교 출판부, 1994

소광희 외, 「**철학의 제문제**」, 지학사, 1973

송진범, 「**음악교육학**」, 학문사, 2005

송진범, 「**구조와 역사로 본 음악**」, 도서출판 작은우리, 1997

세광음악출판사, 「**최신명곡 해설전집**」, 권 1~24, 1982

아도르노 저(권혁면 역), 「**음악사회학**」, 문학과 비평사, 1989

오희숙, 「**음악미학 텍스트**」, 한독음악학회 편, 세종출판사, 1998

이강숙, 「**현대음악**」, 서울대학교 출판부, 1997

이강숙, 「**종족음악과 문화**」, 민음사, 1982

이용일, 「**음악교육학 개설**」, 현대음악출판사, 1992

이진우, 「**하버마스의 비판적 사회이론**」, 문예출판사, 1996

이재규, 「**발트슈타인 소나타**」, 21세기 북스, 2011

에버렛 헬름, 「**차이콥스키**」, 한길사, 1998

에버렛 헬름, 「**음악사회의 구조**」, 문학과 지성사, 1984

장상호, 「**행동과학의 연구논리**」, 교육출판사(교육과학강좌7), 1978

장상호, 「**행동과학의 문제와 방법론**」, 교육출판사(교육과학신서18), 1978

음악의 영혼을 찾아서 하

주성혜, 「**바로크시대의 음악사상**」, 낭만음악 1992 겨울

주성혜, 「**음악학**」, 루댄스, 2008

중앙일보사 편집국, 「**음악의 유산**」권 1~5, 중앙일보사, 1994

채현경, 「**새 음악학: 해체, 페미니즘, 그리고 통합**」, 궁리출판사, 2007

최병철, 「**음악치료학**」, 학지사, 2013

황원영, 「**교육철학**」, 대은출판사, 1996

후고라이히텐트리트(김진균 역), 「**음악의 역사와 사상**」, 학문사, 1987

홍정수, 오희숙, 「**음악미학**」, 음악세계, 2008

홍정수, 「**미학적 음악론**」, 정음출판사, 1986

허숙, 유혜령 편, 「**교육현상의 재개념화**」, 교육과학사, 1997

호르크하이머,M./아도르노,Th.W. 「**계몽의 변증법**」, 문예출판사, 1996


Adorno, Theodor, *"Philosophie der neuen Musik"*, Frankfurt, 1958

Adorno, Theodor, *"Beethoven - The Philosophy of Music"*, Polity Press, 1998

Adorno, Theodor, und Hans Eisler, *"Komposition für den Film"* Suhrkamp, 1976

Aristoteles,(천병희 역), 「**시학**」, 문예출판사, 1998

A.C.Kalischer, *"Beethoven's Letters"*, Dover Publications, Inc.New York, 1972

Alasdair MacIntyre(연희원 역), *"Marcuse"* 지성의 샘, 2000

Brindle, Reginald, Smith(김동주 역), 「**새로운 음악**」, 도서출판 작은울, 1991

Baker,Kenneth(김수기 역), 「**미니멀리즘**」, 열화당, 1993

Berg, Alban, "Opernproblem", Neue Musik-Zeitung,Stuttgart, 1928

Bekker,Paul, *"Klang und Hindemith"*, Zurich, 1971

Cage, John, (안미자 역), 「케이지와의 대화」, 이대출판부, 1996

Dahlhaus, Carl, *"Studien zur Trivialmusik des 19. Jahrhunderts"*, Regensburg, 1967

Danuser, Hermann, *"Die Musik der zwanziger Jahre"*, Honegger, M.(ed.), LA Musiqueet le Rite et profane Actes du XIII e Congress de Societe Internationale de Musicologe(1982) Strasbourg, 1986

Debussy, Claude, *"Monsieur Croche antidilettante"*, Paris, 1917

Eva Gesine Baur, *"Mozarts Salzburg; Auf den Spuren des Genies"*, Verlag C.H.BeckoHG, Muchen, 2005

Eggebrecht, Hans Heinrich, *"Funktionale Musik"*, Archiv für Musikwissenschaft, 1973

Forkel,Johann Nikolaus, *"Allgemeine Geschichte der Musik"*, Leipzjg, 1788

Grout,Donald Jay, *"A History of Western Music"*, New York, 1960

Golea,Antoine, *"Esthetique de Musique contemporaine"*, 음악도서 삼호출판사, 1992

Hartmut Scheible(김유동 역), *"Adorno. Th,W."*, 한길사, 1997

Hanslick,Eduard, *"Vom Musikalisch-Schösnen"*, Wiesbaden, 1971

Heine,Heinrich, *"Über die französische Bühne"*, Vertraute Briefe an August Lewald,Mei, 1837

Hoppin, Rechard, (김광희 역), *"Medieval Music"*, 그레고리오 성가와 단선율의 세속음악, 음악도서 삼호출판사, 1991

Hagreaves, David J., (나재용 역), 「음악발달심리학」, ("The developmental psychology of music, Cambridge University Press), 교학사, 2010

Jost,Ekkehard,(ed.), *"Die Musik der achtziger Jahre"*, Meinz,1990

Judith Lang Zaimont and Karen Famera, *"Contemporary Concert Music by Women"*, A directory of the Composers and Their Works, Greenwood Press, 1981

Kant, Immanuel, *"Kritik der Urteilskraft"*, Berlin & Libau, 1970

Kandinsky, Wassily,(ed), *"Die Musik der achtziger Jahre"*, Meinz, 1990

Kohler, Joachim, *"Nietzsche Wagner"*, Yale University Press, 1998

Kennedy,Michael, *"The Oxford Dictionary of Music"*, Oxford University Press, 1984

Lorenz Jager *"Adorno"*, Deutsche Verlags - Anstalt München, 2003

List, Franz, Berlioz und seine *"Herold-Symphonie"*, Gesammelte Schriften, Vol.4, Leifzig, 1880-1883

Mattheson, Johann, *"Dervollkommene Kapelmeister(1739)"*, Reimann, M.(ed), Kassel, 1954

Mursell J.L.(한국음악교육연구회 역), 「음악교육과 인간형성」, 세광음악출판사, 1987

Nochlin, Linda(권원순 역), 「리얼리즘」, 미진사, 1986

Otto Biba & David Wyn Jones (ed.), *"Studies in Music History"*, Thames and Hudson Ltd, London, 1996

Quantz, J.J., *"Versuch einer Anweisung die Flöte traversiert zu spielen"*, Berlin, 1752

Rousseau, Jean-Jacques, *"Dictionnaire de musique"*, Paris, 1768

Seidek,Arthur, *"Neuzeitliche Tondichter und zeigenössische Tonkünstler"*, Regensburg, 1926

Smith, Adam, *"Essays on phlosophical Subjects"*,Whitemann P.D./Bryce J.C.(ed.) Oxford, 1980

Wachenroder, Wilhelm Heinrich, *"Phantasien über die kunst für freude der Kunst"*, Hamburg, 1799

梅津時此吉,(Tokihiko Umezu), 「冬の 旅(Winterreise)」, 東京書籍, 2009

# 색인

음악의 영혼을 찾아서 하

## ㅎ